REAL CITY

纽约

www.realcity.dk.com

REAL CITY

纽 约

（美）达丽亚·迪乌科塔 等著
张立华 马建华 李凌云 译

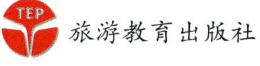 

·北京·

LONDON, NEW YORK,
MELBOURNE, MUNICH AND DELHI
www.dk.com

Original Title:Real City New York
Copyright© Dorling Kindersley Limited,2007

Real City 城市旅游指南

纽约

达丽亚·迪乌科塔 雷切尔·F.弗里曼 乔纳森·舒尔茨 著
苏珊娜·塞勒 安德鲁·霍利艮 摄影
张立华 马建华 李凌云 译

责任编辑：梁爽
执行编辑：陈晓华
策划引进：北京时尚博闻图书有限公司
http://www.book.trendsmag.com
出版单位：旅游教育出版社
地　　址：北京市朝阳区定福庄南里1号
邮　　编：100024
发行电话：（010）65778403 65728372 65767462（传真）
本社网址：www.tepcb.com
E-mail：tepfx@163.com
排版单位：北京必拓华电子商务有限公司
印刷单位：中华商务联合印刷有限公司
经销单位：新华书店
开　　本：648×800mm　1/32
印　　张：7.5
字　　数：176千字
版　　次：2010年1月第1版
印　　次：2010年1月第1次印刷
印　　数：8000
定　　价：48.00元
（图书如有装订错误请与发行部联系）

图书在版编目（CIP）数据

纽约/（美）迪乌科塔等著；张立华，马建华，李凌云译．—北京：旅游教育出版社，2010.1
（Real City 城市旅游指南）
ISBN 978-7-5637-1840-5

Ⅰ．纽… Ⅱ．①迪…②张…③马…④李… Ⅲ．旅游指南—纽约 Ⅳ．K971.29
中国版本图书馆CIP数据核字（2009）第105370号

北京市版权局著作权合同登记图字：01-2009-1641
审图号：GS（2009）1240号

目录

导读 6

网站 7

纽约概览 8
城市简介 10
观光胜地 12
一年四季 16
旅游资讯 20
实用信息 22

餐厅 24

购物 60

艺术与建筑 96

表演 116

酒吧与俱乐部 138

街头即景 164

偷闲取静 174

住宿 184

街道地图 198
街道索引 213
分区索引 216
分类索引 224
总索引 234

导读

Real City 纽约

这本《纽约》会让您从众多游客中脱颖而出，轻松找到餐饮、购物和娱乐的好地方，所有信息一目了然。

本书共有4个主要板块：

纽约概览——介绍纽约最基本的背景信息，包括纽约概况、主要观光胜地、各种节日、四季庆典，以及重要的旅行资讯和实用信息。

旅游名录——按主题划分为8个章节，介绍当地专家精挑细选的最棒的游玩去处，涵盖各个价位，并且配有中肯的评论。

街道地图——各章节中出现的地图编号，在这里都能找到对应的位置，可以据此计划行程路线，了解身在何处。

索引——有了分区索引和分类索引，无论您是想在东村（East Village）找一间酒吧，还是找一家法式餐厅，都易如反掌。

网站

www.realcity.dk.com

购买本书,您就可以享受我们免费为您提供的至少一年的纽约在线实时信息。点击www.realcity.dk.com,即可查看最新的纽约旅游信息。注册后,您还可以收到每周一封的免费邮件,告诉您最近纽约有什么好看的、好玩的。

在网站上,您可以:

- 查询纽约最新信息,如展览会、新开业的餐厅和音乐盛会;
- 查看其他读者的留言,并加上自己的评论;
- 根据个人日程制订旅行计划;
- 轻松了解纽约最流行的是什么,什么已经过时了;
- 按店名、类型及地区进行搜索,并查看最新评论;
- 可以从这里直接登录本书中出现的网站以及更多其他网站。

如何注册:

- 在网站主页上点击"New York City"的图标,进入注册界面;
- 输入本页提供的城市代码,并按指令进行操作;
- 该城市代码自购买本书之日起至少12个月内有效。

城市代码:newyork56482

纽约概览

　　纽约是一座活力之城。充满激情、不眠不休的生活方式，会让您的纽约之旅兴奋不已。这里的娱乐、餐饮和购物场所鳞次栉比，世界闻名。本书除了为您带来最新和最时尚的旅游资讯，向您展示这座城市最美的景观之外，还将带您领略这座城市最令人激动的年度盛事和庆典活动。

纽约概览

纽约绝不是简单地用一些图标就可以解读的城市。分布在5个区的800万常住人口共同创造了这座精彩纷呈的城市,并赋予它坚忍、独特的性格。或许,2001年9月11日的恐怖袭击,打碎了美国人"天真的安全感",而要在原址上建一座更高的大厦则是对纽约人的天才创造力和坚不可摧的信念的最完美诠释。据说,自此之后,纽约人也更加万众一心地迎接困难。此外,近20年,纽约人的民主意识也得到了前所未有的蓬勃发展。

乔纳森·舒尔茨 (Jonathan Schultz)

重生、复苏、振兴

假如15年以来,您再一次搭上地铁来到时代广场(Times Square),又或是一个土生土长的曼哈顿人信步走到布鲁克林(Brooklyn),都会由衷地慨叹这座城市的变化。的确,这里已经上演了大逆转,再也不是20世纪七八十年代那个充斥着贪污和腐败的城市。声名狼藉的"肉类加工区"(Meatpacking District)、"地狱厨房"(Hell Kitchen)也不再是让您退避三舍的地方。相反,在这里您可以欣赏斯特拉·麦卡特尼(Stella McCartney)的秋季展,或是美餐一顿。是的,这座城市在变,而且越来越向好的方向发展。

纽约下东城(Lower East Side)的历史面貌似乎是一夜之间发生了翻天覆地的变化。灯红酒绿的酒吧和餐馆日益取代了几代人苦心经营的传统作坊。这时的纽约人又面临着新的抉择:发展的代价是什么?要放弃多少核心特色来换取发展?这种困扰在各区都引起了激烈的辩论。然而,新近涌现的移民浪潮,势必成为改变纽约的又一股新势力。

纽约是一座移民之城。自1945年关闭移民注册所以来,短短的20年里,皇后区(Queens)日益成为中国移民最活跃的地方;西班牙哈莱姆区(Spanish Harlem)原为波多黎各(Puerto Rican)文化中心,如今成为数不清的海地人、多米尼加人和墨西哥人的天下;距梅西百货(Macy's)仅几步之遥的第32街,到处弥漫着韩国气息,置身于此会使人不由得迷惑起来,不知道自己到底身在何方。但毋庸置疑的一点是:每一次的移民浪潮,都会为纽约这座"文化大熔炉"注入新的活力,添加新的内涵。

"味"力四射的美食

纽约的美食多种多样,举世闻名。多年来,移民浪潮造就了多民族文化的同时,也把各种美食带到这个非凡的城市,因此饮食种类繁多也就不足为奇。为创新而创新不是这里的特色。一些厨师非常敬业,通常都在忙完自己分内工作后,到附近的中式快餐店买点儿可带走的食物,早餐就在上班沿途路过的熟食店或街头巷尾的热狗餐车解决了。正是

城市简介

由于这种工作态度和生活方式,他们积累了丰富的烹饪素材,所以即使是在顶尖级寿司店昂贵的菜单上,也不乏布朗博士(Dr. Brown)独创的奶油苏打水(Cream Soda)的身影。

充满活力的文化

文化是一个城市永葆活力的源泉。纽约在表演艺术领域、展览举办和博物馆典藏方面,无论范围还是质量,都具有其他国家所无法比拟的优势。同时,若想保持文化的活力,无论形式、内容还是环境,都必须具有一定的适应性。随着曼哈顿(Manhattan)租金的节节攀升,好多艺术家辗转来到布鲁克林的威廉斯堡(Williamsburg)或皇后区的长岛(Queens' Long Island)等地,因为这些地方廉价的租金和宽阔的仓库更适合他们进行艺术创作。当然,人们永远不会对这座都市的文化珍宝视而不见,大都会艺术博物馆(Met)、现代艺术馆(MoMA)、惠特尼艺术博物馆(Whitney)和修道院博物馆(The Cloisters)都是人们永恒的挚爱。此外,还有新鲜血液的不断注入:布鲁克林博物馆(Brooklyn Museum)经过装修改造后,新建了玻璃阁入口;时下最火暴的当代艺术中心画廊(P.S.1),以潮流文化展吸引了所有纽约人。这座都市的文化还在继续前行,远没有止步。古根海姆博物馆(Guggenheim Museum)于2006年就开始举办一年一度的"第一个星期五系列活动"(First Fridays event series),每每此时,弗兰克·劳埃德·赖特(Frank Lloyd Wright)设计创作的杰作内就挤满了俱乐部DJ和时尚潮流一族。曲终人散时,博物馆大道(Museum Mile)到处是无比兴奋和洋溢着幸福的人们。仿佛所罗门·古根海姆博物馆内珍藏的抽象艺术品都具有了现实的意义。

✓ 超值标记

这座奢华的都市可能会使人望而却步,但本书可以带您发现这座城市物超所值的餐饮、购物和住宿场所。这样的场所都会冠以粉色的超值标记。

纽约概览

本书将带您走进这座生机勃勃的城市的街头巷尾,逛逛鞋店,尝尝鲜为人知的小餐馆美食,带您享受真正的纽约人的生活。总而言之,无论在此是短暂逗留还是度过一生的人们,都不会拒绝春天自由岛(Liberty Island)里举办的环线巡游(Circle Line cruise)和冬天在洛克菲勒中心(Rockefeller Centre)溜冰带来的欢乐。这些经久不衰的吸引力,给初来乍到的纽约游客和纽约本地人都留下难以磨灭的印象。

现代艺术馆(Museum of Modern Art) `8 E5`
地址:第53街西11号,第5大道与第6大道之间
>> www.moma.org・电话:212 708 9400・Ⓜ 地铁5 Ave./53 St.站
时间:周三至周一10:30am—5:30pm(周五至8:00pm)

自2004年复馆以来,现代艺术馆(MoMA)再次奠定了它在世界现代艺术领域里不可撼动的地位。游客在此可以观看令人叹为观止的即时性展览,欣赏永久典藏的艺术珍品。门票包括入场费(参见107页)。

帝国大厦(Empire State Building) `6 E3`
地址:第5大道350号,与第33街西交会・Ⓜ 地铁33 St.站
>> www.esbnyc.com・时间:每日8:00am—12:00pm

"9・11"事件发生后,帝国大厦再次成为纽约最高的建筑。在此可以俯瞰纽约70英里全景,当然,也别错过具有强烈装饰艺术风格的大厦内部。有些细节值得注意,比如门廊上那些令人眼花缭乱的镀金、镀银浮雕。

时代广场(Times Square) `5 D2`
地址:位于第42街西与百老汇(Broadway)之间
>> www.timessquare.com・Ⓜ 地铁Times Square站

在纽约这个全天候的大玩场,多姿多彩的街边生活和光芒四射的白炽灯使得时代广场成为流光溢彩的娱乐中心。从下午开始到午夜时分,散场的百老汇戏迷们不断地从各类著名的剧院涌向各方。

了解纽约最新资讯,请登录网站 >> www.realcity.dk.com

观光胜地

布鲁克林大桥（Brooklyn Bridge） 2 F3
Ⓜ地铁Blooklyn Bridge-City Hall站

桥梁设计师约翰·奥古斯都·罗布林（John Augustus Roebling）设计的布鲁克林大桥是世界上最长的悬索桥，于1883年正式交付使用。大桥横跨纽约东河，连接着布鲁克林区和曼哈顿岛。大桥通车后，意义已远远超过其所提供的交通便利，而成为纽约的象征。如今，大桥的步行道已成为自行车爱好者、漫步者和电影制作人的最爱。

爱丽丝岛（Ellis Island） 1 A5
电话：212 344 0996・由巴特里公园（Battery Park）乘坐渡轮
>> www.ellisisland.com・Ⓜ地铁South Ferry站
时间：每日9:30am—5:00pm（夏季延长开放时间）

通过参观健康检查展室、行李间和查看航海日志，参观者可以一睹20世纪的那个动荡年代里移民是如何把握自己的前途和命运的。另外，已开通的环线海港游可以使游客领略令人叹为观止的下曼哈顿（Lower Manhattan）风光。

古根海姆博物馆（Guggenheim Museum） 10 E4
地址：第5大道1071号，与第89街交会・电话：212 423 3500
>> www.guggenheim.org・Ⓜ
时间：周六至周三10:00am—5:45pm，周五10:00am—7:45pm

弗兰克·劳埃德·怀特（Frank Lloyd Wright）设计的古根海姆博物馆，一直以来都备受争议。有人认为这座博物馆喧宾夺主，抢了其馆藏作品的风头。然而当您迂回走下螺旋结构的大厅，欣赏着立体艺术和抽象表现主义的艺术作品，抑或是欣赏位于附楼的印象派作品时，可以感受到艺术与空间是如此的和谐，所有的争议都不言自明了。

>> *MOMA的主题性的导览服务是帮您了解这所伟大的博物馆的一个好办法*

纽约概览

自由女神像（Statue of Liberty）
电话：212 269 5755・由巴特里公园（Battery Park）乘坐渡轮
>> www.nps.gov/stli・Ⓜ地铁South Ferry站
时间：每日9:30am—5:00pm（夏季延长开放时间）

`1 A5`

1886年落成并揭幕的自由女神像，是美国独立100周年法国赠送的礼物。19世纪末，自由女神作为摆脱旧世界的贫困和压迫的象征，迎来了千百万移民。虽然自2001年起，位于头冠上的观光平台关闭了，但游客可以登上基座楼梯来欣赏纽约港的风光。

中央公园（Central Park）
>> www.centralparknyc.org・Ⓜ地铁72Ave.站

`7 D1`

这里不仅仅有一望无际的草坪，还是莎士比亚的剧作舞台和巴赫的音乐会场地。温暖的月份里，这里还是骑自行车的人、漫步者和日光浴爱好者们的天堂。冬季雪后，桥梁、树枝都银装素裹，这里又成了梦幻般雪白的世界。总之，中央公园已经成为纽约人生活的一部分。

美国自然博物馆
（American Museum of Natural History）
地址：位于中央公园西与第79街之间・电话：212 313 7278
>> www.amnh.org・Ⓜ地铁81 St.站・时间：每日10:00am—5:45pm

`7 C1`

美国自然历史博物馆是了解我们生存的这颗蔚蓝星球的地方。馆内陈列内容极为丰富，包括天文、矿物、人类、古生物和现代生物五个方面。在其馆藏的3000万年前的标本和文物中，尤以代表人类文明进化的工具更为珍贵。另外，世界上最大的天文馆之一的海登天文馆（Hayden Planetarium）也是该博物馆的一部分。

>> www.realcity.dk.com

观光胜地

归零地（Ground Zero） `1 C3`
地址：教堂街（Church Street）· Ⓜ地铁Fulton St.站

　　一座高约540米（1776英尺）的自由大厦（Freedom Tower）和"9·11"纪念博物馆（9·11 Memorial and Museum）预计将于2012年在此竣工。关于该纪念博物馆的展出内容，目前仍在热烈的讨论当中，因为民众的普遍呼声是建一座露天地下纪念馆。如今，参观者只能站在教堂街（参见101页）看台上，隔着归零地的铁丝网向内望向双子大厦的废墟。

洛克菲勒中心（Rockefeller Center） `6 E1`
地址：第48街西，第51街和第6大道之间 · 电话：212 332 6568
>> rockefellercenter.com · Ⓜ地铁47-50 Sts站 · 时间：每日7:00am—12:00pm

　　洛克菲勒中心位于纽约中城（Midtown），是20世纪最伟大的都市规划之一。由14栋商业、文化和住宅建筑围塑出来的活动区域，对于公共空间的运用开启了城市规划的新风貌，堪称自20世纪30年代以来出现的城中之城的典范。位于其中心地带的是最著名的露天溜冰场，旁边静静伫立着金色普罗米修斯雕像。

大都会艺术博物馆（Metropolitan Museum of Art） `8 E1`
地址：第5大道1000号 · 电话：212 535 7710
>> www.metmuseum.org · Ⓜ地铁86 St.站
时间：周二至周日9:30am—5:30pm（周五至9:00pm，周六至8:00pm）

　　大都会艺术博物馆是美国最大的博物馆。参观者在参观这座艺术"庞然大物"之前应事先考虑对哪部分馆藏比较感兴趣。近来，该博物馆为期10年的翻修计划即将接近尾声，希腊展厅和罗马展厅将获得更广阔的展示空间。

>> 鳞次栉比的顶级奢侈品专营店沿着洛克菲勒中心的第5大道一字排开

纽约概览

春天，万物复苏，在一派春光明媚中，纽约又重现华彩。沐浴着清新的阳光和雨露，人们纷纷来到户外。圣帕特里克节（St. Patrick's Day）当天，数以百万计的人们涌进曼哈顿大街小巷，在大吃大喝的热闹中，感受这个绿色节日的开心气氛。每到樱花盛开的时节，布鲁克林植物园（Brooklyn's Botanic Garden）就变成了樱花的海洋，吸引了大批市民前来一睹樱花盛开时的热烈和怒放后纷纷飘落时的"清高"。夏天除了带来炎热干燥或湿热多雨的气候外，还会带来室外音乐会、游行活动和邻里庆典活动等许多重要的文化庆典活动。

圣帕特里克节游行（St. Patrick's Day Parade）
>> www.saintpatricksdayparade.com

3月17日是人们纪念爱尔兰守护神——圣帕特里克（St. Patrick）而举行庆祝活动的日子。欢快的音乐、鲜艳的彩装和欢歌笑语洋溢在城市中的每个角落，因此，黑啤酒和威士忌的消耗量惊人。这种狂欢会一直持续到深夜。游行从第5大道出发，身着绿色服装的游行队伍载歌载舞，数百万的爱尔兰裔美国人不仅观看游行，也会加入到游行队伍中去。（3月17日）

翠贝卡电影节（Tribeca Film Festival）
>> www.tribecafilmfestival.org·时间：4月末至5月初举办

翠贝卡电影学院于2002年成功举办了第一届翠贝卡电影节，迄今已成功举办了6届。该电影节旨在通过电影展的活动来推动全球电影界和普通观众对电影艺术生命力的认识。每一届电影节都会引来广泛的关注，所以应尽早查询相关订票网站来订取炙手可热的门票。著名演员罗伯特·德尼罗（Robert De Niro）是该电影节的精神领袖，美国电影制片人马丁·斯科塞斯（Martin Scorsese）将历届电影展制作成系列主题电影。电影节订票中心位于哈里森街（Harrison Street）20号，格林威治街（Greenwich Street）与哈得孙街（Hudson Street）之间（见地图1C1）。此外，影展的各项活动会在市中心各个场地举行。（4月至5月）

布鲁克林植物园樱花节（Cherry Blossoms at Brooklyn's Botanic Garden）
>> www.bbg.org·时间：5月的第一个周末

为期一周的布鲁克林樱花节在世界著名的日本丘池庭园（Japanese Hill and Pond Garden，见地图13D4）拉开了帷幕，这里目前共有220多棵观赏性樱花。与此同时举办的还有传统的日本舞蹈和音乐演奏等活动，以及折纸作坊、日本动画片等展览活动。（5月）

第9大道美食节（Ninth Avenue Food Festival）
>> www.hellskitchen.bz/ninthavenuefoodfestival.shtml
时间：5月的第三个星期日

举办"第9大道美食节"的初衷是为"地狱厨房"的社区团体募集资金，然而却间接地成为邻近地区少数种族居民享受美食的欢庆日子。每到此时，歌舞表演的戏台和售卖服装、珠宝的小摊位都来凑热闹，但是带给人们最大满足的还是这里的各色美食。在这里，人们至少可以品尝到从阿根廷

一年四季

(Argentinian)、越南(Vietnamese)、波兰(Polish)到埃塞俄比亚(Ethiopian)等地跨四大洲的美食。这项活动在纽约当地人当中尤其受欢迎，美味的蛤和牡蛎等海鲜，西班牙的口利左香肠(chorizo)，希腊的果仁蜜饼、秋葵浓汤和摩尔酱烤猪肉都在挑逗着人们的味蕾。(5月中旬)

露天音乐会（Outdoor Concerts）
>> www.summerstage.org
或 >> www.celebratebrooklyn.org/celebrate
时间：6月至8月

每到夏季，位于中央公园的电子夏季舞台（Summer Stage）就会举办一系列的露天音乐会（见地图8E2）。超级斯里兰卡（Sri Lankan）嘻哈艺术、纽约夏季交响乐团（New York Philharmonic）等演出一场接一场，好戏不断。与此同时，东河（East River）对岸的展望公园（Prospect Park，见地图13D5）内，正在举办欢庆布鲁克林庆典（Celebrate Brooklyn）的活动。人们在此除了可以品尝邻近地区的风味美食之外，还可以欣赏爵士乐、非主流音乐等音乐演奏和充满拉丁风情的舞蹈。（6月至8月）

博物馆大道庆典（Museum Mile Festival）
>> www.museummilefestival.org
时间：6月第二个周二

在庆典当天，第5大道从第82街至第105街和邻近地区共9家主要博物馆全部免费开放。此时，第5大道的路段施行交通管制，并有音乐、表演等活动，街道活动特别适合小朋友参加。然而，3个小时内要想完整地参观大都会博物馆（Met）或古根海姆博物馆（Guggenheim），时间上恐怕来不及。所以，建议大家最好还是徜徉在街道上，享受当地街头艺术家带来的音乐、舞蹈和戏法的欢乐氛围吧。（6月）

游行（Parades）
>> www.nationalpuertoricandayparade.org
时间：6月第二个周日
>> www.hopinc.org（同性恋游行）
时间：6月最后一个周日

"波多黎各日大游行"（Puerto Rican Day Parade），是这座城市最盛大的庆典活动。每一年都有数百万人在从第42街延伸到第86街的第5大道上游行，向公众展示其与众不同的理念和丰富的传统文化。紧随其后的大游行是"同性恋荣耀周游行"（Gay Pride March，查询相关网页确定游行路线）。该游行是纪念1969年西村（West Village）"石墙骚乱"（Stonewall Riot）而举办的活动，这次事件是同性恋荣耀运动的重要起点。游行途中到处可见充满传奇色彩的各式同性恋酒吧和派对场所。（6月）

纽约概览

秋天，中央公园的树叶都换上了新的色彩，有的变成黄色，有的黄绿相间，还有的成了黄褐色，融合在一起构成了一幅美丽的图画。每年秋季举行的纽约马拉松赛是非常著名的赛事。每当到了比赛时节，除了参加比赛的选手外，纽约市民也都纷纷披挂上阵，陪同比赛选手跑一程。此外，各类剧院和音乐会也会在此时向人们伸出温暖的双手。纽约的冬季，时而冷上个把月，时而暖和几天，但无论如何也阻挡不了一个个梦幻般的节日的来临。

西印第安群岛嘉年华（West Indian Day Carnival）
>> www.wiadca.com・时间：9月第一个周一

此项嘉年华活动开始于20世纪30年代的哈莱姆区（Harlem），自1967年开始转移到布鲁克林区，进而成为一项著名的街头聚会活动。如今每次嘉年华都会把近400万民众带到东百汇（Eastern Parkway，见地图13D4）的街头，到处是售卖手撕鸡肉、咸鱼可可面包的小吃摊。游行的队伍中有盛装的民众、嘉年华花车、钢鼓乐队和音响系统等，活动从上午11:00开始，一直持续到晚6:00左右结束。（9月）

圣热内罗节（Feast of San Gennaro）
>> www.sangennaro.org

圣热内罗节是美籍意大利人的传统节日。在整整11天里，位于运河街（Canal Street）和东休斯顿街（East Houston Street）之间的穆尔贝里街（Mulberry Street）上满是情绪昂扬的人们，以及售卖辣香肠、刨冰和意大利馅饼的小贩。手举圣热内罗的塑像的游行队伍是这个节日的传统特色。（9月中旬）

喜剧节（Comedy Festivals）
>> www.nycomedyfestival.com
>> www.nycundergroundcomedy.com

纽约的喜剧节可谓蜚声世界，全球顶尖的喜剧表演者和全新上演的多种喜剧使这里熠熠生辉。每年秋季，这里主要有两大派别的喜剧表演：一是9月中旬举办的纽约地下喜剧节（NYC Underground Comedy Festival），二是11月中旬举办的纽约喜剧节（New York Comedy Festival）。纽约地下喜剧节主要面向新秀和老牌喜剧大腕，为年度最具有创意的喜剧颁发比尔・希克斯创新奖（Bill Hicks Spirit Award）。而纽约喜剧节则相对清高一些，主要面向苏西・伊斯曼（Susie Essman）、周・比哈尔（Joy Behar）和丽莎兰・帕涅里（Lisa Lampanelli）等功成名就的喜剧演员。（9月/11月）

纽约马拉松赛（New York Marathon）
>> www.ingnycmarathon.org・时间：11月第一个周日

此项赛事每年都吸引超过3.5万名以上的参赛选手和数以百万计的观赛者。起点设在斯塔腾岛（Staten Island），穿过纽约的五个城区后，最后抵

一年四季

达中央公园。此路线绝对是一次纽约节日文化之旅。请查询相关网址来确定路线。大多数观赛者会聚集在中央公园附近,所以,选择外围区域会更有利于观看比赛。(11月)

卡耐基音乐厅(Carnegie Hall)和林肯中心(Lincoln Center)假日演出
>> www.carnegiehall.org, www.lincolncenter.org
>> www.nycballet.com

进入12月份,由维也纳童声合唱团(Vienna Boys Choir)和"神圣的音乐"(Musica Sacra)等举办的演出活动将卡耐基音乐厅(Carnegie Hall)的季节性演出推向高潮。另外,在林肯中心(Lincoln Center),由纽约市芭蕾舞团(New York City Ballet)表演的《胡桃夹子》(The Nutcracker)已成为纽约假日演出的经典保留节目。晚上和周末都是一票难求,其他时间索票较容易。(12月至1月)

翡翠坚果跨年跑(Emerald Nuts Midnight Run)
>> www.nyrr.org · 时间:12月31号

长度为4英里的跨年跑终点位于中央公园内。DJ10:00就开始为参加者提供热身音乐,午夜时分赛跑开始。此外,这里还会燃放烟花来庆祝新年的到来。参加者可在26号通过"纽约公路赛跑"(New York Road Runners)网站报名参加活动。(12月)

美食周(Restaurant Week)
>> www.restaurantweek.com

举办"美食周"的初衷是吸引当地的食客到附近的餐馆用餐,进而促进当地饮食服务业的发展。如今,"美食周"已成为众多知名餐厅共同举办的一项令人期待的活动。参加"美食周"活动的民众可以花20美元在100多家餐厅里任选一家享用一顿全套餐点的午餐,或花35美元吃一顿晚餐。查询相关网站获取参加"美食周"的门票和日期。"美食周"分别在冬季和夏季的6月举办一次。(1月/2月)

城市面包房热巧克力节(Hot Chocolate Festival at City Bakery)
>> www.hot-chocolate-festival.com

每年的2月份,城市面包房(参见43页)都会为人们带来超过20种的新品热巧克力,为寒冷的季节带来融融暖意与甜蜜。这里每天都会适时推出新口味,但是辛辣、啤酒和香蕉等经典口味永远是人们的最爱。(2月)

纽约概览

纽约有多种交通工具可供选择,比如三轮车、豪华汽车、出租车、公共汽车、地铁、自行车和滑板等。曼哈顿的交通网络四通八达,道路规划东西称之为"街"(street),南北则称之为"大道"(avenue),而且均按顺序编码排号,所以在这里很容易确认自己所在的位置。在曼哈顿川流不息的车流人流中,最好的出行交通方式是选择乘坐地铁或徒步出行。

抵达纽约

纽约是全世界最现代和最张扬的城市。无论您是初来乍到还是多次造访,走海路还是陆路,自由女神像、布鲁克林大桥和数也数不清的摩天大厦都会向您迎面扑来。各种形式的交通方式都会把您带到这个城市的中心地带。需要注意的一点是,所有的行李在进入这个城市前都要进行例行安全检查。

肯尼迪国际机场(John F. Kennedy Airport)

肯尼迪国际机场是纽约市最大的飞机场,也是美国东海岸最重要的国际机场,主要用于国际航线运营和洛杉矶航班起落。过海关后,可选择乘坐的交通工具有:黄色出租车(至曼哈顿,包括过桥费、隧道费和小费共计45美元)、机场巴士和机场地铁。请勿乘坐黄色以外的出租车。

个体运营的**卡迈尔**(Carmel)私人租车业务较黄色出租车便宜,但是需要提前预约此项服务。**超级短程穿梭公车**(Super Shuttle)提供汽车运送服务,自曼哈顿往返大约耗时45分钟到1个小时。选择**机场火车**(Air Train,www.panynj.gov/airtrain),可以到牙买加站(Jamaica Station),转乘长岛铁路(LIRR, Long Island Rail Road)到宾夕法尼亚火车站(Penn Station);也可以到霍华德海滨站(Howard Beach)地铁口,然后再乘坐地铁A线到市中心,时间约1个小时。

纽沃克国际机场 (Newark International)

在纽沃克国际机场乘坐出租车费用较高。为了节省费用,您可选择**纽沃克国际机场高速汽车**(Newark Airport Express Bus)或**超级短程穿梭公车**(Super Shuttle),或乘坐将纽约的宾夕法尼亚火车站(Penn Station)与PATH(哈得孙港务局公司火车)火车连接起来的机场地铁。车程需要45分钟到1个小时。

拉瓜迪亚机场 (LaGuardia Airport)

这是纽约市第二大的机场,离曼哈顿市中心约9英里。如果您的目的地是哥伦比亚区(Columbia)或是上西城(Upper West Side)的话,可以乘坐M60路公交车,或者**超级短程穿梭公车**(Super Shuttle)、私营出租车和**纽约机场巴士**(New York Airport Bus)。另外,黄色出租车还可提供共乘搭载服务,这样会大大降低出行费用。车程需要20分钟到40分钟。

宾夕法尼亚火车站 (Penn Station)

邻近麦迪孙花园(Madison Garden),位于第32街和第33街、第7大道与第8大道之间。该火车站是纽约重要的大型火车站,是美国铁路客运公司(简称"美铁",Amtrak)、新泽西运输公司(New Jersey Transit)的运营停靠站,还可以在这里换乘多条地铁。

大中央车站 (Grand Central Station)

地铁北线(Metro-North trains)列车及纽约郊区开出的地铁列车都停靠在大中央车站。车站的主要入口位于第42街,范德比尔大道(Vanderbilt)和雷克兴顿大道(Lexington)之间。中央车站重新粉饰后,给人焕然一新的感觉,即使不需要搭乘,也值得来看看。周三有纽约市艺术协会(Municipal Arts Society,电话: 212 935 3960)组织的免费参观车站活动。

港务局(Port Authority)

港务局位于第8大道与第9大道、第40街与第42街之间,经营管理大纽约地区的商业及运输设施。这里拥有众多的公交运营线路,也是通向美国其他城市和加拿大、墨西哥的门户。

出行

上下班的高峰时间,在纽约乘坐地铁可能会很挤,但却是最方便和快捷的方式。纽约也是一个比较适合步行的都市。

地铁与公交巴士 (Subway Train & Buses)

大都会交通局(MTA, Metropolitan Transit Authority)负责地铁与公交巴士的24小时运营和服务。地铁公交一卡通(Metrocard)又称为城市卡,分为有限卡和无限卡两大类。有限卡又称单次卡,只要不出站,可以任意换车或免费换乘公共汽车;无限卡分为日卡、周卡和月卡(网上可查询相关定价)。纽约地铁检票采用自动化系统,现金或刷卡都可以,但不接受大额纸币。

刷卡两美元就可以无限时乘坐纽约地铁,还有自由换乘公交(乘客可

旅游资讯

选择刷卡或投两美元硬币）的配套服务。纽约地铁运营的时间间隔也比较科学：高峰期3~5分钟一趟，白天非高峰期10~12分钟一趟，夜间12:00至凌晨5:00之间每20分钟发一趟车。纽约地铁在某些线路上设立专门快车，大站停小站不停，从而大大方便了急于抵达目的地的乘客。夜晚和周末是乘坐地铁出行的高峰时间，因此要留意相关暂停服务和更改行车路线的通告。另外，午夜过后，公交车可按乘客需求随时停车。

出租车

纽约正规的出租车是黄色的。车费自2.5美元起跳，之后每跑1/5英里或堵车2分钟收费0.4美元。晚8:00至早6:00之间，需交额外费用0.5美元；下午4:00到晚8:00，额外费用为1美元。

尽管纽约出租车司机给人的印象可能是鲁莽和无礼，但多数还是很友善热情的。出租车面板上只有"TAXI"这四个字母发光时，表明他在揽客，整块面板发光代表司机已经下班。大多数出租车都限乘4人。

其他选择

与出租车相比，人力三轮车费用略微贵一点，但它不受交通限制，具有趣味性，而且许多司机本身就是持证导游，所以受到人们的青睐。

哈得孙港务局公司火车贯通于第33街和第6大道之间，将世界贸易中心站（World Trade Center）与霍博肯（Hobbken）、泽西城（Jersey City）和纽沃克（Newark）相连，乘客花1.5美元就可以到达新泽西表演艺术中心（NJPAC，参见237页）。

在纽约曼哈顿岛与新泽西州之间、曼哈顿岛与斯塔滕岛之间、曼哈顿岛与长岛之间都有渡轮往来，航线多达30多条。

此外，纽约还有风景如画的自行车道，最佳路段位于曼哈顿周边或郊区附近。地铁自行车公司（Metro Bicycle）提供租车业务，公司网址为www.metrobicycles.com；也可试试"自行车商店"（A Bicycle Shop），网址为www.a-bicycleshop.com。

旅游行程

"大苹果接待员"（Big Apple Greeters）是专门经过培训的志愿者，为游客提供免费的邻近周边游导览服务，还可以为身体残疾的游客提供导游服务（212 669 8159，www.bigapplegreeter.org）。环线渡轮（Circle Line）服务主要提供环绕曼哈顿港或哈得孙（Hudson）、东河（East river）的游艇之旅（212 563 3200，www.circleline42.com）。

直升机

搭乘直升机除了可到机场或汉普顿（Hamptons）以外，还可以让您鸟瞰这座都市。**自由直升机公司**（Liberty Helicopter）拥有多条运营线路和多种飞行距离供您选择。

步行

著名的徒步旅行社分别是"大洋葱"（BigOnion，www.bigonion.com）和"我带你游"曼哈顿旅行社（Take Manhanttan Tours，www.newyork-citywalks.com，732 270 5599）。纽约市奥杜邦旅行社（New York City Audubon，www.nycas.org）主要开通的旅游项目是公园和水上项目等亲近自然之旅。您也可以一人泛舟于哈得孙河上，该项活动是由市中心船库（Downtown Boathouse，www.downtownboathouse.org）提供的免费活动。此外，在哈莱姆区（Harlem）还有非常精彩的三项文化之旅活动。（参见169页）

实用指南

全国铁路客运公司（Amtrak Rail）
网址：www.amtrak.com

卡迈尔私人租车业务
（Carmel Car Service）
电话：212 666 6666
网址：www.carmelcarservice.com

灰狗公车（Greyhound Bus）
电话：800 231 2222
网址：www.greyhound.com

肯尼迪国际机场（JFK Airport）
电话：718 244 4444
网址：www.kennedyairport.com

拉瓜迪亚机场（LaGuardia）
电话：718 533 3400
网址：www.laguardiaairport.com

自由直升机公司
（Liberty Helicopter）
电话：212 967 6464
网址：www.libertyhelicopters.com

大都会交通局（MTA）
地铁/公车/地铁北线
网址：www.mta.nyc.ny.us

纽沃克国际机场高速汽车
（Newark Airport Express Bus）
网址：www.olympiabus.com

纽沃克国际机场
（Newark International）
电话：973 961 6000
网址：www.newarkairport.com

新泽西运输公司
（New Jersey Transit）
电话：800 772 2222
网址：www.njtransit.com

纽约机场服务巴士
（New York Airport Bus Service）
网址：www.nyairportservice.com

纽约水路渡轮
（New York Waterway）
渡轮：800 53 FERRY

纽约/新泽西港务局
（NY/NJ Port Authority）
查询机场、桥梁、隧道、公车、火车站
电话：212 435 7000
网址：www.panynj.gov

哈得孙港务局公司火车（PATH）
电话：800 234 7284

超级短程穿梭公车
（Super Shuttle）
网址：www.supershuttle.com

纽约概览

如何找到公共厕所、无障碍地铁站或无线网络（WIFI）等，对外出旅游是至关重要的。本部分将为您提供切实可行的旅游信息。除了可向正式上岗的工作人员问询外，纽约人也会为初来乍到的外地游客提供帮助。与本地人打交道最重要的一条是：不用害羞，可以直截了当地提出你的问题。

残障机构

自2002年开始，纽约就一直致力于在当地158 738个街角设置轮椅可通行的便捷升降机和斜坡通道，虽然工程尚未全部竣工，但大部分已可使用。

绝大部分公共汽车都设有轮椅升降装置，但地铁在相比之下，就只有少数几条线路可让残障人士通行。公共交通对残障人士乘车给予一定的优惠。

索取盲文（Braille）的地铁线路图，可以致电7183303322问询。**"手语"**（"Hands On！"，电话：212 740 3087）是一家专门提供手语翻译的机构，他们的服务项目包括电影、剧作品和博物馆参观等的手语解说服务。**医院观众服务公司**（Hospital Audience, Inc.，电话：888 424 4685）是专门为盲人提供观剧和参观博物馆等活动的口语服务的残障服务机构。

急诊和健康

纽约有几家不错的**急诊室**（emergency room，参见"实用指南"）。您也可登录www.citidex.com，查询纽约各类医院的细节信息。适合病情较轻的病人的门诊中心在网站中也能查到。终年无休（24/7 Pharmacies）的大药房是由CVS、Rite-Aid和Duane Reade三大连锁机构掌控。强烈建议，非美国公民在出行前，一定要事先购买医疗保险。

同性恋游客

同性恋社团服务中心（The Lesbian, Gay, Bisexual & Transgender Cummunity Center）是专门提供最新资讯的场所，营业时间是每天早9:00到晚11:00。这里也欢迎游客前来参观。自2002年起，《纽约时报》（New York Times）就已在周末版"社会"专栏中公开认可同性结合。

活动信息

每周一期的《闲暇纽约》（Time Out New York），内容偏重于介绍曼哈顿的一些有用的资讯、指南和信息服务中心等。如果想了解布鲁克林发生的大事小情，可以看看《L》（一本免费服务于读者的半月刊杂志），从而很好地了解一下曼哈顿第23街的资讯和活动信息，也可以上网阅读（www.thelmagazine.com）杂志内容。这类杂志游客可以在纽约街头橘黄色的箱子里任意领取。同样，《乡音》（Village Voice）也是一种可以免费阅读的刊物（www.villagevoice.com）。热点新闻报道是《纽约杂志》（New York Magazine）的办刊特色。《纽约时报》（www.nytimes.com）的《周末导航》（Friday Weekend Guide）以文化事件报道为主。

货币

在纽约，拥有一两张维萨卡（Visa）、万事达卡（Master Card）、美国运通卡（Amex）或大来卡（Diners Club）等发卡机构发行的信用卡是旅馆住宿或外出乘坐出租车所必需的，而且这些信用卡也可在大多商业机构进行刷卡购物。旅行支票也被广泛地使用，而且可以说大多数的商业机构比较喜欢以支票而不是以现金的形式结账。但支票必须是美元面值的形式。这种支票在纽约大多数银行都可办理兑换美元现金的业务，但其他货币的兑换则相对麻烦。最好在动身前往美国之前，到其所在银行核对您所持有的信用卡是否可以在美国使用。在纽约商场购物，顾客只需输入密码而无须签名就可刷卡购物。但在餐饮业，信用卡的使用就没有这么广泛和便利。

营业时间

纽约**商店**大多数是早9:00开始营业，晚上5:00到6:00停止营业，周四会适当延长营业时间。大多数商店都是每天营业，包括节假日和周末，但有些营业网点选择周一休息。许多旅游景点，如**画廊**和**博物馆**，运行模式也是如此。许多唱片店和流行时装店一般都营业到晚上8:00，唱片店甚至有的延长到午夜或凌晨1:00。这类商店开始营业的时间通常也较晚，一般在上午11:00左右。**餐饮业**也是营业时间较长的一个行业，通常营业到凌晨1:00到2:00之间，而正规的营业时间通常是早10:30到晚上11:00。**酒吧**在工作日时间的停止营业时间通常是午夜到凌晨1:00左右，通常周末不到凌晨3:00或4:00是不会关门谢客的。

实用信息

电话与通信

要是想在纽约用手机，出国前应事先确认国内的手机服务商是否支持这项业务。如果您的电话不能与纽约的网络兼容，就得租一个了。注意，纽约电信对拨打和接听都要收取通话费用。

韦里荪（Verizon）电信运营商提供的付费电话，电话资费为50美分，可任意不限时拨打当地电话。有些当地公用电话资费为25美分，但时间是受限的。注意：在所有212地区范围内，电话前都得加拨1 212。

纽约有许多网吧。如果您随身携带笔记本电脑，寻找免费的网端入口即可免费无线上网。比如，在星巴克（Starbucks coffee）里就有免费的网端，但用户需付移动电信（T-mobile）运营商的费用。在布莱恩特公园（Bryant Park）和一些市中心的小公园，包括市政厅（City Hall）和保龄球场公园（Bowling Green Park）等，都设有免费上网端口。可以登录网站www.wifihotspotlist.com/ny/html，查询最近更新的相关地点。此外，图书馆也是可以免费上网的地方。

销售税

您所购买的任何商品都会附加8.625%的销售税，包括餐馆和酒吧的消费账单。

安全和身份证件

自"9·11"事件后，纽约加大了对公共设施的安全防范措施的重视程度。一些无人看管的可疑包裹和行李会立刻进行安全检查。当您目不转睛地欣赏眼前摩天大楼的美景时，一定要小心啦！这种神态会充分暴露您的外地游客身份。另外，如果想要逛酒吧或俱乐部，一定要带上相关的身份证件（小于21岁不允许出入这种场所），即使您是白发苍苍的老者，也必须持有相关证件。

小费

在纽约，**服务员**的工资非常低，所以顾客一般都要多给一些小费，占账单总费用的15%~20%。如果算术不太好的话也没关系，有一个方法很容易就算出合适的小费，就是看账单的税款，然后乘以2就是需付的小费。**美容师**（beautician）和**出租车司机**的小费通常是账单的15%~20%之间；酒吧里，顾客每喝一杯，**吧员**就能得到1~3美元的小费；**房间清洁工**每天至少5美元；**行李运送员**运送一件行李需支付1~2美元的小费。

旅游资讯

纽约会议与观光局（New York Convention & Visitors Bureau）位于第7大道，设有一个综合信息中心和实时更新的纽约官方旅游网站（www.ny.com和www.visitnewyork.com），供游客查询相关资讯。许多当地民众喜欢登录网站www.newyorkmetro.com来获取购物、餐饮或娱乐信息。如若想查询当地的新闻、天气和资讯，可以登录网站www.ny1.com，查询相关最新资讯。

公共厕所

美国缺少相应的公共设施是不可争议的事实。当地人一般都会冲进宾馆或星巴克等地来解决自己的需求。所以，初到纽约的游客可以事先登录网站www.thebathroom-diaries.com，查询公共厕所设立的地点。

实用指南

终年无休大药房
（24/7 Pharmacies）
地址：第2大道1396号与第71街交会（或其他地点）
网址：www.cvs.com
电话：212 249 5699

Duane Reade连锁药房
地址：第57街西224号
电话：212 541 9708
网址：www.duanereade.com

手机租赁（Cellphone Rental）
电话：212 832 7143
网址：www.robers-rent-a-phone.com

长途查询台（Directory Enquiry）
拨打1（地区代码）411，或1（地区代码）555 1212

电话医生服务（Doctors on Call）
电话：212 737 2333

急诊室（Emergency Rooms）
圣文森特医院
（St.Vincent's Hospital）
地址：第11街西，与第7大道交会
电话：212 604 7998

贝尔优医疗中心
（Bellevue Hospital Center）
地址：第1大道462号，与第27街交会
电话：263 7300

纽约医院急救中心
（Urgent Care Center NY Hospital）
地址：第68街东525号
电话：212 746 0795

政府资讯与服务中心
（Government Info & Services）
电话：311（非急救机构）

同性恋社团服务中心
（The Lesbian, Gay, Bisexual & Transgender Cummunity Center）
地址：第13街西208号
电话：212 620 7310
网址：www.gaycenter.org

残障救助组织
（National Organization on Disability）
网址：www.nod.org

旅游信息（Tourist Info）
地址：第7大道810号，第52街与53街之间
电话：212 484 1200
网址：nycvisit.com

▶▶ 商店货物的税费偶尔会在促销周的时候取消，请查询www.NYSale.com

餐厅

纽约是全世界最适合外出就餐的城市之一。无论您是到名厨操持的高级餐厅，还是简单地从熟食店或街头小贩那里买些便宜可口的食物，都不会感到失望。成千上万的各类餐馆，琳琅满目的各种美食，绝对会让您大快朵颐。现在，就跟随我们一起看看纽约最棒的餐馆吧！

餐厅

无论您的旅途是长是短，是简单或是奢侈，与这里的美食体验相比，这些都变得不再重要。下面是纽约当地人百试不爽的心中最爱：大四川（Grand Sichuan）里热气腾腾的火锅，纽约牛排店（Peter luger）一流的牛排汉堡。下面这些餐馆的信息有的是密友之间互相推荐的，有的是自己在周末闲逛偶遇的。此外，当与纽约当地人比邻而坐时，您还会深切体会到纽约人好客的一面，他们会热情地跟您聊起他们所钟爱的体育运动，还会和您谈天说地……

乔纳森·舒尔茨（Jonathan Schultz）

当地风味

每个民族都有其钟爱的美食，独特的饮食嗜好会立即把人们区分开来。比如：**美人鱼餐厅**（Mermaid Inn，参见35页）内独特的氛围，令人不由得想起长岛海湾（Long Island Sound）。唐人街的**"金色独角兽"**（Golden Unicorn，参见29页）是夏季人们品尝软壳蟹的天堂。**"蓝烟"**（Blue Smoke，参见45页）绝对称得上纽约真正的传统意义上的烧烤餐厅。

美味比萨

"布利克街的约翰"（John's of Bleecker Street，参见39页）引进具有意大利那不勒斯风味的烘焙技艺（用木炭火炉烤制），是纽约城最受钟爱的一家比萨店。**"迪法拉"**（DiFara，参见58页）以各种辛辣口味吸引了五个区慕名而来的"朝圣客"。大厨马里奥·巴塔利（Mario Batali）在纽约的分店**奥托**（Otto，参见38页）以丰盛馅料和铁制浅锅制作的薄边比萨真可称得上是独树一帜。

早餐和早午餐

准备好最虔诚的态度，**安妮餐厅**（Annie's，参见51页）的各种美味烙饼一定会让您的胃口得到最大的满足。西村（West Village）是纽约人早午餐的主要目的地之一，但如果适逢周末，还可以向西略微远行至位于肉类加工区的**佛洛朗**（Florent，参见42页）来享用您的早午餐。还有，千万不要错过唐人街（Chinatown）弥漫着令人愉悦的薄荷气息的各类点心，就在上午11:00左右加入到那里的就餐人流当中去吧。

26

精选美食

热门餐厅

总而言之，**"蓝带寿司"**（Blue Ribbon Sushi，参见37页）店里永远处于订餐、点餐的忙碌状态，而且这种忙碌的状态会一直延至午夜过后。如想欣赏"厨房奏鸣曲"的话，**"西方"**（Ouest，参见53页）餐馆可以让您领略到厨房内忙碌的一面。如想品味历史，可以到连续22年被评为纽约最佳牛排馆的**纽约牛排店**（Peter Lunger，参见59页）试试看。总之，这些餐厅都是您不错的选择。

夜宵

对留恋酒吧和喜欢过夜生活的人来说，东村（East Village）和下东城（Lower East Side）是他们的不二选择。无论是**维泽卡咖啡馆**（Café Veselka，位于第2大道144号，地图4E2）的罗宋汤，还是**"炸薯条"**（Pommes Frites，参见40页）店里滚热的土豆条，都不错。随着肉类加工区逐渐转变成为俱乐部爱好者的天堂，**"佛洛朗"**（Florent，参见42页）餐馆也意外地获得了一批新食客。

全球美食

纽约以其街头巷尾的各种街边小吃而闻名遐迩。位于华盛顿广场（Washington Square）的**"印度风味小吃车"**（NY Dosas，参见41页）售卖的辛辣蔬菜卷，建议您一定要买来尝尝。**"沃尔斯"**（wallsé，参见41页）是品尝地道的奥地利美食的地方。**码头餐厅**（El Malecón II，参见54页）店中的浓郁蒜香味烤鸡，不仅为您全盘托出多米尼加共和国的经典美味，还会使您深深地迷恋上它。

餐厅

66 中式餐馆 `1 D1`

地址：241 Church Street（at Leonard St.）
>> www.jean-georges.com・电话：212 925 0202
时间：每日提供午餐和晚餐（周一至周四晚餐时间延至午夜，周五和周六到凌晨1:00，周日至10:30pm）

这是天才厨师冯格利希腾（Vongerichten）旗下的餐饮帝国的一部分。66餐馆内部装潢别致高雅，选取白色、银灰色和黑色作为主色调。餐厅设有敞开式厨房，在餐室高处可以透过鱼缸看到后面的厨房里的工作场景。菜肴主要是经过主厨重新诠释的传统中国菜肴。这里的特色菜有北京烤鸭、冯氏芝麻面条、酸甜口味大虾、蒸鳕鱼和越南咖啡风味果汁牛奶冻。另外，这里还有五种风味的香草冰激凌。夜晚是66餐馆最活跃的时间，如果您未及时预订，那就得以鸡尾酒相伴来消磨等待的时间。午餐较便宜，是固定菜单。此外，餐后还附赠绿茶风味的小甜点。（高价位）

蒙奈特（Montrachet）顶级食物和酒水 `1 D1`

地址：239 West Broadway（between Walker & White Sts）
>> www.myriadrestaurantgroup.com/montrachet
电话：212 219 2777・时间：周一至周四提供晚餐，周五提供午餐和晚餐，周六提供午餐

蒙奈特餐馆拥有全国最好的酒窖之一，客人可以自己择酒搭配这里提供的法国美食，斟酒服务生会为客人提供专业的服务和搭配建议。用餐空间的环境舒适、放松，会为您带来惬意的就餐体验。（高价位）

阿卡贝拉（Acappella）美食和格拉巴酒 `1 C2`

地址：1 Hudson street（at Chembers St.）
电话：212 240 0163
时间：周一至周五提供午餐和晚餐，周六仅提供晚餐

这个一直备受追捧的餐馆为您奉献来自意大利的正宗美食。除选用时令食材外，该餐馆主要为您提供精心制作的羊腿、鱼肉和上等的意大利面等美食。餐馆的服务一流，用餐结束后，还会为您免费提供一杯格拉巴酒（grappa）。（高价位）

下城区

北京烤鸭店
(Peking Duck House) *绝佳鸭肉* `2 E1`

地址：28 Mott Street（between Pell St. & Chatham Sq.）
电话：212 227 1810・时间：每日11:30am开始营业

　　唐人街的人气似乎也被带到这家中式餐馆里，每天晚上这里都宾朋满座，热闹非凡。这里烤出来的鸭子外焦里嫩，非常可口。配料有自制薄饼、黄瓜条、大葱和甜面酱。与烤鸭的美味和地道的中式菜肴相比，这里的服务可能略逊一筹。（**中等价位**）

金色独角兽
(Golden Unicorn) *唐人街烧烤* `2 F1`

地址：18 East Broadway（at Catherine St.）
电话：212 941 0911
时间：每日提供餐饮服务，点心供应时间是9:00am—3:30pm

　　"金色独角兽"餐馆位于唐人街一座安静的办公楼内，主要经营广东风味茶点和各种可口小点心。周日早餐过后，可容纳1000人的餐厅内就挤满了前来品尝各式虾饺、烤猪肉米卷和甜美乳蛋糕的食客。晚餐则相对较安静。（**低价位**）

巴勒达扎餐厅
(Balthazar) *不限时供应啤酒* `3 D5`

地址：80 Spring Street（between Broadway & Crosby St.）
》www.balthazarny.com・电话：212 965 1785
时间：每日7:30am开始营业（周一到周四至凌晨1:00，周五和周六至凌晨2:00，周日至午夜）

　　充满巴黎风情的巴勒达扎餐厅以其始终如一的精心烹饪水准而长盛不衰。一天之内，供应不同的美食以配合早餐、午餐和晚餐的不同需求。这里还是周末午餐的好去处，餐后甜点堪称一绝。（**中等价位**）

美瑟厨房
(Mercer Kitchen) *美式和法式潮流美食* `3 D5`

地址：99 Prince Street（at Mercer St.）
》www.jean-georges.com・电话：212 966 5454
时间：每日提供早餐、午餐和晚餐

　　"美瑟厨房"位于引领潮流的苏活区（SoHo）的绝佳地理位置，吸引了大批时尚食客；美味的菜单则吸引了众多美食家。"美瑟厨房"的风格简单而时尚，随意地摆放着简单的桌子、长椅，还设置了一个围绕在开放式厨房前的吧台。（**中等价位**）

14美元以下为低价位，14美元至25美元为中等价位，超过25美元为高价位

餐厅

学校（L'Ecole）对美食的完美诠释

3 D5

地址：462 Broadway（at Grand St.）
电话：212 219 3300
>> www.frenchculinary.com/lecole
时间：周一至周五提供午餐和晚餐，周六仅提供晚餐

地处百老汇的黄金地段，拥有巨大窗子的设计使房间既明亮又通风，食物美味且价格便宜，都是这家餐馆的特色。此外，这里还是法国烹饪学院的附属餐厅，学生们除在此可享用一顿包括三道菜、四道菜或五道菜的既经济又实惠的晚餐外，还可小试一下自己的手艺。所以，这家餐馆可以说是占尽了天时、地利与人和。

您可不要小看了这里的学生，他们可都是未来的明星大厨。用水焯过的鱼肉、虾和蚌等海鲜浇以苹果汁奶油酱或茄子和红辣椒酱，匠心独具的烘焙面包等，都是他们基于传统而不囿于传统大胆烹制的法式菜肴。

在此可以按菜单点菜，也可以选择美味而且便宜的客饭。如果还想避繁就简的话，就尝尝这里的番茄煎蛋卷吧，它们是不会令您失望的。菜单每六个礼拜更换一次。

优雅舒适的环境，一流的烹饪技术，物美价廉的美食，这里绝对是您正确的选择。（中等价位）

珍妮（Jane）创意美式美食

3 D4

地址：100 West Houston Street（between Thompson Street & La Guardia Place）
>> www.janerestaurant.com・电话：212 254 7000
时间：每日11:30am开始营业（周日11:00am开始）

珍妮餐厅的美食可能并不独特，但是细心的食客还是会于细微处体察到这里的匠心独具：选用日常食材，加上特别的烹饪手法，不失原味却别具特色。猪肉和鲑鱼肉制作的汉堡是这里的招牌菜，浓郁的鸡尾酒果汁也是这里的一绝。（中等价位）

下城区

吉坦餐厅（Cafe Gitane） *北非风味* `4 E4`
地址：242 Mott Street（at Prince St.）
电话：212 334 9552・时间：每日9:00am开始营业

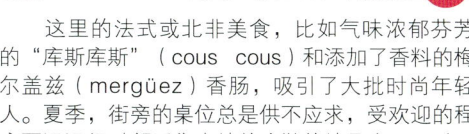

  这里的法式或北非美食，比如气味浓郁芬芳的"库斯库斯"（cous cous）和添加了香料的梅尔盖兹（merguez）香肠，吸引了大批时尚年轻人。夏季，街旁的桌位总是供不应求，受欢迎的程度要远远超过邻近售卖精美凉鞋的精品店。不过，舒适的室内空间也是很有魅力的地方。（**低价位**）

哈瓦那餐厅
（Cafe Habana） *古巴/墨西哥风味* `4 E4`
地址：17 Prince Street（at Elizabeth St.）
电话：212 625 2001・时间：每日9:00am开始营业

  嘈杂的街角餐厅中飘出的独特香气使诺利塔区（Nolita）的人们为它深深地痴迷，这里有美味的古巴猪肉三明治、墨西哥式煎蛋和煮玉米棒。不妨来杯"柯丽达"（chelada）解解渴，这种墨西哥啤酒里加有酸橙果汁和盐。（**低价位**）

贝瑞克特（Bereket） *土耳其式消夜* `4 F4`
地址：187 East Houston St.（at Orchard St.）
电话：212 475 7700
时间：24小时营业

  留恋夜店的下城区的人们很少有人没有享用过这里美味多汁的羊肉、鸡肉蔬菜三明治快餐和新鲜的鹰嘴豆泥。作为一家经营土耳其快餐为主的餐厅，贝瑞克特餐厅为您提供令人惊奇、美妙且地道的土耳其美食。（**低价位**）

大象餐厅（The Elephant） *法式和泰式* `4 F4`
地址：58 East 1st Street（between 1st & 2nd Sts.）
▶▶ www.elephantrestaurant.com・电话：212 505 7739
时间：每日提供午餐和晚餐

  玫瑰红和金黄色是这里的主色调。情侣们大多喜欢品尝这里甘美的"大象马丁尼"（Elephant Martinis）——以伏特加酒、黑醋栗甜酒和凤梨汁调配而成。另外，千万别忘了尝试一下这里的糯米饭（Sticky Rice），这是一种用荷叶包裹鸡肉、猪肉、大米和蔬菜等馅料一起蒸出的黏米饭。（**中等价位**）

▶▶ 分类美食查询，请见本书的226~229页

餐厅

酒家（'inoteca） *绝妙的小吃*　**4 F4**

地址：98 Rivington Street（at Ludlow St.）
电话：212 614 0473・时间：每日提供早餐、午餐和晚餐

如果您想细细品尝几盘小菜，再喝上几杯，那么这家随意的街角酒吧兼餐厅绝对是个好地方。奶酪、分量豪爽的肉片、意大利式三明治和各种美味沙拉供您任意选择。如果天气允许的话，还可以坐在外面，成为备受瞩目的焦点。**（中等价位）**

WD-50　*美国创新派*　**4 G4**

地址：50 Clinton Street（between Rivington & Station Sts）
>> www.wd-50.com ・电话：212 477 2900
时间：每日提供晚餐

大厨怀利・迪弗雷纳（Wylie Dufresne）以其点石成金的技艺使得WD-50餐馆声名显赫。您可以在这家简洁干净的餐厅里试试大厨的创意美食。巧妙地将各种美味融合在一起的兔肉香肠配酪梨或羔羊肉配芙蓉酱汤是这里的招牌菜。**（高价位）**

63号方块
（Cube 63） *现代日本料理*　**4 G4**

地址：63 Clinton Street（between Rivington & Station Sts）
电话：212 228 6751・时间：周一至周六提供午餐和晚餐

拥有多家顶级寿司店工作经验的肯（Ken）和本（Ben Lau）两兄弟为这家流光溢彩的餐厅带来了宝贵的专业技能。淡黄色灯光投射在寿司台上，两位年轻的专业人士正在合力打造极富创造力的奥玛卡斯（omacase）寿司卷的样盘。**（中等价位）**

化名餐馆（Alias） *货真价实*　**4 G4**

地址：76 Clinton Street（at Rivington St.）
电话：212 505 5011・时间：每日提供晚餐
（周一至周四至11:00pm，周五和周六至11:30pm，周日至10:00pm）

不要被店门口低俗的招牌所迷惑，这里的菜单上可没有罐头猪肉。下东城（Lower East Side）风味的化名餐馆为您提供富有想象力的各式美食，比如羊排、油封鸭和罐装的酪梨酱。周日的套餐非常超值。**（中等价位）**

✓ 超值标记　　了解纽约最新资讯，请登录网站 >> www.realcity.dk.com

下城区

乐苏格艾（Le Souk） 北非风味　　4 G3
地址：47 Avenue B（between 3rd & 4th Sts.）
>> www.lesoukny.com · 电话：212 777 5454
时间：每日提供晚餐

　　近年来，随着餐厅、精品店和酒吧的兴起，"字母城市"（Alphabet City，位于东村最东部）的知名度日益提高。这里的店铺的共同特点是尽可能地把自己掩藏在粗陋的外表下。作为其中一员的乐苏格艾餐厅自然也不例外，而且堪称典范。这座超级棒的北非餐馆混迹于其他小店和酒吧当中，一副实实在在的样子。进入到店内，非洲特色的织品、情调和美食都在彰显自己的北非特色。时髦的年轻人经常光顾这里，肩并肩坐在舒适的软长椅上，品尝北非美味。紧邻吧台的区域有低低的摩尔人风格的桌子、地板抱枕和灯光柔和的铁灯笼。开胃菜"梅泽"（Meze）是前菜，然后就是陶瓷塔吉（tajine）盛放的香气扑鼻的"库斯库斯"（couscous）、特制的香料香肠和蒜味贻贝。晚上9:00以后，这里还有肚皮舞等助兴表演。（中等价位）

Bao 111　　现代越南菜　　4 G3
地址：111 Avenue C（between 7th & 8th Sts）
>> www.bao111.com · 电话：212 254 7773
时间：每日提供晚餐

　　大厨迈克尔·黄（Michael Huynh）堪称美食界的艺术家，除了作为主厨外，他还亲自设计了这间流光溢彩的餐厅。食客多以艺术家和时尚的模特为主，他们坐在玫瑰色沿墙长椅上，边喝着芬芳的河粉（pho）汤，边惬意地浏览餐厅甜品菜单。味道甜美的黑芝麻冰激凌，是不可错过的选择。（低价位）

桌子餐馆(Le Tableau)　法国/地中海风味　　4 F3
地址：511 East 5th Street（between Aves A & B）
>> www.letableaunyc.com · 电话：212 260 1333
时间：每日提供晚餐

　　这家一流的法式现代餐馆位于黄金地带，虽然店面不大且经常更换菜单，但为您烹制各种美味的初衷却保持不变。猪排淋上美妙的枫薯泥、戈尔根朱勒干酪（gorgonzala）等都是您难以拒绝的美味。另外，傍晚的三道菜经济套餐是性价比最高的选择。（中等价位）

餐厅

裴罗斯（Pylos）*字母城里的小餐馆* `4 F3`

地址：128 East 7th Street（between 1st & A Aves）
>> www.pylosrestaurant.com・电话：212 473 0220
时间：周一至周六提供晚餐，周三至周日提供午餐

第2大道地铁站附近的八个街区内，有着许多不同的美食世界，如下东城（Lower East Side）的东正教犹太区（Orthodox Jewish）、东村（East Village）的乌克兰区（Ukrainian）和唐人街（Chinatown）等。然而，最令人感到惊奇的是，这家爱琴海风格的餐馆却把自己隐藏在字母城摇滚酒吧之中。"裴罗斯"是一个帅气的希腊式餐馆，有着炭泥粉饰的墙面、天蓝色的百叶窗和挂在天花板上的陶制的瓦罐，爱琴海的浪漫尽收眼底。美食家都对这儿的"都美斯"（dolmathes，希腊式的粽子）赞叹不已。另一种特色菜是"阿纳凯"（arnaki yiovetsi）——芳香的丁香、玉山麝香草叶和土豆炖制的羊腿肉，配以美味的欧祖面（orzo guains）。资深的服务会帮您选择各式希腊葡萄酒。另外，粘着诱人蜜糖的蛋奶冻填制的酥皮三角（galaktobaureko）可以说是"裴罗斯"的最大诱惑。**（中等价位）**

雅发餐厅（Yaffa Café）*皮塔饼屋* `4 F3`

地址：97 St. Mark's Place（between 1st & A Aves）
电话：212 674 9302・时间：24小时营业

无论是白天或黑夜，在酒吧消遣后的人们都会三五成群地聚集到这家位于圣・马克街（St. Mark）上不落俗套的雅发餐厅内。树荫掩映的庭院里坐满了纵情饮酒狂欢的摇滚乐手和诗人，他们都虔诚地等待着店内自制的皮塔饼（pitta）、鹰嘴豆泥（hummus）或其他中东风味美食，以慰藉自己宿醉后的辘辘饥肠。**（低价位）**

自由人餐厅（Freemans）*时尚处所* `4 E4`

地址：Freeman Alley, off Rivington
>> www.freemansrestaurant.com・电话：212 420 0012
时间：每日提供晚餐，周六和周日提供午餐

在自由人巷（Freeman Alley）的尽头，坐落着一栋洋溢着新英格兰情调的餐厅。这里的烤鳟鱼、焖制的鸭腿、干制鱼肉片等特色菜使得下东城的肉食爱好者们纷至沓来。镶嵌有驼鹿头和其他装饰品的墙壁，使得这里的就餐氛围轻松宁静。**（中等价位）**

下城区

保罗宫（Paul's Palace）汉堡王

地址：131 2nd Avenue（at St. Mark's Pl.）
电话：212 529 3033
时间：24小时营业

4 E3

　　从工作台的油布装饰、棋盘图案的桌布到挂在烤架墙上的汉堡海报，到处都充满了汉堡的美味诱惑。在这里，您会体会到美国汉堡包的精华所在。重达二分之一磅的大汉堡配以浓郁的奶昔是在这里就餐的最佳选择。（低价位）

美人鱼餐厅
（Mermaid Inn）新英格兰风味/海鲜

4 E3

地址：96 2nd Avenue（between 5th & 6th Sts）
www.themermaidnyc.com・电话：212 674 5870
时间：每日提供晚餐

　　航海图、船只图解、船舱灯木制柱子、粗糙质朴的桌子，成功地为这家餐厅营造了渔家的氛围，让人仿佛置身缅因海岸（Maine coast）。但是在您耳边流淌的现代摇滚乐和注重品位的当地老主顾又为这里缔造了浓浓的都市波西米亚风。这家餐厅位于第2大道，于2003年开业，餐饮界的巨头吉米・布莱德利（Jimmy Bradley）为其揭幕后，立刻轰动一时。由于餐厅太受欢迎，周末的时候可能需要等待桌位。这时候餐厅的海鲜吧台就非常有用了，可以为您提供新斯科舍省（Nova Scotia）新鲜的带壳苏格兰牡蛎。就座后，您可以在正餐前品尝些正宗的开胃小点，如烤烤贻贝或蚌馅料小饼。这里的菜单应季节变化，如果赶得巧的话，还可以尝到绝妙的烤制大马哈鱼或龙虾沙拉三明治。另外，餐后还可品尝一下这里的柠檬糖果布丁。（中等价位）

早间咖啡和下午茶

　　纽约遍地都是"咖啡店"（coffee shop），但颇具讽刺意味的是这些"咖啡店"并不售卖咖啡，这里有的只是便宜的食品和熙熙攘攘的客人。如若想品尝最好的卡布基诺咖啡，可以去**银座**（Via Quadronno，参见225页）。如果想品尝浓咖啡，可以到位于联合广场（Union Square）的黄色移动**"泥车"**（Mud Truck）或位于第9街的**"泥点"**（Mud Spot），绝不会令您失望。位于西村的**"乔"**（Joe，参见224页）也可为您献上同样棒的咖啡。

　　广场饭店棕榈阁（Palm Court at the Plaza Hotel，2007年秋季重新开业）为您提供正式的下午茶服务。**"茶与同情"**（Tea & Sympathy）内环境舒适，氛围随意，各类烤饼和精心调制的香茶任您选择。而**孟德尔茶馆**（Lady Mendl's Tea Room）比较高档，美味非凡的烤饼是不可错过之选（详见226页）。**茶吧**（Teany，参见74页）可以让您体会到更多的乐趣。

查询值得推荐的咖啡馆，参见224~224页；查询茶馆资料，参见229页

餐厅

安吉莉卡厨房
（Angelica Kitchen） *蔬菜的盛宴*

地址：300 East 12th Street（between 1st & 2nd Aves）
www.angelicakitchen.com · 电话：212 228 2909
时间：24小时营业

  自1976年开始风靡于世的素食主义理念，由"安吉莉卡厨房"发扬光大。因在保持蔬菜原有营养方面的持续努力，这家餐厅获得了素食主义者的热烈追捧。此外，对用餐环境极尽挑剔的食客对这家以托斯卡纳（Tuscan）村舍造型的小餐馆也情有独钟。这里的大厨极具创造力，能用最基本的配料创造出非凡的口味，比如不加奶油的白胡桃粉靓汤，或是没有咸牛肉的温热的甜培（一种豆子制品）卢宾三明治等。

  菜单分为两类：一种是经典美国素食菜肴；另一种是新奇的外来菜，比如用洋栖菜（hiziki）、海带（kombu）和萝卜（daikon）制作的大名鼎鼎的金平（Kinpira）沙拉。这里的服务生态度友好且乐意为您提供各种咨询服务。**（低价位）**

荞麦面（Sobara） *日式面条的诱惑*

地址：229 East 9th Street（between 2nd & 3rd Aves）
电话：212 533 6966
时间：每日提供午餐和晚餐

  这里的菜单不仅简单地介绍荞麦面的做法，还附上面条里所含有的维生素与蛋白质等营养物质的含量说明，而且特别温馨提示了荞麦面条尤其适合酒后食用。倘若这些看起来是噱头的话，那么地道的日本风味应该就是这里顾客云集的秘诀。大碗面条配以味道浓郁的汤汁，上面辅以新鲜的葱丝或您喜欢的添加材料，如蔬菜、鸭肉、油炸蔬菜或土豆条等，可谓店中的招牌菜。开胃菜主要有干炸虾味蘑菇、芝麻酱拌菠菜和寿司拼盘。这里有一份很全面的菜单，说明了每种清酒的酒精浓度和口味。

  店内的装潢是典型的日本风格，拥有禅意十足的简约氛围，秩序井然。侍者态度相当友好，大多数都是日本移民，头上戴着深蓝色的日本头巾。各种风味套餐和风味指南，日本传统弯腰礼服务，一切都令人很满意。**（低价位）**

斑点猪
(The Spotted Pig) 英式酒吧餐馆
地址：314 West 11th Street・电话：212 620 0393
>> www.thespottedpig.com・时间：每日提供午餐和晚餐

　　这是一家以英式酒吧风格而闻名的餐厅。"斑点猪"的主打菜是蒸海扇类、香料醋渍鲱鱼卷（腌制的鲱鱼）、铁板汉堡和沙拉。即使这家袖珍餐馆不接受预订，但能与兴趣相投的朋友们边喝边等也是一种惬意的事情。（中等价位）

蓝带寿司
(Blue Ribbon Sushi) 日本料理
地址：119 Sullivan Street（between Prince & Spring Sts）
电话：212 343 0404・时间：每日正午至凌晨2:00营业

　　就像地处西村（West Village）的姐妹店（见下文）一样，这家苏活区的"前哨"——蓝带餐厅，以其新鲜配料而声名鹊起。生鱼片是这里的招牌菜。您可选择坐在后边的雅座上或旋转寿司吧台后（这里的服务更加便捷）。（高价位）

蓝带面包房
(Blue Ribbon Bakery) 怀旧情调
地址：33 Downing Street（at Bedford St.）・电话：212 337 0404・时间：每日从午餐时间营业至凌晨2:00（周日至午夜）

　　聪明的食客大多选择聚拢在靠近窗子的餐桌旁，大快朵颐地品尝来自欧洲的各种美食。法式肥鹅肝酱、意大利开胃凉菜和硬皮自制面包都是食客不愿错过的美食。试试坐在酒窖造型的楼下用餐，这里是一睹新鲜烘焙面包出炉的最佳地点。（高价位）

巴寿司 (Tomoe Sushi) 日本美食
地址：172 Thompson Street（between Bleecker & Houston Sts）・电话：212 777 9346
时间：周三至周六24小时营业，周一仅提供晚餐（现金或运通信用卡结账）

　　如果在一家装饰简单的小寿司店门前，顾客要排上近1个小时的时间才能等到位子，不必感到好奇，答案就是因为这里能为顾客提供全纽约最上乘的鱼肉。为了尝上一口"真正的鱼肉"，才会有开头提到的那一幕，等待是值得的。（中等价位）

>> 纽约最好的百吉饼（bagel）在犹太教规允许出售的熟食店里有售

餐厅

奥托酒馆和比萨店
（Otto Enoteca & Pizzeria） *快餐店*   `3 D3`

地址：No.15th Avenue（at 8th St.）· www.otto-pizzeria.com · 电话：212 995 9559 · 时间：24小时营业

夜晚，食客们蜂拥而至，来这里品尝由著名厨师马里奥·巴特利（Mario Batali）用心制作的各式意大利小吃。肉丸子和煎鸡蛋等各种丰富的馅料撒满在铁制的浅锅薄边比萨上，充满了无穷的诱惑。自制的意大利冰激凌和冰霜（sorbetti）也不错。**（低价位）**

帕拉帕
（La Palapa Rockola） *地道墨西哥风味*   `3 C3`

地址：359 6th Avenue（at Washington Pl.）· www.lapalapa.com · 电话：212 243 6870 · 时间：24小时营业

这家餐馆完全弥补了纽约缺少上等墨西哥风味餐馆的遗憾。内部装修以墨西哥殖民时期和追忆电影黄金时代等怀旧主题为主。在品尝墨西哥式风味的炸玉米饼配上冰镇的莫德洛（Negra Modelo）啤酒时，千万别忘了仰头向上天祷告一声"Hola"（墨西哥语中"你好"的意思）。**（中等价位）**

巴伯餐馆（Babbo） *意大利北部风味*   `3 C3`

地址：110 Waverly Place（between MacDougal St. & 6th Ave.）· 电话：212 777 0303
· www.babbonyc.com · 时间：每日提供晚餐

巴伯餐馆作为纽约一流的意式餐馆绝不是浪得虚名，它是马里奥·巴特利（Mario Batali）餐饮帝国（也可看看上面提到的奥托餐馆）中的一分子。在这里如未及时预订，就要看您的运气了，看看最后一分钟有无取消预约的顾客。

如果价格不是主要的考虑因素，可以尝试一下这里的传统料理或创意无限的意大利佳肴。不过，这里的主菜单提供的是牛颊饺（ravioli）和茴香甜面包，因口味独到而受到客人的追捧。此外，店内还有各种精挑细选的意式酒，不妨坐下来细细研读一下这里的酒单或干脆交给专业的服务生帮您选择。

高雅的装饰，自然的采光，还有精致的插花装饰，足以彰显您的尊贵。虽然这里是空间和价格的完美结合，但食客的着装却不必过于正式。离开前一定要记着留点肚子尝尝这里的甜点和消化酒（digestivo）。**（高价位）**

下城区

布利克街的约翰
(John's of Bleecker Street) 顶级比萨

3 C3

地址：278 Bleecker Street（between 6th & 7th Aves）
>> www.johnsofbleeckerstreet.com
电话：212 243 1680
时间：每日提供午餐和晚餐（周五和周六营业至凌晨1:00，现金结账）

　　在纽约，人们对比萨的热衷程度要远远地超过您的想象。比较的最终结果可能会转变成一场论战。政治家也不敢明确表明此方面的立场，以免失去潜在的支持者。然而，在众多声音中，只有一个答案是毋庸置疑的，那就是"布利克街的约翰"餐厅里的比萨。

　　这家比萨店有着相当长的历史，门前葡萄酒红的遮阳棚上，印着"1929年成立"的白色大字，尽显店家的自豪之情。店内窗户上张贴着许多报章杂志对于该店的好评文章。

　　有一批纽约食客相信真正地道的比萨只有那些搭乘地铁的上班族才会挑选到。而约翰比萨店以其就餐的便利和良好的声誉声名鹊起，足以被排除在比萨是否美味的争辩之外。抛开这些没有逻辑的思维吧，到这里的食客们一定能品尝到上等的比萨。每逢周末，约翰比萨店外就排起长蛇般的队伍，人们流着口水期盼快点买到自己心爱的比萨饼。还好，用餐的人潮来来去去，即使排队也不用久候。

　　进入餐厅，在古老的餐台落座，您马上就会被飘溢在空气中的蒜香和起司的香味所征服。在享受您的美味之前，不妨先点一些意大利前菜搭配冰啤酒作为开胃菜。

　　这里的比萨饼选用超薄面饼配以白蛤肉或咸肉，再撒上意大利的帕尔马干酪等丰富的馅料。无论是要求口味纯粹还是口味多变的食客来说，约翰比萨店都不会令他们失望。起司，或刚刚从炭炉中拿出来的，冒着热气的微焦薄西红柿馅饼（上面配以色泽明亮、微酸的酱汁或全奶油意大利干酪等美妙的调味品），称得上是纯粹主义者难以抗拒的诱惑。对于口味多变的食客来说，选择范围要更加广泛，如蒜味肉丸或其他自制的比萨馅料。（中等价位）

餐厅

蛋卷冰激凌（Cones）上等冰激凌

地址：272 Bleecker St.（bet. Morton & Jones）
电话：212 414 1795・时间：周日至周四1:00pm—11:00pm，周五和周六1:00pm—1:00am（现金结账）

如果有人开车携带便携式冰箱购买冰激凌，这可不是笑话。人们就是为了买到这里手工包装的上等冰激凌，才不辞长途跋涉地从纽约北部驱车近两个小时来到这里。

在这家朴素的小店内，仅有几张桌子，普通的圣代冰激凌图片挂在墙上，仅凭外表您根本无法判定它的价值。但真正的秘密在冰箱里面，一个由32个钢制箱柜组成的大冰箱里装满了有如万花筒似的多彩冰激凌、果汁牛奶冻和拥有纯正的意大利米兰的传统风味的"加利特瑞"（gelaterias，主要成分是牛奶、糖、水果和坚果等）。香甜牛奶与摩卡咖啡口味的冰激凌，口感层次丰富；芳甜扑鼻的水果冰沙及不含奶酪的冰激凌，清凉消暑。另外，店内各种口味的冰激凌都可免费品尝。生意这么好，店主人罗耳（Raul）和奥斯卡（Oscar）在他们的老家阿根廷开起了分店，也就不足为奇了。

BB三明治吧（BB Sandwich Bar）专业起司牛排店

地址：120 West 3rd St.（between 6th Ave. & Macdougal St.）・电话：212 473 7500
时间：每日10:30am—10:00pm

店主盖瑞・汤普森（Gary Thompson）坚称他的牛排是这个城市最上等的起司牛排。午餐前，这里排起的长队足以证明他并没有吹牛。薄薄的牛排置于蔷薇花状的小面包上，而后配上卤过的洋葱、辣西红柿酱或美国白起司，美味诱惑难以抵挡。（低价位）

外卖店

位于市中心的许多快餐店铺主要是为了迎合方便快捷和可携带等顾客的要求应运而生的。位于下东城的"**煎饺**"（Fried Dumpling）主要提供令人无法抗拒的菜肉馄饨。想要品尝脆酥、新鲜的沙拉三明治和鹰嘴豆泥等外卖美食，千万不要错过"**莫娜**"（Mamoun's）和"**佩佩・罗素**"（Pepe Rosso's）里的意大利美食。然后，您就可以一边吃，一边悠闲地坐在华盛顿广场（Washington Square）上欣赏这里的露天表演。**格里夫热狗店**（Crif Dogs）的热狗算得上原汁原味，仅加了洋葱末和番茄切片，是流连夜店的人们的最爱。也可以去位于第2大道的"**炸薯条**"（Pommes Frites）买份外卖薯条，调味料共25种，顾客可根据自己的口味选择。详细地址请见216页。

下城区

印度风味小吃车（NY Dosas） *便宜素食* `3 C3`
地址：West 4th Street & Sullivan Street
电话：917 710 2092
时间：周一至周六11:00am—5:00pm

　　华盛顿广场（Washington Square）西南拐角的南印度小吃售卖车是纽约大学（NYU）学生们的最爱。即使在天气恶劣的冬季，他们也会在这里排队购买他们心爱的蔬菜卷（vegetarian dosas），这是一种以南印度饼皮包裹蔬菜根茎、鹰嘴豆泥，再配以调味料的印度食品，十分美味。（低价位）

玛丽钓鱼营地（Mary's Fish Camp） *杂烩汤天堂* `3 B3`
地址：64 Charles Street（at West 4th St.）
>> www.marysfishcamp.com・电话：646 486 2185
时间：周一至周六提供午餐和晚餐

　　"玛丽钓鱼营地"的海鲜羹汤和龙虾蚌卷丝等特色菜，口味之鲜美与新英格兰的海岸餐馆相比丝毫不逊色。质朴的氛围为狭小的餐馆平添了不少魅力。所以，到这里用餐需要排队等候也就不足为奇。（中等价位）

沃尔斯（Wallsé） *正宗奥地利风味* `3 A3`
地址：344 West 11th Street（at Washington St.）
>> www.wallse.com・电话：212 352 2300
时间：周一至周日提供晚餐，周六和周日提供午餐

　　于2000年开业的沃尔斯餐厅，在厨师柯特·古藤布拉那（Kurt Gutenbrunner）的努力下，已培养了大批忠实的顾客。餐厅内白色的亚麻桌布、灰白色的墙壁和精心挑选的艺术挂件，营造出舒适典雅的整体氛围。老顾客的频频光顾，使这里拥有一种西村式的随和气氛。

　　大厨古藤布拉那根据奥地利烹饪传统，精心烹制了丰盛地道的奥式美食。这里的风味特色菜除了著名的酥炸小牛排（Wiener schnitzel），还有蔬菜炖牛肉配鸡蛋面疙瘩（spaetzle，主菜外的附加菜）、苹果馅饼、土豆饼（rosti，土豆和洋葱附加菜）配上鲜美的龙虾。

　　另外，沃尔斯餐厅还吸引了一批忠实的吸烟的顾客，为他们提供剪裁精致的大红色披肩，以便他们能够在寒冷的冬天的夜晚出去抽烟。（高价位）

>> "沃尔斯"的姐妹店（Café Sabarsky）位于第86街与第5大道交会处，提供绝佳的咖啡和糕点

餐厅

佛洛朗（Florent）全天候营业 `3 A2`
地址：69 Gansevoort Street（between Greenwich & Washington Sts）·电话：212 989 5779
>> www.restaurantflorent.com·时间：24小时营业，只收现金

凌晨3:00，还有什么比炸薯条配上可口的贻贝（moules frites）更加美味的呢？另外，上乘的自制汤品和周末午餐都是不可错过的美食选择。穿着怪异的俱乐部会员和中规中矩的上班族都是这里的常客。吧台上方经常更换的广告很有意思。（**中等价位**）

堇（Sumile）一流的鱼肉——生熟两吃 `3 C2`
地址：154 West 13th Street（between 6th & 7th Aves）
>> www.sumile.com·电话：212 989 7699
时间：每日提供晚餐

乔西·德切里斯（Josh Dechellis）是这家时髦的日本连锁餐馆的主厨。他自创了许多菜肴，比如茶熏鳗鱼、黑芝麻糊配覆盆子。这里还有各种美味的鸡尾酒，果味浓郁且很有趣。菜单也随季更换。但这里不提供米饭等主食。（**高价位**）

面包坊（Tartine）袖珍熟食店 `3 B2`
地址：253 West 11th Street（at West 4th Street）
电话：212 229 2611
时间：周二至周六提供午餐和晚餐，周六和周日提供早午餐，只收现金

这家小面包坊位于街角处的黄金地段，一直供应美味的法式轻食。上等奶油新月形面包、薄荷蛋挞等妙不可言。另外，这里的周末早午餐是城里最实惠的选择。可以自带酒水。（**中等价位**）

餐饮机构

无论是从食材选择来看，还是从烹饪传统、餐厅位置、气氛情调来看，纽约都有些不可忽视的经典餐馆。地理位置优越的**"信幸"**（Nobu）以美味的寿司而大受欢迎。历史悠久的**四季餐厅**（Four Seasons）自1959年就已经涉足欧式西餐领域。餐厅由密斯·范·德·罗（Mies Van der Rohe）和菲利普·约翰逊（Philip Johnson）联袂设计，采用大量石版画作为装饰。位于翠贝卡区（Tribeca）的**"茴香"**（Chanterelle），自1979年以来就为人们奉献经典法式美食和法美融和风格的美食。轻松愉快的环境，一流的美式菜肴，**格拉默西酒馆**（Gramercy Tavern）是您不二的选择。另外，该餐馆旗下还设有多家分店。以上餐馆信息详见224~226页。

下城区与中城区

城市面包房（City Bakery）*糕点和巧克力* `3 C1`

地址：3 West 18th St.（bet. 5th & 6th Aves）
>> www.thecitybakery.com/index2.htm
电话：212 366 1414
时间：周一至周六7:00am—7:30pm，周日9:00am—5:30pm

  堪称纽约一绝的沙拉吧，种类繁多的早餐糕点、蛋挞和果子奶油蛋糕，使城市面包房赢得了顾客的广泛赞誉。另外，上乘的热巧克力搭配美味的药属葵蜜饯也是顾客梦寐以求的美味。（**低价位**）

联合广场咖啡厅（Union Square Café）*纽约人的最爱* `3 D1`

地址：21 E. 16th St.（bet. 5th Ave. & Union Sq. w.）
>> www.unionsquarecafe.com · 电话：212 243 4020
时间：每日提供晚餐

  这里是纽约最受欢迎的顶级美式餐厅之一，提供新美式美食，环境舒适，空间开阔，辅以鲜花装饰。店内总是挤满了人，一定要提早订位，或者可以去吧台找个地方坐下。每日都有特色菜。（**高价位**）

红猫（Red Cat）*情调、创意* `5 B5`

地址：227 10th Avenue（between 23rd & 24th Sts）
>> www.theredcat.com · 电话：212 242 1122
时间：每日提供晚餐

  时尚的装饰、美妙的食物和完美的服务，让那些在切尔西的画廊中闲逛了整个下午的人们可以好好放松一下。创意性菜品包括土鸡配糖果或甜洋葱汁、意大利调味饭（肉汤加干酪等制成）配蓝莓蜜饯。（**中等价位**）

大四川国际餐厅（Grand Sichuan International）*装潢一般，食物绝佳* `5 C5`

地址：229 9th Avenue（at 24th St.）
电话：212 620 5200
时间：24小时营业

  这家餐厅虽位于以格调著称的切尔西区，但装饰上略显拘谨刻板。不过，这里绝佳的中式美味，如煎鱼、蒜蓉菠菜和美味的菜肉馄饨等，为这里赢得了大批食客。（**低价位**）

餐厅

贝尔特摩尔餐厅（Biltmore Room）*奢华* 5 C5
地址：290 8th Avenue（between 24th & 25th Sts）
>> www.thebiltmoreroom.com・电话：212 807 0111
时间：每日提供晚餐

　　入口处厚重的丝绒门帘为这里平添了一抹孤芳自赏的私密色彩。这道华丽屏障后分别是一间酷炫酒吧和一间格调餐厅。酒吧有着自己的格调，来这里的客人经常只是为了品尝这里具有鲜明特色的鸡尾酒，如"金桃花"[Gin Blossom，罗勒（basil）和接骨木花糖浆调配而成]。就餐区域将传统绅士俱乐部风格与现代风格完美地结合起来。餐厅内，高高的天花板上悬挂着巨大的枝形吊灯，镜子也被大量使用，凸显了富丽堂皇的感觉。淡淡的灯光，流水般的音乐，装饰用的兰花，营造了一种温暖的情调。另外，这里还有现场乐队助兴表演。

　　服务周到的侍者会为您推荐亚洲或中东地区的各色美食，比如阿尔及利亚风味羊腿、鲜美的阿拉斯加鳕鱼、脆面卷制的巨型对虾配以鳄梨和番茄沙拉或杧果沙拉等。此外，这里独特的温热巧克力蛋挞也是不可错过的美味。（高价位）

博罗（Bolo）*创意西班牙风味* 6 E5
地址：23 East 22nd Street（between Broadway & Park Ave. S.）・电话：212 228 2200
>> www.bolorestaurant.com
时间：周一至周五提供午餐，每日提供晚餐

　　博罗餐厅秉承了西班牙美食的传统精神，又不循规蹈矩。无论是西班牙餐前小吃，还是意大利调味饭（肉汤加干酪等制成）、贝类或是烤土鸡，处处都体现新意。欢乐的酒吧也是这里不可或缺的一分子。午餐非常超值。（高价位）

塔布拉（Tabla）*现代印度风味* 6 E5
地址：11 Madison Avenue（at 25th St.）
>> www.tablany.com・电话：212 889 0667
时间：周一至周五提供午餐，每日提供晚餐

　　塔布拉餐厅提供的美食有印度西南部地区的果阿（Goan）辛辣蟹肉蛋糕和新式口味的泥炉炭火烤面包等，完美融合了新美式风味和印度风味。悬挂楼梯将塔布拉餐厅分为装饰风格迥异的二楼就餐区和一楼面包吧。气氛更休闲和食物相对便宜是面包吧的主要特色。（高价位）

罗望子（Tamarind） *美食香料* 　6 F5

地址：41-3 East 22nd Street（between Broadway & Park Ave. S.）·电话：212 674 7400
>> www.tamarinde22.com
时间：每日提供午餐和晚餐

　　餐厅内巨大的玻璃窗、明亮的现代装潢，以及以鲜花精心装饰的桌子，尽显奢华而内敛的气质。罗望子餐厅已多次斩获各项烹饪大奖，但两个老板还会谦虚地在食客中溜达，随时接受顾客的反馈，毫无疑问，他们听到的都是赞美的话。开始就餐前可先享受一下视觉的盛宴，开放式感觉的玻璃厨房内有多名厨师为您准备各式菜肴。

　　这里的特色菜主要有泥炉炭火烤扇贝配油炸薯条，茄子配椰子、芝麻和花生酱（bhagerey baignan），罗望子酸辣酱和自制奶酪。当然，这里也少不了羔羊腿和大龙虾等著名特色菜。另外，别忘了去茶室品尝一下让您备感贴心的三明治、香茶或小甜点。（中等价位）

双道（Dos Caminos） *时尚墨西哥风味* 　6 F5

地址：373 Park Avenue South（between 26th & 27th Sts）
>> www.brguestrestaurants.com·电话：212 294 1000
时间：周一至周五提供午餐和晚餐，周六和周日提供早餐和晚餐

　　这家墨西哥风味餐厅兼酒吧是一家大型的餐饮机构，很受年轻职场人士的喜爱。在这里您可品尝到地道的玛格丽特鸡尾酒和墨西哥风味美食。餐馆将配制好的著名的鳄梨蘸酱（guacamole）置于餐桌上，您可以尽情享受它辛辣的风味。（中等价位）

蓝烟（Blue Smoke） *质优价高的美式烤肉* 　6 F4

地址：116 East 27th St.（between Park & Lexington Aves）
>> www.bluesmoke.com·电话：212 447 7733
时间：每日提供午餐和晚餐

　　大厨肯·卡拉格汉（Ken Callaghan）选用苹果木和山胡桃木为燃料熏制的上等猪排、牛胸肉和有机鸡肉，既美味又多汁。傍晚，喧闹的曼哈顿市民就挤满了这家极富现代气息的餐厅。另外，这里有一流的啤酒可供选择，还有现场爵士表演。（中等价位）

餐厅

特鲁利（iTrulli） 美酒与意大利面，气氛温馨 6 F4
地址：122 East 27th Street（between Lexington & Park Ave. S.）· ▶▶www.itrulli.com · 电话：212 481 7372

纯正的普利亚（Puglia）风味是特鲁利餐馆的美食精华所在。这里的特色美食主要是"潘尼里"（panelle，鹰嘴豆做馅，配以山羊奶酪）和各种自制的意大利面。一定要尝尝这里的"飞行的葡萄酒"（flight of wine，有三种口味供选）。另外，这里还有免费的奶酪和肉类食品样品供品尝。（高价位）

韩国饺子吧（Mandoo Bar） 高级韩国料理 6 E4
地址：2 West 32nd Street（between Broadway & 5th Ave.）· ▶▶www.mandoobar.com · 电话：212 279 3075 · 时间：24小时营业

厨师们忙碌地制作着胖鼓鼓的美味韩国饺子（mandoo），饺子由蔬菜、鱼肉或猪肉制成，是这家韩国料理店的特色小吃。另外，这里还有上乘的沙拉和海鲜。工作日的午餐时间，这里会被当地商人挤得满满的，最好不要在此用餐。（低价位）

工艺坊（Artisanal） 来份起司！ 6 F4
地址：2 Park Avenue（entrance on 32nd Street）
▶▶www.artisanalcheese.com · 电话：212 725 8585
时间：24小时营业（周六和周日的11:00am—3:00pm提供早午餐）

想品尝不同口味的起司吗？工艺坊里有来自世界各地的起司。对传统美食的重新演绎使这家高大的餐厅成为分享起司锅（fondue，这是一种由溶化奶油、干酪与蛋类混合而成的佳肴）的新兴社交场所。这里有各种各样的起司锅可供选择，由各种各样的起司和香草制成，有传统的，也有创新口味的。起司也是沙拉和开胃菜的重要食材，如三味起司洋葱汤。另外，切达干酪（cheddar）面包皮制成的法式苹果挞也一定要尝尝啊。不喜欢奶酪？没关系，餐厅还有法式炖锅（cassoulet）和砖炉烤鸡等各种传统法国风味。不过，来到这里一定要尝试一下明星食材——起司制作的菜品，才不虚此行。

店里还有包含200多种特制起司的清单，帮助顾客挑选和购买。您也可以干脆到吧台订购"起司和酒品巡礼"（各选择三种）。起司自然是由店里直接出货。（中等价位）

www.realcity.dk.com

中城区

曹东戈（Cho Dang Gol）韩国料理 6 E3
地址：55 West 35th Street（between 5th & 6th Aves）
电话：212 659 8222・时间：24小时营业

　　这家质朴的小店位于韩国城（Koreatown）中心地带，可同时满足肉食和素食两种不同的饮食需求。餐厅通过那些物美价廉的豆类制品，为您展示了一幅纯正的韩国美食文化画卷。

　　浓郁的酱汤配以美味的石锅拌饭（米饭、蔬菜或肉、老汤、辛辣酱和煎蛋）是个不错的尝试。将上述原料与底部微焦的米饭充分搅拌后，就可以大快朵颐了。此外，在这里用餐还会附赠一种碟装开胃菜，其中包含韩国泡菜（kim chi，一种较辣的腌制白菜）。

　　另外，这里还有独创上乘韭菜饼和入口即化的豆腐（tofu，豆汁凝乳），马库里酒（Makkuli）也很不错。各种食物的辛辣程度不同，如有必要，可让服务生帮您选择。中午的特色菜非常超值。（**低价位**）

三明治行星
(Sandwich Planet) 切片面包的诱惑 5 C2
地址：534 9th Avenue（bet. 39th & 40th Sts）
>> www.sandwichplanet.com・电话：212 273 9768
时间：每日10:30am—8:30pm

　　在这里您会品尝到无可挑剔的传统三明治。如果仅有的五张桌子当中有一张是空着的话，您就可以坐下来慢慢品尝这里的招牌菜"亚曼尼"（Armani），这是一种把烟熏五香火腿、意大利干酪、洋蓟心等包在意式烤面包里的点心。（**低价位**）

我的小屋（Mi Nidito）墨西哥风味 5 C1
地址：852 8th Avenue（between 51st & 52nd Sts）
电话：212 265 0022
时间：24小时营业

　　花哨的招牌，标示着几十种鸡尾酒。这家位于"地狱厨房"（Hell's Kitchen）的餐馆是纽约人品尝墨西哥菜的好去处。这里的烤鸡外焦里嫩，洋溢着浓浓的蒜香，是一种令您无法拒绝的美味。此外，这里的杧果鸡尾酒也证明了本店的口碑绝不是浪得虚名。（**中等价位**）

>> 在公共场合吸烟是非法的，有些餐馆设立了专门的吸烟区

餐厅

巴西窑烤店
（Churrascaria Plataforma） 巴西烤肉
5 C1

地址：316 West 49th Street（between 8th & 9th Aves）
>> www.churrascariaplataforma.com
电话：212 245 0505・时间：24小时营业

新奇且活泼的就餐环境、新鲜的原料和固定价格的菜单是这家西班牙烤肉店的特点，因而成为剧院散场后人们就餐的首选。店内用餐模式为吃到饱为止，所有顾客收费完全相同。就餐开始前，每一位顾客都会领到一张正反两面分别是红色和绿色的标示牌。亮出绿颜色一面时，热情的服务人员就会来到您身边，熟练地操纵烤肉叉，为您送上美味的烤牛排、香肠、排骨、鸡肉、羔羊连骨肉和马哈鱼等。您可随便选用不同的食物，一直到心满意足为止。相反，若标示牌转向红色一面，就表明盘子是满的，暂不需要服务。盘子空了之后，再转到绿色……如此周而复始直至用餐结束。此外，再来上一杯令人赏心悦目的巴西"卡皮利亚"（Caipirinha，用朗姆酒加鲜柠檬汁调成的鸡尾酒）饭前醒胃酒，便可尽情感受巴西美食的魅力了。（高价位）

元气寿司（Genki Sushi） 旋转寿司吧
6 E1

地址：9 East 46th St.（bet. 5th & Madison）
>> www.genkisushi.com・212 983 5018
时间：周一至周五提供午餐和晚餐（至8:30am），
周六提供晚餐（至5:00am）

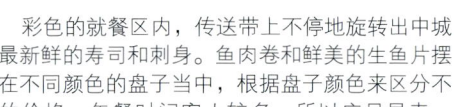

彩色的就餐区内，传送带上不停地旋转出中城区最新鲜的寿司和刺身。鱼肉卷和鲜美的生鱼片摆放在不同颜色的盘子当中，根据盘子颜色来区分不同的价格。午餐时间客人较多，所以应尽早来。（低价位）

便利店（Ess-a-Bagel） 经典小吃
6 F1

地址：831 3rd Avenue（at 51st St.）
>> www.ess-a-bagel.com・电话：212 980 1010
时间：每日6:30am—9:00pm（周日至5:00pm）

这间宽敞的中城区小店为热爱生活的人们烘焙出该地最美妙的硬面包圈。如果您有足够的时间，可以品尝一下这里14种不同口味的面包，配上白鱼沙拉、苏格兰熏肉肠、茄子沙拉和传统的奶油奶酪等美食。（低价位）

超值标记   了解纽约最新资讯，请登录网站 >> www.realcity.dk.com

中城区

疯狂之水
(Acqua Pazza) *新鲜的意大利面、海鲜和鱼* `8 E5`

地址：36 West 52nd Street（between 5th & 6th Aves）
>> www.acquapazzanyc.com · 电话：212 582 6900
时间：周一至周五提供午餐和晚餐，周六仅提供晚餐

餐厅的名字与其提供的意大利美食关系不大。食材大多从意大利进口，章鱼、螃蟹和整条烤鱼是这里的招牌菜。制作的面点里会加入浓咖啡，让人回想起咖啡曾经被用作防腐剂的年代。**（高价位）**

生命之水
(Aquavit) *瑞典风味* `8 F5`

地址：65 East 55th Street（between Park & Madison Aves）
>> www.aquavit.org
电话：212 307 7311
时间：周一至周五提供午餐，每日提供晚餐，周日提供早午餐

老板兼大厨的马可仕·萨姆森（Marcus Samuelsson）将传统的北欧风味饮食加入现代元素，并于2003年荣获纽约最佳大厨的名誉称号。在饰有室内瀑布的中庭餐厅用餐，尽管价格不菲却物有所值。

店名为一种北欧烈性酒，这种酒要经过两次蒸馏，在第二次蒸馏时加入黑胡椒、香草、凤梨和杨梅等各种材料进行调味。顾客可以选择这种烈性酒就或嘉士伯啤酒搭配青鱼等特色菜。其他招牌菜还有莳萝香酱炖海鲜、奶油蛋卷鲑鱼和神户牛肉意大利小馄饨等。另外，一定要尝尝有趣的渍鲑鱼片和泥炉炭火烤鲑鱼。餐厅提供八道菜套餐的三种类型的菜谱，以满足不同需求（包括素食菜单）。

如果您的预算不多，可选择到楼上的餐馆用餐。楼上的厨房和楼下的厨房是分开的，但都在主厨的监管之下，所以两间餐厅的菜色有异曲同工之妙，而且具有浓郁瑞典风格的肉丸子只有在楼上才可以品尝到。**（高价位）**

>> 马可仕·萨姆森也负责AQ咖啡馆（AQ Café, Scandinavia House, 58 Park Avenue, near 37th Street）

餐厅

城镇（Town）*现代风味* `8 E5`

地址：Chambers Hotel 15 West 56th Street（between 5th & 6th Aves）
>> www.townnyc.com · 电话：212 582 4445
时间：每日提供早餐、午餐和晚餐，周日仅提供午餐

　　内部装修时尚的"城镇"为您带来欧美最具创造力的饕餮盛宴。菜单应季更换，目的是为您呈上最新鲜原料制成的美食，但有些招牌菜，比如夏季特色菜软壳蟹则是传统的保留项目。（**高价位**）

诺玛餐厅（Norma's）*一天的完美开始* `7 D5`

地址：At Le Parker Meridien Hotel，118 West 57th Street · 电话：212 708 7460
>> www.parkermeridien.com/normas
时间：每日提供早餐和晚餐

　　诺玛餐厅是一间时尚餐馆，提供全纽约最奢华的早餐：新鲜压榨的果汁、杧果或木瓜配以肉桂可丽饼、特大煎蛋卷以及法式奶油蛋卷吐司。（**中等价位**）

艺伎餐厅（Geisha）*日美混合风味* `8 E4`

地址：33 East 61st Street（between Park & Madison Aves）· 电话：212 813 1112
时间：周一至周六提供午餐和晚餐

　　穿上最好的黑色小礼服，加入到边品鸡尾酒边等位子的人群中吧。艺伎餐厅的菜单以日本风味的海鲜料理为主，龙虾配龙须菜和蘑菇乌冬面条是这里的主打食品。楼下与楼上是两种不同的就餐氛围：楼下时髦并且有趣，而楼上则令人有些拘谨。当然，这里也有传统的寿司吧。（**高价位**）

快餐店的规矩

　　快餐店（diner）在纽约范围内被称为"咖啡店"（coffee shop），它是纽约之行不可错过的精华部分。无论贫贱或富有，穷诗人还是商业大腕，大家都可以撸胳膊挽袖子站在煎蛋卷餐台面前等待自己心爱的食物。这里的食物经济、方便，整日提供种类繁多的早餐食品，如蛋类、汉堡、法式土豆条、烤奶油三明治等。此外，价钱不是判定快餐店好与坏的依据，而位置、等候时间长短、菜单和服务质量才是人们所关心的。服务必须热情到位，但您也大可不必在用餐高峰期与冲撞您的伙计发火。咖啡未必浓郁，但在这里可以不限量供应。想在这些地方点餐，还得懂点儿这里的"行话"，比如只煎一面的荷包蛋称为"向着太阳的那一面"（sunny-side up），两面都煎的称为"容易翻"（easy over），黑麦吐司被称为"喝下整杯的威士忌"（whiskey down），是不是很有趣呢？

中城区与上东城

意外的珍宝（Serendipity 3）*美国风味* `8 F4`
地址：225 East 60th Street（between 2nd & 3rd Aves）
>> www.serendipity3.com・电话：212 838 3531
时间：每日提供午餐和晚餐

　　这家位于上东城的餐馆以令人满意的美国菜而闻名，受到人们的喜爱。这里有罐焖鸡馅饼、汉堡、汤品和沙拉等地道的美式风味美食。另外，还有令您胃口大开的冰冻热巧克力（frozen hot chocolate），是纽约最棒的创意美食之一。（**低价位**）

三月（March）*安静氛围，行家美食* `8 H4`
地址：405 East 58th Street（between 1st Ave & Sutton Pl.）
>> www.marchrestaurant.com・电话：212 754 6272
时间：每日提供晚餐

　　在这间整修过的别墅内，摆满了各类绝妙美食。这里的食物风味多元，尤以亚洲风味为主，比如"天妇罗龙虾"这道菜，配料采用了大量的生鱼、大豆、芝麻等亚洲传统饮食配料。5月至10月，顾客还可以在室外享用美食。（**高价位**）

弦月（Mezzaluna）*一见倾心的提拉米苏* `8 F2`
地址：1295 3rd Avenue（between 74th & 65th Sts）
电话：212 535 9600
时间：每日提供午餐和晚餐（可使用现金或运通卡结账）

　　弦月餐馆为您提供简单舒适的环境和南意大利的美食。这里以新鲜的意大利面、鱼肉和炉烤比萨闻名，尤其是嫩黄的提拉米苏，堪称纽约最佳美食之一。墙上展示的艺术品都以不同视角呈现了本店的标志性图案——弦月。服务热情周到。（**高价位**）

安妮餐厅（Annie's）*贴心的早午餐* `8 F1`
地址：1381 3rd Avenue（between 78th & 79th Sts）
电话：212 327 4853
时间：每日提供午餐和晚餐（周五和周六营业至午夜）

　　绝佳的周日早午餐（营业时间延至下午4:00）吸引了众多纽约市民举家来到这里用餐。喝上一杯邪恶的"血腥玛丽"（Bloody Marys）是中规中矩的社交礼仪。安妮餐厅还是比萨爱好者梦寐以求的天堂，顾客在此可以品尝到全麦、莱果、香蕉和草莓口味的各式比萨。（**低价位**）

餐厅

大西洋烧烤（Atlantic Grill）*新鲜的鱼，新鲜的气氛*

8 F1

地址：1341 3rd Avenue（between 76th & 77th Sts）
>> www.brguestrestautants.com · 电话：212 988 9200
时间：周一至周六提供午餐和晚餐，周日提供早午餐和晚餐

对于美食有独到见解的上东城居民认为，"大西洋烧烤"在食物、服务、内部气氛、性价比等各方面都是无可挑剔的。长久以来，人们对这里美食的追捧就是最好的证明。这里有精心挑选的时令鲜鱼、醇香的葡萄酒和周到高效的热情服务。轻松的氛围弥漫在整整二层的就餐区域内。

在宽敞的餐厅里，有两个分隔的用餐空间，装潢精致却不会让人感到过于正式。天气允许的话，客人还可以在户外就餐。

这里的特色菜主要有牡蛎、蟹饼、微焦芝麻虾球和鲯鳅鱼烤肉（一种独特多汁、微甜的鱼肉）。另外，每日特色菜和寿司吧的小拼盘也很不错。因为相当受欢迎，需提前预订。（**中等价位**）

烛光79号（Candle 79）*绝佳素食餐厅*

8 F1

地址：154 East 79th Street（between Lexington & 3rd Aves）· 电话：212 537 7179
>> www.candlecafe.com
时间：每日提供午餐和晚餐

这家高档餐馆主要经营各种美妙的素食菜，并且不断拓宽着现有素食菜谱的范围，所以，即使是固执的肉食主义者也禁不起这里的美食诱惑，不由自主地被吸引过来。这里的创意菜有南瓜野生蘑菇调味饭、意大利牛肝菌素肉（seitan，一种像肉一样的小麦蛋白）配蒜蓉蔬菜和野生蘑菇红酒酱。饮品主要包括有机酒、清酒、啤酒、非酒精类果汁饮品和各种滋补酒。此外，在这里还可体验非凡的接骨木果实提取液配上苹果汁、柠檬汁制成的独创饮品，以及橘子汁、椰子汁、香蕉"斯莫昔"（smoothie）。

这家餐厅的姐妹店——烛光咖啡屋（Candle Café，位于第3大道1307号，与第75街交会，电话：212 472 0970）也为您提供创意十足的绿色食品，以美味的沙拉和各种汤品为主。另外，咖啡屋的前部还设有果汁吧。（**中等价位**）

上东城与上西城

"狩"寿司（Shshi of Gari）*创意寿司* `8 G1`

地址：402 East 78th Street（between 1st & York Aves）
电话：212 517 5340・时间：周二至周日提供晚餐

餐厅虽然只有两个很小的单间组成，装修也极其简单，但有什么能比那些创意十足、选材地道的日本料理更有说服力呢？天才主厨永濑狩邦尾（Masatoshi Gari Sugio）和其团队共同为您展示他们在鱼和海鲜菜品上的精湛烹饪技艺。餐馆，不仅有供单点的菜单，也提供主厨们令人惊喜的创新菜品。（**高价位**）

西方
(Ouest) *一流的现代美式风味* `9 B5`

地址：2315 Broadway（between 83rd & 84th Sts）
» www.ouestny.com・电话：212 580 8700
时间：每日提供晚餐，周日提供早午餐

西方餐厅是一个令人耳目一新的餐厅。餐厅前部是酒吧，墙壁由木板镶制，玫瑰色的大电扇高高悬挂在天花板上。穿过永远忙碌的酒吧，通过摆满了葡萄美酒的通道，就来到了可以欣赏到开放式厨房的宽大就餐室。在这里客人可根据自己的喜好，选择坐在舒服的环形深红色真皮坐椅上或是露台处就餐（此处较拥挤）。餐厅里播放的音乐以20世纪20年代至40年代的爵士乐为主。

老板兼大厨汤姆・瓦伦蒂（Tom valenti）为您精心准备了味觉和视觉上的盛宴。从他的厨房源源不断地端出来的是各种色香味俱佳的美国传统佳肴，如松露蛋卷苏芙喱（truffled omelet soufflé）佐慕斯酱、龙虾意大利方饺佐香草沙拉，口味相当别致。店里还供应许多美味菜色及烤肉，也均为这里的招牌菜。周一和周二的特色菜分别是焖羔羊腿，周日则是传奇干酪肉糕。不妨花点儿时间，看看这里风靡世界并获过奖的葡萄酒单。如果不知如何选择，可向服务人员咨询。相比之下，这里的餐后甜点选择要少得多，不过水准一流，意式奶酪布丁可是至尊无敌的超级美味。

本店供应的绝佳早午餐也备受追捧，如搅蛋配自制熏鲟鱼。（**高价位**）

餐厅

绿橄榄（Picholine） 法国经典传统风味 7 C3

地址：05 West 61th Street（between Broadway & Central Park W.）・电话：212 724 8585
时间：每日提供晚餐，周六提供午餐

  店名原意为"绿橄榄"，不仅是这里的装饰主题，也是菜肴的主要配料，如焦糖排骨配橄榄汁就是这里的特色菜。本店里的起司餐车，因为内容丰富，同样备受瞩目。到这里用餐，穿着需正式，前厅吧台则可以穿着随意一些。（**高价位**）

帕沙（Pasha） 高级土耳其风味 7 C2

地址：70 West 71st Street（between Columbus Ave. & Central Park W.）・电话：212 579 8751
时间：每日提供晚餐

  玫瑰红和明黄是这里的主色调，用土耳其挂毯装饰的墙壁彰显出奢华的土耳其王室风范。美丽的女服务生，以铜盘供应的番茄洋葱烤羊肉串、葡萄叶包裹的美味料理以及数十种应季菜肴是这里的特色。周到热情的服务，给您宾至如归的感觉。（**中等价位**）

码头餐厅
（El Malecón II） 加勒比海风味 9 B3

地址：764 Amsterdam Avenue（between 97th & 98th Sts）・电话：212 864 5648
时间：每日提供早餐、午餐和晚餐

  随着多米尼加人口在纽约的骤增，在迈阿密以北的这一带，上好的多米尼加烹饪餐厅的出现也就不足为奇了。这里的餐厅所使用的食材与加勒比海和中美洲国家使用的烹制素材区别不大，但往往位于小地方就会造成迥然不同的结果。很少有餐厅像这家一样能烹制出如此美味的菜肴。这家年轻的餐厅的总店可是位于华盛顿高地（Washington Heights）的著名餐馆。

  店名取自圣・多明哥（Santo Domingo）人来人往的一条海滨大道。即使熟悉当地情况的人，看到这间不起眼的店面，或许也会对里面的菜肴没有信心，但是只要看到烤架上那棕黄色的调味脆皮烤鸡，就会顿时疑虑全消。许多移居国外的家庭和学生就在这家餐厅，尽情享受着"大蕉球"（mofongo，捣碎的甜车前草配炖猪肉）和西班牙腊肠泡饭（asopao con longaniza，肉汤饭配辛辣西班牙酱汁）以及番红花海鲜烩饭等加勒比海美味。（**低价位**）

超值标记

上西城至布鲁克林区

艾克斯（Aix）现代法国风味 9 B5
地址：2398 Broadway（at 88th St.）
>> www.aixnyc.com・电话：212 874 7400
时间：每日提供晚餐，周日提供早午餐

　　这家餐馆大量启用了橘黄和亮蓝等温暖色调，再现了普罗旺斯风情。老板兼厨师迪迪埃・温特（Didier Vint）在普罗旺斯美食的基础上大胆创新，推出拥有自己风格的法式美味菜肴。大蒜奶油比目鱼搭配燕麦普西尼饼（porcini cake）及核桃酱是这里的明星菜。（高价位）

希腊酒宴（Symposium）希腊风味 11 B5
地址：544 West 113th Street（between Amsterdam Ave. & Broadway）・电话：212 865 1011・时间：24小时营业

　　这家餐厅一直都致力于为其老主顾提供希腊式粽子和"慕沙卡"（moussaka，希腊的一道特色菜）等特色菜，长达20余年之久。顾客可选择坐在舒适的希腊式酒馆里或到封闭的后花园里就餐。只要您尝过这里的特色沙拉之后，相信您一定会对这里的菜肴有一个初步的了解。（中等价位）

新叶咖啡馆（New Leaf Café）美国风味
地址：特莱恩堡垒公园（Fort Tryon Park）
电话：212 568 5323・M 乘坐A线地铁到第190街
>> www.nyrp.org/newleaf・时间：周二至周六提供早餐、午餐和晚餐，周日提供早午餐和晚餐

　　这是由特莱恩堡垒公园里的一栋石头建筑改造的餐馆。这家餐馆所有经营的净利润都被用于修葺和维护这座历史悠久的公园。有机沙拉和野生马哈鱼是这里的特色菜。周四还有"爵士乐之夜"的表演活动。（中等价位）

面条布丁（Noodle Pudding）意式风味 13 A3
地址：38 Henry Street（between Cranberry & Middagh Sts），Brooklyn・电话：718 625 3737
时间：周二至周日提供晚餐（现金结账）

　　店名虽然称为"面条布丁"，这里实际上却是一家意大利面餐馆，提供的不是我们亚洲人所熟知的面条。意大利骨孔肉（osso buco）、纯正的意大利干酪、管状通心面和意式布丁等都是这里的招牌菜。晚上，本地人会悠闲地聚到这家时髦的小餐馆享用自己悠闲的晚餐。（中等价位）

餐厅

河畔餐厅（The River café） 现代风味与美丽景色

13 A3

地址：1 Water Street（between Furman & Old Fulton Sts）
>> www.therivercafe.com ・电话：718 522 5200
时间：每日提供晚餐，周一至周六提供午餐，周日提供早午餐（晚餐要求穿着正式服装）

自1977年开业以来，河畔餐厅就以其卓越的美食而成为业内的佼佼者。该咖啡厅的位置极佳，近可观东河，远可看到曼哈顿区（Manhattan）的摩天大楼和布鲁克林大桥，从而使这里成为世界上最浪漫的就餐地点之一，而且多数座位的设计都可以让情侣们共同欣赏窗外的美景。这里提供的美味菜肴以肉类和海鲜为主，法式肥鹅肝酱、兔肉、乳猪、鱼子酱、缅因州龙虾是相当受到欢迎的单点选择；此外还专门为素食者配制的代用菜。另外，这里的甜点也很有特色，比如"布鲁克林大桥公爵巧克力"（Chocolate Marquise Brooklyn Bridge，外观设计和大桥一模一样）。午餐的价格要比晚餐客饭便宜一些。此外，在露台上不仅可以品尝葡萄酒和各种开胃小菜，气氛也是一流的。（**高价位**）

杂货店（The Grocery） 社区之星

13 B4

地址：288 Smith Street（between Sackett & Union Sts）
电话：718 596 3335
时间：周一至周六提供晚餐

这里的正宗美国风味美食一直为当地人所喜爱。与新鲜原料一样完美的是这里的服务。菜单上的菜色虽然看似简单，但却可以凸显食材的原汁原味。比如大块多汁的烧烤羔羊肉，力求以味道来征服这里的食客。（**中等价位**）

卓雅（Joya） 泰国风味

13 B4

地址：215 Court Street（at Warren St.）
电话：718 222 3484・时间：每日提供晚餐

卓雅餐厅的内部装潢采用时髦的工业设计风格，为宁静的波恩兰姆小丘（Boerum Hill）和卡洛公园（Carroll Garden）带来一缕苏活区的老练味道，也吸引了对岸的曼哈顿区食客渡河而来。年轻的职场精英们成群结队来到这里，就是迷恋这里的氛围和价格不超过10美元的地道的泰国菜。（**低价位**）

超值标记　　　　　了解纽约最新资讯，请登录网站 >> www.realcity.dk.com

布鲁克林区

公园坡炸鱼和薯条店
(Park Slope Chip Shop) 可口的食物
地址：383 5th Avenue (at 6th St.)・电话：718 CHIPSHOP・》www.chipshopnyc.com・时间：24小时营业

13 C5

这是公园坡地区最受欢迎的餐馆之一，独特的英伦情调是人们喜欢这里的主要原因。新婚夫妇和刚毕业的学生对这里的大份的薯条、煎鲟鱼、炸马铃薯片、咖喱和炸鱼饼情有独钟。另外，人们会毫无例外地选择炸巧克力糖作为饭后甜点。（低价位）

Al Di La 威尼斯式餐馆
地址：248 5th Avenue (at Carroll St.)
》www.aldilatrattoria.com・电话：718 783 4565
时间：每日提供晚餐（周二除外）

13 C4

浪漫的烛光和一流的美食是Al Di La拥有忠实老顾客的主要原因。这里的特色菜肴有大麦粥、意大利汤圆配鼠尾草、烧烤沙丁鱼。另外，该餐厅不接受预订。所以，可到邻近酒吧打发时间或干脆避开高峰期用餐。（中等价位）

欢乐驿站
(Convivium Osteria) 一流的小酒馆
地址：68 5th Avenue (between Bergen St. & St Mark's Ave.)
电话：718 857 1833・时间：每日提供晚餐

13 C4

这里的暗色调装饰风格配上暗淡灯光，与曼哈顿明亮大胆的设计风格形成鲜明对比。价钱公道的葡萄酒配焖洋蓟心、咸鳕鱼鱼片或烤羊筋肉会是您不错的选择。不住在这一地区的人们可能还不太知道这家餐厅。（中等价位）

露露（ LouLou) 法国风味
地址：222 DeKalb Avenue (between Adelphi St. & Clermont Ave.)
电话：718 246 0633
时间：每日提供晚餐，周六、周日提供早午餐

13 C3

这里是人们到访布鲁克林学院音乐会（参见135页）之前或之后的最佳小憩之地。菜肴以布列塔尼风味为主，鱼肉、海鲜、筒形小薄饼是这里的主打菜。此外，餐馆后面的小花园也非常可爱。（中等价位）

》有关餐馆就餐的小费事宜，请参看23页

餐厅

聚会所（i-Shebeen Madiba）*南非风味* `13 C3`

地址：195 DeKalb Avenue（between Adelphi St. & Carlton Ave.）·电话：718 855 9190·www.i-shebeen.com·时间：24小时营业（周五和周六营业至凌晨1:00）

这是一家祖鲁式小饰品店风格与乡村气息完美结合的小餐馆。地道的南非咖喱肉（bobotie）引得五湖四海的宾客纷至沓来。另外，铁锅焖肉（potjie bredie）也一定要尝尝。客人还可到户外就餐，并可欣赏现场音乐等助兴表演。（中等价位）

施坦斯（Stan's Place）*美国南部风味* `13 C3`

地址：411 Atlantic Ave.（between Bond & Nevins Sts）
电话：718 596 3110
时间：周二至周六24小时营业，周日营业到5:00pm

明亮的色彩、整齐的灌木丛、飘扬的美国国旗，美观的外表勾起人们对新奥尔良无限的怀念，同时，也为这家位于波恩兰姆小丘（Boerum Hill）的小餐馆增添了无穷的魅力。猪肉或鲶鱼午餐、南部煎鸡肉晚餐都是大受当地人追捧的克里奥式菜肴。（中等价位）

迪法拉比萨
（DiFara Pizzeria）*意大利那不勒斯风味* ✓

地址：1424 Avenuel J（between 14th & 15th Sts）
电话：718 258 1367·Ⓜ 乘坐地铁Q线到J大道站下
时间：24小时营业，只收现金

又薄又圆的那不勒斯比萨让整个纽约的人们都为之着迷。这家位于梅德伍德（Midwood）的哈西德派（Hasidic）犹太人社区的小比萨店，把这种那不勒斯比萨提升到堪称艺术的境界。自1964年开始，多米尼加的比萨大师狄马克（DeMarco）就在狭窄的油布柜台后为纽约人制作超级比萨。每一张比萨都选用新鲜馅料，精心调配[一次一滴莫泽雷勒干酪（mozzarella）]。换言之，您必须花点儿时间等候。

从第一口咬下去开始，所有的耐心等候都有了回报！爽口的紫苏番茄酱、酥脆的饼皮、淡淡的橄榄油香气和浓烈的帕马森乳酪香气，精心烘焙的比萨堪称完美。与这样的美味比萨相比，谁还会在乎这里油渍的天花板、简陋的内部装饰和仅有的六张桌子呢？（低价位）

布鲁克林区

风味小馆（Relish）*经典风味* `13 B2`

地址：225 Wythe Avenue（between Metropolitan Avenue & North 3rd Street）·电话：718 963 4546
时间：24小时营业（周五和周六营业至凌晨1:00）

  油腻的煎炸食物是人们对同类餐馆的印象，但是由乔希·科恩（Josh Cohen）经营的这家20世纪50年代的小餐馆里却顾客爆满。这里以美式菜肴为主，如辣味熏排和西红柿汤搭配山羊（Chèvre）油煎面包片。这里采用定价菜单的形式，价格也很合理。（低价位）

泰国行星餐馆（Planet Thailand）*负担得起的美味* `13 B2`

地址：133 North 7th Street（between Bedford Avenue & Berry Street）
电话：718 599 5758·时间：24小时营业（最晚至凌晨1:00，周五和周六至凌晨2:00），现金结账

  店内高耸的窗子和饰有威廉斯堡艺术家画作的灰色墙壁体现了这家餐厅内部的整体装饰风格。番木瓜沙拉和日式握寿司（Nigiri Sushi）配上温暖的清酒是既大胆又时尚的吃法。（低价位）

纽约牛排店（Peter Luger Steak House）*火暴* `13 C2`

地址：178 Broadway（at Driggs Ave.）
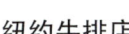 www.peterluger.com·电话：718 387 7400

  自从1887年开始，这家老字号就为喜好肉食的人们提供服务。上等的牛排食材和传统的制作经验是这家老店的无价之宝。室内装饰并不花哨，菜单也很简单。"只供应牛排"是这家餐馆的经营理念。（高价位）

百摩尼特（Bamonte's）*意式经典口味* `13 C1`

地址：32 Withers Street（between Lorimer St. & Union Ave.）
电话：718 384 8831
时间：周三至周一营业至10:30pm

  自制意大利面和丰富的酱料是这家餐馆的招牌美食。这家餐馆已有近百年的历史。墙上挂着的绝妙照片和侍者贴心的服务已成为这里的固有魅力。（中等价位）

购物

　　纽约是购物者的天堂。中城区有久负盛名的老字号百货公司，第5大道有各大品牌旗舰店，当然也少不了威廉斯堡（Williamsburg）地区有如雨后春笋般崛起的小店，这些都是人们大把"烧钱"的地方。如果您已厌倦了名店，那么就跟随纽约人的脚步，去逛逛位于市中心的熟食店、小书店、唱片店，或者干脆就到哈莱姆区（Harlem）和布鲁克林区（Brooklyn）独特的时尚小店里淘宝吧！

购物

纽约是缔造时尚的帝国，而且掌控自己独特的时尚节拍。若想充分解读这个"大苹果"的时尚潮流和趋势，仅凭第5大道的奢侈品来定位是不全面的，您还需要深入到布鲁克林区鳞次栉比的时尚小店转转，要对曼哈顿区颇受推崇的精品时装店了如指掌，也不要忽视了下东城那些物美价廉的潮流服饰店。在我看来，如果在一整天的购物过程中，如果还能在空闲时间坐下来，边喝着咖啡边看着那些与自己擦肩而过的人，才是最完美的购物体验。

达丽亚·迪乌科塔（Dahlia Devkota）

时尚龙头

或许"巴尼"（Barney's，参见86页）的销售人员的态度给人以拒之千里之外的冷漠感，但他们的确经验老道，为顾客提供的建议既中肯又实用。"杰弗瑞"（Jeffrey，参见78页）服务体贴周到，让您高兴而来，满意而归。"波道夫·古德曼"（Bergdorf Goodman，参见85页）所面向的绝对是既有品位又荷包满满的顾客群。

时尚搜索

那些喜欢街头时尚的人们，一定不要错过 **莱文顿俱乐部**（ALife Rivington Club，参见73页），这里是各种炫酷运动鞋的大本营。"**假名**"（Nom de Guerre，参见93页）致力于将艺术、流行趋势、亚文化等不同的元素结合，打造出随意的都市地下精神风格。**迷你屋**（Mini Minimarket，参见92页）将威廉斯堡的"酷"进行到底！

小吃攻略

精美和上乘的美味杯形蛋糕和位于西村（West Village）的绝佳地理位置，使**木兰烘焙房**（Magnolia Bakery，参见75页）店外永远不缺少排队等候的人群。在"**邦西格那**"（Bonsignour，参见76页）喝上一杯拿铁或品尝一下这里的糕点是个不错的选择，而店外所设的坐椅是您休闲的好地方。如果想品尝精选茶饮，一定不要错过**提尼茶吧**（Teany，参见74页）。

精选店铺

家居前沿

珠宝河市场（Pearl River Mart，参见65页）是一处彻头彻尾的亚洲商品聚集地。清酒、茶和香料都以极低的价格出售。这种廉价的购物体验在**家居旧货店**（Housing Works Thrift Store，参见89页）也可以获得。这里有设计师和都市才俊捐献的各类私人物品，所以，价格都比较便宜。"**哈布拉建筑**"（Hable Construction，参见72页）所销售的家居用品既实用又充满了创意，但价格不菲。

舒缓与水疗

"**拯救美丽**"（Rescue Beauty lounge，参见70页）所提供的美容服务项目包含了足疗和美甲等。SCO（参见71页）会根据肌肤性质的不同为您量身制作美容产品，并为每一位顾客建立档案。产品为各种天然萃取物，原材料包括柳树皮、杜松子浆果等。"**新鲜**"（Fresh，参见75页）包装精美的美容护肤品，可以帮助您把美容院的服务带回家。

时尚终点站

"**斯库珀**"（Scoop，参见69页）是极尽奢华与时尚之地，即使是富有的年轻女孩也不一定有足够的实力在这里消费。"**姬兰·扎巴特**"（Kirna Zabate，参见67页）里的每一件单品都试图破解流行密码，直击当下最流行的潮流趋势。"**马克·贾柏**"（Marc Jacobs，参见68页和76页）超酷炫和奢华的设计之风会令您赞叹不已。

购物

21世纪商店（Century 21）*品牌折扣店*　1 D3

地址：22 Cortlandt Street（between Church St. & Broadway）　·电话：212 227 9092
>> www.c21stores.com
时间：周一至周五7:45am—8:00pm（周四至8:30pm），周六10:00am—8:00pm，周日11:00am—7:00pm

不要让拥挤的人流吓到，这里可是时尚淘宝族们不可错过的百货商场。各类折扣男女高档服装、品牌鞋子、高档化妆品和亚麻制品等，会令您觉得即使偶尔在争先恐后的人潮中排队，还得冒着胸部肋骨不小心被别人手肘打到的危险，一切仍然是值得的。

最繁忙和最混乱的是女鞋区域，每周都有从"可斯图米·莱森奴"（Costume National）、"杜嘉班纳"（Dolce & Gabbana）和"马克·贾柏"（Marc Jacobs）等奢侈品牌运来的成集装箱的货物。顶楼是珠宝的天下。这里的珠宝大多都是由阿玛尼（Armani）、米索尼（Missoni）和拉尔夫·劳伦（Ralph Lauren）等名家所设计的，但价钱却比麦迪孙大道（Madison Avenue）旗舰店里的同类品牌便宜许多。美中不足的是这里的服务态度较差，排队交钱等候时间过长，没有独立的试衣间。

凯特·斯贝德旅行用品专卖店（Kate Spade）*时尚元素*　3 D5

地址：454 Broome Street（between Mercer & Greene Sts）
>> www.katespade.com　·电话：212 274 1991
时间：周二至周六11:00am—7:30pm，周日12:00am—6:00pm

奢华和新奇的款式是这里的主打元素。款式别致、设计新颖的手袋，尼龙、真皮休闲包和20世纪60年代的经典旅游书籍等商品，都会令您爱不释手。这里还有个性化的办公用品出售。不过，精美绝伦的手工行李箱到了机场究竟如何处理，还得花费一番心思。

帕特里夏·菲尔德的维纳斯旅馆（Hotel Venus by Patricia Field）*另类款式*　4 E4

地址：302 Bowery（between Houston and Bleecker Sts）
>> www.patriciafield.com　·电话：212 966 4066
时间：每天11:00am—8:00pm（周六至9:00pm）

帕特里夏·菲尔德（Patricia Field）是当前炙手可热的一流时装设计师，在担纲热门剧集《欲望都市》的造型指导后，她决定开设这家商店来展示自己对时装天马行空的见解。潮流女孩、异性服装癖者、杂耍表演艺人在这里都会找到他们所喜爱的服装。

玛丽雅·米尔斯
(Malia Mills) *比基尼和泳衣专卖*   `4 E5`

地址：199 Mulberry St.（between Spring & Kenmare Sts）
>> www.maliamills.com ・电话：212 625 2311
时间：每日12:00am—7:00pm

还在为挑选泳装而烦恼吗？这里有各种尺码、颜色和款式的泳衣。男孩穿的泳裤、女孩穿的火辣比基尼，这里全部都有。售货员会帮您找到最适合的款式，让您成为海滩上最受瞩目的焦点。

珠宝河市场
(Pearl River Mart) *东方珠宝*   `3 D5`

地址：477 Broadway（between Grand & Brooms Sts）
>> www.pearlriver.com ・电话：212 431 4770
时间：每日10:00am—7:30pm

在这里很容易迷路。这座亚洲大型购物市场有整整三层，包罗万象，便宜犹如跳蚤市场，是您轻松购物的首选，常常会让您一逛就忘了时间。

在这里，精致的中国长袍和传统的女性旗袍、各式拖鞋、钱包和手绣包比比皆是，价格通常比商场便宜三分之一左右。同时，您还可以以低廉的价格买到各种陶制碗碟和精美的日式茶具，品质几乎与商场中的昂贵货所差无几。

厨具专区出售烹饪地道的亚洲美食所需的各种原材料，例如茶叶、香料和酱汁等，应有尽有，且数量巨大。浴室用品部主要有草本疗法用品和丰富多彩的美容用品。此外，这里的许多中式婚礼用品，如果选作配饰或作为礼物一定会令您与众不同。除此之外，儿童专区内有大量各种颜色的童装、鞋帽和玩具。

礼品部有很多新奇的小玩意儿，如各种有趣的闹钟、蝴蝶形状的风筝和旧式的风琴。音乐爱好者还能淘到有趣的传统乐器等老物件。此外，商场里还有各种灯笼、文房四宝、床上用品和居家用品，多得令您眼花缭乱。总之，这里的货物包罗万象，应有尽有。

请注意避开高峰时间，最好赶在人潮到来之前；同时也要注意逛街的时间，因为这里是如此的新奇有趣，会让您不知不觉当中消磨掉一天的时间。

购物

A.P.C *法式成衣店* `3 D4`
地址：131 Mercer Street（between Spring & Prince Sts）
>> www.apc.fr・电话：212 966 9685
时间：周一至周六12:00am—7:00pm，周日至6:00pm

　　这是一家生活百货商店，出售各种成人服装和儿童服装，也有各种音乐和家居用品。法国品牌在款式设计上以宽松、中性为主要风格，如若附以配饰，服装的整体风格就变得随意或时尚。如需要各种美国制造的羊毛织物，这里也有专门的出售区域。

瑟莉玛（Le Corset by Selima）*奢华内衣* `3 C5`
地址：80 Thompson Street（between Broome & Spring Sts）
电话：212 334 4936・时间：周一至周六11:00am—7:00pm，周日正午至7:00pm

　　这里有各种各样精美的内衣品牌，从小野洋子（Yoko Ono）到演员本・金斯利（Sir Ben Kingsley），许多名人都曾在此出现过。由罗伯特（Robert Cavalli）和凯米诺（Kimonos）设计的新款流行内衣，会给您带来无尽的诱惑。手工印染的贴身内衣设计精美，还可以内衣外穿。

巴尼百货分店
（Barney's CO-OP） *时尚的触觉* `3 D4`
地址：116 Wooster Street（between Prince & Spring Sts）
电话：212 965 9964・时间：周一至周六11:00am—7:00pm，周日正午至6:00pm

　　如果不想为购物大伤脑筋的话，可以到有"野孩子"之称的巴尼纽约店（Barney's New York，参见86页）来转转。店内商品相当有格调。巴尼纽约店的年轻副牌——巴尼百货分店以更前卫、更年轻、更便宜的商品成为潮流的风向标。这里有大量的男女牛仔裤品牌[从"塞文"（Seven）到"李维斯"（Levi's）]，各种尺码供您选择。除牛仔裤外，这里也不乏大师的杰作，如"马克・贾柏"（Marc Jacobs）的副牌"马克"（Marc）系列、后现代的时装品牌"希尔瑞"（Theory）、"普拉达"（Prada）的运动系列和受怀旧风启发推出新品的"彪马"（Puma）和"阿迪达斯"（Adidas）等运动系列。手工制作的帽子、时尚手表、珠宝和鞋款式新奇，一定会令您爱不释手——实际上，在这里购物永远不会令您失望。这里的服装相当适合纽约晚上最热门的正式场合。

下城区

克莱奥（Clio） 充满创意的家具配饰　3 C4
地址：92 Thompson Street（between Prince & Spring Sts）
>> www.clio-home.com・电话：212 966 8991
时间：周一至周六11:00am—7:00pm，周日正午至6:00pm

这家创意家具配饰店有别于出售一般商品的店铺，而是更加关注有发展潜力的设计师设计的家居用品。店内的家居产品来自世界各地，而且大多都是限量珍品，如土耳其玉镶嵌的核桃木板及手工吹制的玻璃器皿等。该店还有大量的怀旧餐盘出售。

全国服饰（Costume National） 优雅　3 D4
地址：108 Wooster Street（between Prince & Spring Sts）
>> www.costumenational.com・电话：212 431 1530
时间：周一至周六11:00am—7:00pm，周日正午至6:00pm

艾尼奥・卡帕斯（Ennio Capasa）创立的意大利品牌，采用线条流畅简单的剪裁方式，魅力永恒，从而成为时尚达人衣橱内必备的珍品。外套和裙子是最能展示其精湛技艺的代表作品。另外，性感的高跟鞋和舒适的平底鞋两种款式则是每季必推精品。

姬兰・扎巴特（Kirna Zabate） 流行　3 D4
地址：96 Greene Street（between Prince & Spring Sts）
>> www.kirnazabete.com・电话：212 941 9406
时间：周一至周六11:00am—7:00pm，周日正午至6:00pm

这里的每一件单品都试图破解流行密码，直击当下最流行的潮流趋势。整整两层楼的精品购物专区是最受专业人士欢迎的地方。在不知名的品牌服装中探寻，说不定会发现法国服装设计师尚・保罗・高第耶（Jean Paul Gautier）的作品。另外，这里还有看似随意摆放的婴儿配饰和宠物配件。

缪缪（Miu Miu） 可爱纯真的风格　3 D4
地址：100 Prince Street（between Mercer & Greene Sts）
>> www.miumiu.com・电话：212 334 5156
时间：周一至周六11:00am—7:00pm，周日正午至6:00pm

这家位于普林斯街上的旗舰店以活力四射的店面设计和充满诱惑的装修格调而备受关注。"缪缪"是"普拉达"的副牌，产品以手工精致而著称，辅以自由的设计理念，赋予每件衣服独特的韵味。虽然每件单品都价格不菲，但给您带来的愉悦心情是无价的。

购物

莫斯（Moss）*博物馆式的设计风格*　3 D4

地址：146 Greene Street（between Prince & W. Houston Sts）· 电话：212 204 7100
>> www.mossonline.com
时间：周一至周六11:00am—7:00pm，周日正午至6:00pm

  这家现代家具店千方百计地讨好那些狂热追捧名牌设计和对漂亮奢侈品极其敏感的顾客。现代家具、怀旧灯饰和"摩塞尔"（Moser）水晶吊灯应有尽有。"拉玛"（Lomo）的各式相机和卡通填充玩具不但有趣，价位也比较合理。

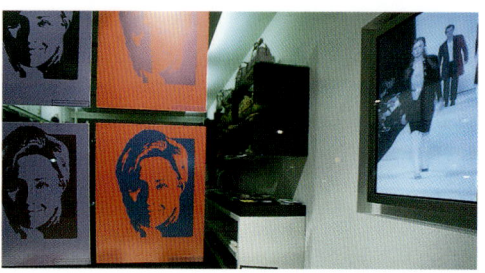

马克·贾柏（Marc Jacobs）*时尚金童*　3 D4

地址：163 Mercer Street（between Prince & W. Houston Sts）
>> www.marcjacobs.com · 电话：212 343 1490
时间：周一至周六11:00am—7:00pm，周日正午至6:00pm

  如果知道作家兼电影导演苏菲亚·柯波拉（Sophia Coppola）是贾柏（Jacob）的缪斯女神的话，那么，这里超酷超炫和随意的设计风格就不会让您感到吃惊。舒适的真皮手袋、复古风格的服饰、夹克和鞋子，每一件单品都堪称视觉的盛宴。

普拉达（Prada）*旗舰店*　3 D4

地址：575 Broadway（at Prince St.）
>> www.prada.com · 电话：212 334 8888
时间：周一至周六11:00am—7:00pm，周日正午至6:00pm

  这间位于苏活区中心位置的24 000平方米的超大、超酷的营业厅，是"普拉达"位于纽约的旗舰店，相当受消费者的欢迎。可以毫不夸张地说，其曝光的频率不亚于流行歌手。

  高雅且充满未来主义风格的店面由荷兰明星建筑师雷姆·库哈斯（Rem Koolhaas）设计（这儿曾是古根海姆博物馆位于市中心的分馆所在地），以装饰艺术手法陈列商品，以画廊式的计算机展示和缓坡道设计来营造出美术馆般的空间氛围，是时尚与艺术完美结合的典范。库哈斯在店中加入了许多高科技设备，以至于该店在开业时引来大批科技杂志记者前来报道。

  这里的服装重新演绎了优雅的内涵。"普拉达"女装不强调性感华丽，而是在潜移默化的过程中让知性的低调内敛成为流行。鞋底上印有红带注册商标的男士运动鞋系列，是迄今仍然受到人们喜爱的经典商品。

了解纽约最新资讯，请登录网站 >> www.realcity.dk.com

下城区

斯库珀（Scoop）高级时装　　3 D4

地址：532 Broadway（between Prince & Spring Sts）
>> www.scoopnyc.com ・电话：212 925 2886
时间：周一至周六11:00am—8:00pm，周日正午至7:00pm

这里的商品标签上的价码虽然贵得离谱，但是任何一件单品都会让您的衣橱鲜活起来，这就是"斯库珀"的魅力。客户群主要是精品和时尚的追求者，他们不在乎花大价钱买一件南美斗篷披肩。如果想要买当季热门款，这里绝对不会令您失望。

汀恩与德鲁卡　　3 D4
(Dean & DeLuca) 美食家的圣地

地址：560 Broadway（at Prince St.）
>> www.deandeluca.com ・电话：212 226 6800
时间：周一至周六9:00am—8:00pm，周日10:00am—7:00pm

置身于"汀恩与德鲁卡"这家店，您会发现这里的水果摆放得非常完美！如何叠加柠果、展示百香果或者怎样根据色彩学理论摆放各种瓶瓶罐罐，这家商店一定会令您大开眼界。这家阿拉丁的神奇美食店为您奉献新鲜或脱水、本地或异国风味的各类优质食品，所有东西看起来都相当具有诱惑力。

健康和美观是这里的特色，精心挑选的调味品、外观设计精美的意大利上等橄榄油，让人都不忍心打开。此外，能够免费品尝样品也是一件让人非常开心的事。

店内的每个部门都汇集了来自世界各地的美味食品。乳酪区有来自世界各地的优质奶酪，您可以在高达乳酪（Goudas）和百瑞乳酪（Bries）中自由选择，也可以尝试一下"Brillo de Treviso"（一种蘸葡萄酒食用的意式甜乳酪），当然，这里也有许多美式乳酪，如奶油山羊乳酪等。海鲜区有上乘的金枪鱼出售。烘焙区有葡式玉米面包等美味食物，好吃的会让您心甘情愿地放弃所谓的低糖健康生活。

店后还设有厨具专区，顾客在此可以买到寿司盘、烤布丁盘、搅拌器、鹿皮烤箱手套和杉木烤板（可以使食物外表美观并保持水分）。

店内售卖的各式种类繁多的商品，是不是令您眼花缭乱了呢？如果转完了一圈，您还是没有头绪的话，买上本烹饪书来帮您做决定吧。

>> "汀恩与德鲁卡"店内设有咖啡屋，提供外卖糕点和咖啡

购物

凯特文具店（Kate's Paperie）华丽 3 D4

地址：561 Broadway（at Prince St.）·电话：212 941 9816· >> www.katespaperie.com·时间：周一至周六10:00am—8:00pm，周日11:00am—7:00pm

对于那些追求笔与纸的触觉感受而不喜欢查看电子邮箱的卢德派人士（Luddites）来说，这里的新奇的感谢卡、特大号皮质相册、自来水笔、不同面值的邮票，还有论张计卖、触感极佳的手工纸张，可以满足您的所有要求。

公寓（The Apartment）完美家居 3 D4

地址：101 Crosby Street（between Prince & Spring Sts）·电话：212 219 3661·时间：周一至周五，仅接受预约

走进这家完全按照居家风格设计的工作室，第一感觉就是会爱上这里，因为这里每一处设计都既紧凑又用心，以简洁和生活美学的角度作为设计的出发点。从厨房使用的彩色扫帚到菲利浦·斯塔克（Philippe Starck）设计的置物架和爱迪斯·梅札赫（Edith Mezard）设计的麻制床上用品等，每一件物品都完美地诠释着设计者的精心构思。当然，您所见的每一件产品都可以带回家，不管是橱柜里的衣服、浴室里的牙膏，还是在冰箱里的食物，您通通可以买下来。

用生活实景来诠释产品的设计理念，就是强调一种将设计与生活完美结合的精神，因此，这里的商品也更容易让人接受。这家店还与大公司合作推出各种"潮流"作品，共同促进品牌发展。另外，这里还为许多私人及商业会所提供装潢设计服务。

拯救美丽（Rescue Beauty lounge）水疗馆 4 E5

地址：8 Centre Market Place（between Broome & Grand Sts）·电话：212 431 0449
>> www.rescuebeauty.com·时间：周二至周五11:00am—8:00pm，周六和周日10:00am—6:00pm

时尚教主吉·贝克（Ji Baek）把全纽约最时尚的美容沙龙聚拢在其旗下。该美容院除足疗和美甲等项目以外，还有精油、按摩、脱毛、修眉和香熏等项目，所使用的保养品店内也有售卖。

下城区

SCO 定制护肤品   `3 D4`

地址：584 Broadway, 5th Floor（between Prince & Houston Sts）·电话：212 966 3011
>> www.scocare.com
时间：周一至周五11:00am—7:00pm（周六仅接受预约）

　　注满各种精华素的玻璃管静静地立在这家色调明快、精致的小美容院入口处，相当醒目。店名"SCO"为"Skin Care Options"的缩写。该美容院产品涵盖洁面、护理、乳液、润唇油和去角质磨砂膏等产品，所有产品都采用典雅大方的包装。

　　特别值得一提的是，美容师会先向您询问一系列有关个人健康的问题，然后按照个人肤质的不同，利用二十几种天然原料调配最适合的保养品：咖啡因能加强皮肤毛孔收缩，维生素A、维生素C和维生素E能够帮助肌肤更新，柳树皮可抗菌消毒，等等。

　　店内所有的保养品包装上均贴有顾客姓名等详细资料。美容师会为每一位顾客建立档案。如若肌肤的实际情况有变化，那么美容院的护理方案也会相应地作出调整。

INA 特价商店   `4 E4`

地址：21 Prince Street（between Mott & Elizabeth Sts）
>> www.inanyc.com·电话：212 334 9048
时间：每日正午至7:00pm（周五和周六至8:00pm）

　　渴望拥有"普拉达"经典高跟鞋却苦于囊中羞涩？没关系，INA满足了这些品位高但收入低的女孩们的所有幻想，在这里，她们可以以很低的折扣价格购买到名牌产品。许多衣服都是当季的全新商品，据说，有的甚至是刚刚走下T台的新锐品牌。

卡丽普索（Calypso） 流行嬉皮士泳装   `4 E4`

地址：280 Mott Street（between Prince & Houston Sts）
>> www.calypso-celle.com·电话：212 965 0990
时间：周一至周六11:00am—7:00pm，周日正午至7:00pm

　　对那些半年时间耗在西班牙的伊比沙岛（Ibiza），另一半时间则挥霍在加勒比海的圣巴特岛（St. Bart's）的美丽海滩的女孩子们来说，这家著名的潮流小店是她们的上上之选。飘逸的裙子、多彩的真丝上衣和热带风情十足的凉鞋，每一件单品都流露着率性的波希米亚海滩奢华气质。

购物

哈布拉建筑 （Hable Construction） *美丽的家居用品* `4 E4`

地址：230 Elizabeth Street（between Prince & Houston Sts）
>> www.hableconstruction.com・电话：212 343 8555
时间：周一至周六11:00am—7:00pm，周日正午至6:00pm

  哈布拉姐妹沿用了祖父的建筑公司的名字，将原来的建筑公司改为设计各种漂亮、实用的家居用品的商店。帆布枕头、印花储纳盒、沙滩浴巾和花园用具等美妙物件，一定会为您的家注入新的活力和色彩。

梅尔（Mayle）*只为优质生活* `4 E4`

地址：242 Elizabeth Street（between Prince & Houston Sts）
电话：212 625 0406
时间：周一至周六正午至7:00pm，周日至6:00pm

  秉承古典、性感的服装设计理念，简·梅尔（Jane Mayle）所设计的服装一直是每一位好莱坞新星购置服装清单中的必选。女星克里斯汀·邓斯特（Kirsten Dunst）就是梅尔的便装、上衣及休闲裤的忠实粉丝之一。最近该品牌的时尚版图已扩展到令人倾倒的各种款式的鞋子，反响不凡。

拉菲（Rafe）*潮流手袋* `4 E4`

地址：1 Bleecker Street（at Bowery）
>> www.rafe.com・电话：877-7Rafeny
时间：周一至周四和周六正午至7:00pm，周五至8:00pm

  由设计师雷蒙·菲利克斯（Ramon Felix）亲自操刀设计的令人着迷的各式手袋和鞋子永远不会令您失望。皮草混编科西嘉（Corsica）款手袋，在女性时尚界当中刮起浓浓的奥黛丽·赫本风，"圣杰曼"手提包（St. Germain Clutch）则体现了纯粹的巴黎时尚风格。这里还有精品男包系列。

瑟莉玛的邦德07系列 （Bond 07 by Selima）*新波西米亚风格* `3 D3`

地址：7 Bond Street（between Broadway & Lafayette St.）
>> www.selimaoptique.com・电话：212 677 8487
时间：周一至周六11am—7:00pm，周日正午至7:00pm

  著名的眼镜设计师瑟莉玛·塞隆（Selima Salaun）是这家NoHo精品店的老板。客户群是喜欢独特风格的女性。这里有鞋子、皮包、帽子、内衣、高级时装、眼镜等，款式多变，由卡夏尔（Cacharel）和津森千里（Tsumori Chisato）等名师设计。

下城区

TG-170　城市流行风向标　`4 F4`

地址：170 Ludlow Street（between Houston & Stanton Sts）
» www.tg170.com　·电话：212 995 8660
时间：每日正午至8:00pm

　　如果您还为参加下东城（Lower East Side）的热门派对穿什么而发愁的话，那么，TG-170将会为您解除困惑。这里有极为夸张的服装和配饰。店主泰瑞·吉利斯（Terri Gillis）会时常出现在这里为顾客挑选服装出谋划策。

拉法蔻（LAFCO）　*梦寐以求的美容护肤品*　`4 E4`

地址：285 Lafayette Street（between Prince & Jersey Sts）
» www.lafcony.com　·电话：212 925 0001
时间：周一至周六11:00am—7:00pm（周四至8:00pm），周日正午至6:00pm（夏季周日停止营业）

　　由"拉法蔻"特许经营的美容护肤品包括"洛伦索·维洛雷西"（Lorenzo Villoresi）乳液和各种滋养品。这里还是意大利热门护肤品牌"圣玛利亚·诺维拉"（Santa Maria Novella）在纽约唯一授权的海外生产基地。

莱文顿俱乐部
（ALife Rivington Club）　*运动鞋大联合*　`4 G4`

地址：158 Rivington Street（at Clinton St.）
» www.rivingtonclub.com　·电话：212 375 8128
时间：周一至周六11:00am—7:00pm，周日正午至7:00pm

　　如果您打算在莱文顿俱乐部买一双复古运动鞋，可能会遇到点儿小麻烦，因为不太张扬是该店的一贯作风。店面没有醒目的招牌，而且必须按门铃才能进入。这种经营风格与其说是服装店还不如说是一家会员俱乐部更恰当。而事实上，该店名片上确实印有"仅限会员"等字样。不过别因此而感到不满，这些只不过是经营的手段而已，实际上这里是一家服装零售店。一旦进入以木板装饰的店内，所有的不愉快都会消失。

　　以灯光为背景的展示柜中，各种已经停产的运动鞋摆放在红褐色木质格架上，如"乔丹"、"耐克"、"阿迪达斯"等，宛如博物馆的典藏珍品一般。这样的摆设用意非常明显，因为这些款式在别处已经很难找到。另外，莱文顿俱乐部的服装专卖店就位于隔壁。

购物

商店（Shop）*女性系列*   4 F4

地址：105 Stanton Street（between Ludlow & Essex Sts）
电话：212 375 0304
时间：每日正午至7:00pm

    性感服饰、花边沙滩装、羊绒套衫，为这里营造了一股清新的女性氛围，仿佛是为大学生女子社团演出而准备的更衣间。导购态度十分友善，就好像是社团的一名成员一样。当然，这里也有其他风格的服装，如价格公道的牛仔专卖区，也很不错。

提尼茶吧
(Teany) *莫比的茶馆*   4 F4

地址：90 Rivington St.（between Orchard & Ludlow Sts）
>> www.teany.com · 电话：212 475 9190
时间：周二至周四和周日10:00am—10:00pm，周五和周六10:00am—2:00am

    电子音乐制作人莫比（Moby）根据自己对茶馆的看法设计开办了这间小小的店面。茶馆舒适、淡雅，音响系统循环播放低调的俱乐部音乐，为茶馆平添了一丝禅意。

    各式茶叶应有尽有，有一般的，也有极为奇特的，如"银尖"（一种白茶，具有高效的抗氧化性）、"金尼泊尔"（Golden Nepal，名字就够酷的）和伯爵鲜奶茶（Earl Grey Creme，畅销茶）。供品尝或购买的各类名茶达93种之多。

    店里小小的零售区里，在罐装茶叶旁，同时出售各种茶具，比如茶壶、茶杯、玻璃杯、茶叶罐和各种奶杯等器皿。另外，离开时别忘了尝试一下素食茶点（有机松饼、精致的三明治和碎豆腐等是本店的招牌美食）。

连锁店

    连锁店几乎遍布纽约的每一个角落，这里售卖的商品时尚且便宜。"**盖普**"（Gap）就是其中的一家大型连锁机构。这里出售各种打底T恤、牛仔裤和书包等商品。"盖普"的姐妹店"**香蕉共和国**"（Banana Republic，档次比"盖普"略微高些）则备受华尔街雅皮士的追捧。该连锁店售卖的服装剪裁得体，价位略高于普通流行服饰，但经常会有折扣优惠。

    美国休闲服装品牌"**杰酷**"（J. Crew）拥有广泛的受众，有些甚至成为时尚人士衣橱中的必备单品。追求朋克感觉的潮流一族们，可以到**市区旅行用品商店**（Urban Outfitters）逛逛。在这里您可以买到最新上架的"**彪马**"（Puma）潮流运动服饰和俏皮的家居物品，如浴帘和厨房用品等。详细内容请见227~228页。

下城区

地下唱片行（Subterranean Records）*60—70年代黑胶唱片* `3 C3` ✓
地址：5 Cornelia Street（at W. 4th St.）
>> www.recordsnyc.com ・电话：212 463 8900
时间：每日正午至8:00pm

　　该店专售20世纪70年代朋克音乐和60年代摇滚音乐，而且格式均为7英寸单曲和老式唱片。此外，当然也少不了灵魂乐、爵士乐和蓝调等音乐类型。除唱片外，这里还有不少CD供乐迷选购。

丰富节拍（Fat Beat）*嘻哈乐和高清乐* `3 C2`
地址：406 6th Ave, 2nd Floor（between 8th & 9th Sts）
>> www.fatbeats.com ・电话：212 673 3883
时间：周一至周六正午至9:00pm，周日正午至6:00pm

　　上门的顾客，大多是音乐节目主持人和嘻哈音乐唱片迷们。如果您是地下嘻哈音乐的行家，那么这里将是您纽约之旅必不可少的一站。如果您在这方面只是个门外汉，也可以来这里看看装扮很酷的店员，在别处可是很难看到的。

新鲜（Fresh）*焕肤与醒肤* `3 B3`
地址：388 Bleecker Street（at Perry St.）
>> www.fresh.com ・电话：917 408 1850
时间：周一至周六正午至8:00pm，周日正午至6:00pm

　　这里的乳液和霜剂等产品的名称，听起来一点儿都不像浴室用品，反而更像厨房调味料。比如去角质糖、清酒沐浴啫喱、牛奶香皂、大米洗面乳、大豆护手霜，以及一些更奇特的产品，名字都很可爱。这些包装精美的美容护肤品是带回家犒赏自己的最理想的礼物。

木兰烘焙房（Magnolia Bakery）*以杯形蛋糕闻名* `3 B3` ✓
地址：401 Bleecker Street（at W. 11th St.）
电话：212 462 2572 ・时间：周一正午至11:30pm，周二至周四9:00am—11:30pm，周五9:00am—12:30am，周六10:00am—12:30am，周日10:00am—11:30pm

　　这家店坐落于街道的拐角处，夸张到要排队管制顾客。从人们洋溢着的快乐表情，您可以立刻认出这家小店。这里以制作精美和上乘的杯形蛋糕而出名。边付款边急不可待地大吃起来可是常事。

>> 查看购物场所分类清单，请见227~229页

购物

"马克·贾柏"的副牌"马克" 3 B4
(Marc by Marc Jacobs) *城市酷炫地带*

地址：403–405 Bleecker Street（between Bank & West 11th Sts）·电话：212 924 0026· ▶ www.marcjacobs.com
时间：周一至周六正午至8:00pm，周日至7:00pm

如何能像模特们一样自然流露出时尚感？"马克·贾柏"的副牌"马克"就是答案。穿上设计师最爱的打扮——70年代灯芯绒裤和飞行夹克就行了！男装店和女装店分别位于紧邻的两栋楼内。

001号班机
(Flight 001) *城市炫酷一族的新奇配饰* 3 A2

地址：96 Greenwich Avenue（at Jane St.）
▶ www.flight001.com·电话：212 989 0001
时间：周一至周五11:00am—8:30pm，周六11:00am—8:00pm，周日正午至6:00pm

曾经想过要使用粉红色的护照夹？想拥有007邦德的那些超级配件和各种设计精巧的小玩意儿吗？这家位于西村的炫酷配饰商店，会带给您许多意外的惊喜。这里有便携式的调味料架，还有强风中仍可使用的打火机和盥洗袋等。对于那些"空中飞人"来说，在此可以购买到《纽约时报》(New York Times) 推出的风靡全球的益智游戏、飞机瑜伽图书、旅行蜡烛和世界四大天然化妆品品牌之一的由德国史代纳（Hauschka）博士设计的美容护肤产品。另外，这里还有热门旅行书籍，介绍目前世界上最热门的旅馆的相关资讯。这里也有布鲁克林区、曼哈顿区和布朗克斯等热门旅游景点的旅行光盘，还可转换到您的苹果机中播放，确保您轻松游玩的同时不会迷失方向。如果荷包还宽裕的话，一定要买上这里最时尚，也最能扮靓旅行者的银色手提旅行袋。

邦西格那
(Bonsignour) *咖啡与美丽的人们* 3 B2

地址：35 Jane Street（between 8th Ave. & Hudson St.）·电话：212 229 9700
时间：周一至周日7:00am—10:00pm

购物者云集在西村这家小人国似的烘焙屋不外乎以下三个原因：上等咖啡、美味的烘焙食品和西村最优质的服务。店外设有坐椅，是您坐下来看看周围的景观的好地方。

下城区

MXYPLYZYK 奇特的都市家居用品店   3 B2

地址：125 Greenwich Avenue（at Horatio St.）
>> www.mxyplyzyk.com · 电话：212 989 4300
时间：周一至周六11:00am—7:00pm，周日正午至5:00pm

来到这家风格独特的店，一定要管好自己的双手哦，因为这里每一件物品的诱人质感，都会让您情不自禁地想要把玩一下。从哈巴狗造型的储钱罐到保龄球造型的各式钱包，总之每一件东西都是新奇的代名词，就如同店名的发音（mixyplitstick）一样搞怪。

塑胶碗盘看起来宛如用老式唱片折叠而成，闪亮的镀铬烤面包机活像20世纪50年代的科幻电影的道具，坚果钳被巧妙地设计成小松鼠造型，每一件物品的设计都很精巧别致。另外，还有许多实用的日常生活器具，如小狗造型的胡椒罐、令人爱不释手的盘子、歪斜的玻璃杯和桌用电扇等。这些半实用的物品看似不经意地摆放在盐和胡椒粉等中，实际上出自经营者的精心设计。

现代气息十足的量杯、日式餐盘也被巧妙地置于各个角落。希腊的"馥姿"（Korres）护肤用品系列、浴室用大型橡皮鸭、有关土耳其摔跤的精装书和晚间鸡尾酒不可或缺的精美马丁尼酒混酒器一应俱全。当然，这儿也不会缺少办公室用灯和现代工艺珠宝等奢侈工艺品。考虑到位于西村，这里的价格还算合理。

尽管商品琳琅满目，但这里不会让您感觉到丝毫的轻浮或哗众取宠，您只会慨叹MXYPLYZYK是如何将艺术与功能如此完美地结合在一起的。

史黛拉·麦卡尼
（Stella McCartney） 别致与流行   3 A2

地址：429 West 14th Street（between Washington St. & 9th Ave.）· 电话：212 255 1556
>> www.stellamccartney.com
时间：周一至周六正午至7:00pm，周日12:30am—6:00pm

坐落于时髦的肉类加工区，这家店坚持为您诠释"酷"的真正内涵。绿色的细高跟鞋坠着摇曳的塑胶樱桃，似乎也体现着设计者优雅的生活态度。此外，这里的木质试衣间是本店的点睛之笔。

购物

咖啡壶（La Cafetiere） 法式家居用品　3 A1

地址：160 9th Avenue（between W. 19th & W. 20th Sts）
电话：646 486 0667
时间：周二至周四10:00am—7:30pm，周五10:00am—7:00pm，周六10:00am—6:30pm，周日正午至6:00pm

对法式家居用品和普罗旺斯式的家居格调情有独钟的人们，一定不要错过这家位于第9大道的法式家居店。尽管一些田园气息的餐具器皿看上去很讨人喜欢，但还是略显普通，这里的家具就完全不一样了，如仿古雕饰衣橱就绝对会给您带来惊喜。

杰弗瑞（Jeffrey） 女性用品商店　3 A2

地址：449 West 14th Street（between Washington St. & 9th Ave.）·电话：212 206 1272
时间：周一至周五10:00am—8:00pm（周四至9:00pm），周六10:00am—7:00pm，周日12:30am—6:00pm

　　"杰弗瑞"是最早大胆进驻肉类加工区（参见167页）的大型百货商店之一，作为时尚潮流的倡导者，至今仍保持领先的地位。时尚达人和社会名流经常出没于这里搜货。

　　商店本身面积并不大，但出售的商品都经过精挑细选，如大品牌"德赖斯·范诺顿"（Dries Van Noten）和"巴黎世家"（Balenciaga），就是很好的证明。这意味着在此购物，您无须花费几个钟头寻找外出的服装，省时省事，但也意味着放弃了讨价还价的权利。当然，价格也都不便宜。

　　中心位置的女鞋区域是纽约顶级品牌聚集地，有"卡普里"（Capri）性感凉鞋、"普拉达"（Prada）平底鞋、"伊夫圣罗兰"（Yves Saint Laurent）细高跟鞋和"彪马"（Puma）的运动系列等。

　　此外，因为该商场一直坚持以传统的服务礼仪来彰显顾客的尊贵身份，所以走廊上会有服务人员亲切地向您打招呼，提供最完善的服务。

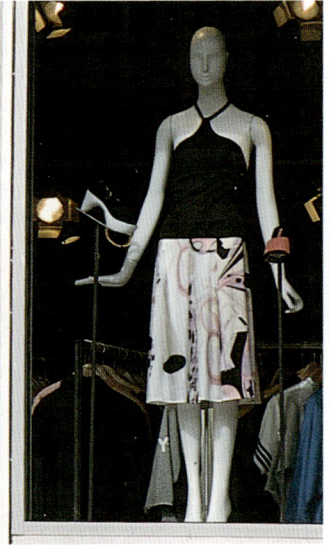

联合广场绿洲水疗馆
(Oasis Day Spa at Union Square) `3 C1`

地址：108 East 16th Street，2nd Floor（between Union Square East & Irving Place）·电话：212 254 7722
>> www.oasisdayspanyc.com·时间：周一至周五10:00am—10:00pm，周六和周日9:00am—9:00pm

    正如名字所暗示的意义一样，绿洲水疗馆宛如闹市中的一块绿洲。这里是市中心最繁忙地段上的一家休闲会所。除提供SPA服务和惬意的环境外，这里还出售大量的健康美容护肤产品。

ABC地毯家居用品店
(ABC Carpet and Home) *超预算的美丽商品* `3 D1`

地址：888 Broadway（at E. 19th St.）
>> www.abchome.com·电话：212 473 3000
时间：周一至周五10:00am—8:00pm，周六10:00am—7:00pm，周日11:00am—6:30pm

    对于大多数喜爱购物的人来说，一次逛完ABC整整六层美不胜收的购物专区也仿佛是一件不可能完成的任务。

    第一层是各种各样的奇珍异宝，比如手工吹制的威尼斯枝形玻璃吊灯、从法国进口的古典育婴家具、铸铁佛头像等。虽然林林总总的商品带给人犹如跳蚤市场般的杂乱感，但您可别期望以跳蚤市场的价格买到这里的商品。

    二层主要经营现代风格的家具和20世纪60年代款式的椅子和各种灯具。三层是纺织品专卖区，在这里您可以买到世界上最好的麻织品，其中就有"弗莱特"（Frette）和"普莱仕"（Pratesi）两大世界顶尖级品牌。接着来到的五层和六层分别展示充满法国气息的家居物品，如田园气息浓郁的煮饭锅、正式场合使用的椅子等，都以博物馆中的小展览室形式展出。

    另外，顶楼还有几家鲜为人知的餐馆，就算是地道的纽约人也不一定知晓。"家常面包"（Le pain Quotidien）就是其中之一。店内出售法式和比利时风味的各式面包、比萨、三明治和咖啡，是您享用午餐的好地方。另一家是琵琶餐馆（Pipa），这里的气氛轻松活跃，非常适合举办大型的派对。此外，"露西"（Lucy）是一家墨西哥风味烤肉馆。

    这里还有一家理发店，名字叫"蜜浆沙龙"（Mudhoney Salon）。这是一家全方位服务的高级发廊，不仅服务项目齐全，而且氛围也很独特。

购物

帕拉冈运动用品（Paragon Sporting Goods）运动服饰及器材 3 D1

地址：867 Broadway（at West 18th St.）
▶ www.paragonsports.com・电话：800 961 3030
时间：周一至周六10:00am—8:00pm，周日11:30am—7:00pm

　　整个三层销售区域都以运动系列为主打产品，内容涵盖每一项体育运动的专用物品以及运动时所需的一切东西。

　　地下一层是运动鞋专区，包括"新百伦"（New Balance）、"耐克"和"彪马"等品牌系列。另外，这层还可以买到跑步专用的心脏检测仪、秒表和透气内衣等运动配置。

　　一层主要经营文雅的乡村俱乐部系列服饰，如网球鞋、"鳄鱼"（Lacoste）衬衫和炙手可热的网球短裙，当然，也少不了各种各样的高尔夫器材。此外，本层店后的大房间是泳装专卖区，从精致、休闲的比基尼到比赛用的连身泳衣，式样齐全。

　　顶层是冒险和极限运动装备区，各种皮艇、潜水表和宿营器材一应俱全。

百货公司

　　曼哈顿区是商业巨头发迹和书写传奇的地方。有这样一种说法：如果没到过诸如**梅西百货**（Macy's，参见227页）这样的大型百货公司的话，就等于没到过纽约。可见百货公司在纽约乃至美国生活中的重要地位。梅西百货可以称得上是百货公司中的"巨无霸"。它是一家连锁百货公司，旗舰店位于纽约市海诺德广场（Herald Square），1924年在第7大道开张时曾被宣传为"世界最大的商店"。梅西百货主要经营服装、鞋帽和家居用品等，价格中等。这里总是人潮涌动，迷路是常事。但是，如果有时间慢慢逛的话，您会发现"DKNY"、"汤米·希尔费格"（Tommy Hilfiger）、"保罗"（Polo）等品牌正在打折售卖。

　　如果想更高档、人较少的百货公司，可以逛**布鲁明戴尔百货公司**（Bloomingdale's Department Store）和**萨克斯第5大道百货公司**（Saks Fifth Avenue，参见227页）。这两家公司是继梅西百货之后纽约最知名的百货公司。

这里不仅有数百种常见品牌，还有一些精品品牌，以及高级设计师的展室。"香奈儿"（Chanel）、"史黛拉·麦卡尼"（Stella McCartney）和"伊夫圣罗兰"（YSL）等，在这两家百货公司内都设有展厅。若逢季末促销，商品大多都以半价出售。

　　亨利·邦杜百货（Henri Bendel，参见227页）也很受纽约人和游客的欢迎，它看起来更像是一家精品名店，具有高明的楼层空间规划和螺旋式楼梯设计。纽约人亲切地称呼其"邦杜斯"（Bendls）。这里商品种类繁多，从"MAC"、"罗拉·玛斯亚"（Laura Mercie）等流行化妆品系列到个别品牌的毛衣，样样都有。在戴安妮·冯·弗斯滕伯格（Diane Von Furstenburg）的小精品店中，您可以找到披肩和迷人的晚礼服。不同于其他百货公司的是，这里没有搅拌器和床垫之类的东西，出售的多为前卫设计师的作品和美容产品。也可逛逛"**波道夫·古德曼**"（Bergdorf Goodman，参见85页）。

下城区与中城区

契尔氏
(Kiehl's) *世界顶尖级美容护肤品专卖* 4 E2

地址：109 3rd Avenue（between 13th & 14th Sts）
>> www.kiehls.com · 电话：212 677 3171
时间：周一至周六10:00am—7:00pm，周日正午至6:00pm

　　"契尔氏"的旗舰店位于地铁L线第3大道站（Third Avenue）旁边。植物配方的各类护肤乳、沐浴液、玫瑰染发剂、可可护发剂、滋补液、脂粉和香皂是其主打系列产品。包装风格素朴典雅，易于接受。

　　进门时别忘了先拿一个购物篮，然后依次可经过黄瓜沐浴乳、玫瑰化妆水、椰乳护发乳和其他产品的展示柜。友善且经验丰富的导购人员，可以为您解答问题或提供建议。建议到此必购的产品有：丝光护发霜（Kiehl's Silk Groom，头发造型首选）、润唇膏（Lip Balm）和契尔氏有机面膜（Kiehl's Original Musk Oil，在除皱同时还会为您带来迷人的芳香）。

　　另外，这里还可为顾客感兴趣的产品提供免费试用装，不妨前来体验一下吧！

海滨大道书店
(The Strand) *书的海洋* 3 D2

地址：828 Broadway（at 12th St.）
>> www.standbooks.com · 电话：212 473 1452
时间：周一至周六9:30am—10:30pm，周日11:00am—10:30pm

　　海滨大道书店位于下城区。来到这所城市的所有游客都应该来这里参观一下！书迷们喜欢这里的主要原因是因为其不落俗套的风格，它与那些摆放整齐的书架，配置休息用的沙发，可供购书者品尝拿铁咖啡的书店迥然不同。书籍是这家店存在的唯一理由，人们挤在这里搜寻各种各样的绝版书、初版书和稀有的大部头书，这些书都以折扣价出售。

　　大量照片集、建筑设计图书与言情图书、经典名著并置于一个架子上。楼下还设有儿童书籍专区。另外，店门口经常会堆着数百本书，仅以每本1美元的价格出售。所以，无论您什么时候来到这里，打算寻找什么书，这里都不会让您失望。

>> 百老汇街最佳就餐地点是"学校"（L'Ecole）餐馆，请见30页

购物

圣·马可之音 (St. Mark's Sound) 新旧CD `4 F3`

地址：20 St. Mark's Place
电话：212 677 2727・时间：周日至周四正午至9:00pm，周五和周六正午至10:00pm

　　糟糕的服务、落满尘埃的CD封面和缺少视听设备的问题绝不会在这里出现。这里有大量新老CD，内容涵盖摇滚、爵士新浪潮、灵魂音乐等多种类型，但价格却很便宜，大多都不会超过两位数。

爵士乐唱片中心 (Jazz Record Center) 爵士乐珍品 `5 C5`

地址：236 West 26th Street, 8th Floor (between 7th & 8th Aves)
>> www.jazzrecordcenter.com・电话：212 675 4480
时间：周一至周六10:00am—6:00pm

　　这是一家为那些知道爵士乐绝不仅仅只听梅尔斯·戴维斯（Miles Davis）、约翰·柯川（John Coltrane）和迪兹·吉莱斯皮（Dizzy Gillespie）的乐迷所开设的唱片行。爵士唱片中心为爵士乐爱好者准备了大量老式爵士音乐。顾客可先登录该店的网站试听。另外，在该网站还可购书、杂志、爵士乐纪念品和黑胶唱片等，其中包括许多人争相抢购的初版唱片。

吉米·秋 (Jimmy Choo) 掏空您的钱包 `8 E5`

地址：645 5th Avenue (between 51st & 52nd Sts)
>> www.jimmychoo.com・电话：212 593 0800
时间：周一至周六10:00am—6:00pm

　　如果鞋子合适的话（哪怕对脚有点儿伤害），就不要拒绝给自己买上一双象征地位的"吉米·秋"的鞋子。在这里，无论是生活的哪一个场合，您都能如愿以偿地找到与之相搭配的鞋子。为度假而准备的平底鞋、晚宴上的细高跟鞋、女休闲鞋甚至是婚礼穿的各式鞋子一应俱全。

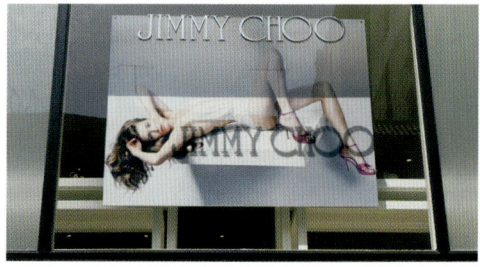

马诺洛 (Manolo Blahnik) 高跟鞋帝国 `8 E5`

地址：31 West 54th Street (between 5th & 6th Aves)
电话：212 582 3007・时间：周一至周五10:30am—6:00pm，周六10:30am—5:30pm

　　"马诺洛"的每一双鞋子都由手工精心缝制。鞋跟较高很细，鞋头的款式多为窄头，不过并不会把女人的脚折磨得不成样子，绝对的高度对应着绝对的舒适，每一位女性穿上它都会变得性感十足（如果有足够的把握驾驭鞋跟的话）。但是也要做好心理准备，这些可爱的精灵价格也是很昂贵的。

下城区与中城区

高岛屋百货
(Takashimaya) *外来新奇事物*

8 E5

地址：693 5th Avenue（between 54th & 55th Sts）
电话：800 753 2038
时间：周一至周六10:00am—7:00pm，周日正午至5:00pm

步入这家商店，您会立即感觉到远离了纽约第5大道的喧嚣，周围宁静而富有禅意。

这家共计6层的商店十分安静，所陈设的商品来自世界各地，其中有不少商品来自亚洲。舒适和豪华的气息从细节处显露无疑。不妨看看那些传统经典家具、具有艺术感的装饰品、柔软的浴袍、瓷釉碗、手工毛衣以及异国情调的插花。

顶楼有家居用品、礼品和装饰品，比如日式拖鞋（走路时可以散发香味），还有很难买到的美容护肤品和各种香料，以及不同牌子的香水，如"Czech & Speake"的系列产品、"Different Company"香水和店内自制品牌T香水系列。

生活馆的销售范围十分广泛，从现代餐具到仿古的桌子和衣柜，可谓应有尽有。如果想挑一件独一无二的礼物的话，这里还有数不清的漂亮小玩意儿，比如日本产的信纸和相册簿等，都十分别致。所有的陈设都显露出类似于禅意的风格，每一件商品都是特别挑选出来的，独特且品质优越。

位于底层的"茶盒"（Tea Box）餐馆，是您闲逛后小憩的最佳场所。店内供应地道的日本绿茶及融合东西风格的健康美食便当。

购物

芬理希梦
（Felissimo）画廊兼精品店   8 E5

地址：10 West 56th Street（between 5th & 6th Aves）
www.felissimo.com
电话：212 247 5656
时间：周一至周四和周六11:00am—6:00pm，周日11:00am—8:00pm

"芬理希梦"的与众不同之处在于这里是集画廊与设计精品店为一体的购物休闲场所，到处都是独一无二的商品，顾客可自行参观或购买。

"芬理希梦"在意大利文中的意思是"越来越快乐"的意思，店主竭尽所能地与世界各地的设计师合作，举办不定期的展览。展示的商品精美、新颖，可能是原版，还未开始大量生产。每一个展览都有一定的主题，最终目的是引发人们对设计在社会生活中的作用和影响的深入思考。最近举办的展览名为"彻头彻尾的白"（White Out）。整个五层楼的空间所看到的家具、衣服和配饰都是白色的，目的是探索和领悟白色的内涵。

如果这些对您来说都是噱头的话，当知道这里的一些商品设计的收益会用于公益事业，您的感觉就会不同了。由知名艺人、设计师、艺术家所设计的公益盘（Tribute Plate），其售价的一部分会捐给设计者指定的慈善机构，其中包括联合国教科文组织。

位于楼下的礼品部，还可以买到现代不锈钢茶壶、金属耳环、花哨的包装纸、T恤衫和其他充满创意的实用物品。

耐克城（Niketown）全部耐克产品   8 E5

地址：6 East 57th Street（between 5th & Madison）
www.niketown.com · 电话：212 891 6453
时间：周一至周六10:00am—8:00pm，周日11:00am—7:00pm

正如店名所示，这里的确是耐克产品的聚集地。耐克最新款式的运动鞋摆放在各种男女运动服旁边，形成绝妙的搭配，逛街穿上这一套可够酷的。如果您不是潮流一族的话，可以到特价区购买物美价廉的耐克产品。

了解纽约最新资讯，请登录网站 www.realcity.dk.com

中城区

波道夫·古德曼
(Bergdorf Goodman) 老派魅力

8 E4

地址：754 5th Avenue（between 57th & 58th Sts）
www.bergdorfgoodman.com・电话：800 558 1855
时间：周一至周六10:00am—7:00pm（周四至8:00pm），
周日正午至6:00pm

　　"波道夫·古德曼"位于特朗普大厦（Trump Tower）附近，广场饭店（Plaza Hotel，参见189页）对面，是美国著名的时尚传统百货公司之一，也是上流名媛们中午消遣购物的最佳去处。纽约人总会亲切地称它为"波道夫"（Bergdorf's）。这座地标式的百货商店就同自由女神像一样，是这座城市的象征。

　　位于地下室的是化妆品专区。使人感到愉快的明亮空间里摆放着各种化妆品，如"蓓丽"（La Prairie）和"植村秀"（Shu Umera）等彩妆品牌系列。此外，这里还有芭芙水疗馆（The Buff Spa），为顾客提供美甲和足疗服务（无须预约）。如若有更多的美容需求，可以到一层人满为患的苏珊水疗馆（Susan Ciminelli Day Spa，以海藻产品闻名）和约翰·芭蕾特沙龙（John Baret Salon）。

　　百货公司里也有各种潮流服饰和配饰出售，可满足您所有的需要（甚至包括那些您从来没想过可能会需要的东西）。二层主要是名家设计的珠宝，三层则是大量名店，如"马克·贾柏"（Marc Jacobs）、"古驰"（Gucci）、"普拉达"（Prada）和"香奈儿"（Chanel）等。另外，"波道夫"的橱窗也值得观看，这里展示有"莫斯奇诺"（Moschino）和"杜嘉班纳"（Dolce & Gabbana）等著名国际品牌的晚装系列。

其他著名百货公司连锁店，请参阅80页

购物

黛莲的糖果吧
(Dylan's Candy Bar) *糖果爱好者的天堂*   `8 F4`
地址：1011 3rd Avenue（at 60th St.）
>> www.dylanscandybar.com · 电话：646 735 0078
时间：周一至周四10:00am—9:00pm，周五和周六10:00am—11:00pm，周日11:00am—8:00pm

  黛莲·劳伦（Dylan Lauren）女士是一位不折不扣的天使，正是她的糖果店让孩子的童年充满了甜蜜，让成人回到了甜蜜的童年。两层楼的空间到处都堆满了可爱的糖果，还有设计精美的糖果罐。

巴尼纽约精品店
(Barney's New York) *潮流与经典的碰撞*   `8 E4`
地址：660 Madison Avenue（at 61st St.）
>> www.barneys.com · 电话：212 826 8900
时间：周一至周六10:00am—8:00pm，周六10:00am—7:00pm，周日11:00am—6:00pm

  以原创作品为主，很难称之为百货公司，规模很大，又很难称之为精品店，这家店确实独一无二。这里有不知名的设计师的创意服饰，也有著名品牌服饰。楼上餐饮区也是纽约权贵们的最爱。

珍珠（La Perla） *奢华女性内衣专卖*   `8 E3`
地址：803 Madison Avenue（at 66th St.）
>> www.laperla.com · 电话：212 570 0050
时间：周一至周六10:00am—6:00pm

  这里的比基尼和贴身内衣十分性感动人。以拥有独特审美意识和众多世界拥护者的"珍珠"是世界顶级的内衣品牌。顶级的面料，舒适的触感，完美的细节，这些体现了设计者的自信，也足以让女性变得更加美丽动人。此外，这里还有"Studio"运动型内衣系列以及活泼俏丽的"黑珍珠"内衣系列。

史密斯文胸店（Bra Smyth） *内衣专卖* `8 E2`
地址：905 Madison Avenue（between 72nd & 73rd Sts）
>> www.brasmyth.com · 电话：212 772 9400
时间：周一至周六10:00am—6:00pm，周日正午至5:00pm

  正如没有两片完全相同的叶子一样，乳房的构造也是如此。史密斯文胸店正是基于这样的设计理念，先后推出了3000多种款式的文胸，件件精工细作以使其佩戴舒适。如果您还有什么特殊要求，还可以请专业的设计师为您量身定做。所以，在这里，文胸不服帖或肩带脱落再也不会成为困扰您的问题。

>> www.realcity.dk.com

上东城

安耐克（Anik）*都市系列* `8 E2`

地址：1122 Madison Avenue（between 83rd & 84th Sts）・电话：212 249 2417
时间：周一至周六10:00am—8:00pm，周日11:00am—7:00pm

　　"安耐克"的羊绒衫、中性打底衫系列和紧身裤等都是纽约经典畅销的款式。另外，这里还有"希尔瑞"（Theory）和"艾利·塔哈瑞"（Elie Tahari）等高级成衣女装品牌。特价区有大量的陈货出售。

克莱德（Clyde's）*精品药房* `8 E2`

地址：926 Madison Avenue（at 74th St.）
>> www.clydesonmadison.com・电话：212 744 5050
时间：周一至周三和周五9:00am—7:30pm，周四9:00am—8:00pm，周日10:00am—6:00pm

　　没错，这里的确是一家药店，您可以在这里买到维生素和各类感冒糖浆。但这家极受欢迎的地区机构所带给您的远不止这些，这里还出售各种高端美容护肤品、蜡烛和进口浴室用品。

克里斯提·鲁布托 `8 E2`
(Christian Louboutin) *鲜红色的鞋底*

地址：941 Madison Avenue（between 74th & 75th Sts）
电话：212 396 1884・时间：周一至周六10:00am—6:00pm

　　奇特的设计和鲜红的鞋底，是"克里斯提·鲁布托"的风格。同时，这也意味着您来到了时尚触觉敏锐的麦迪孙大道（Madison Avenue）。这一品牌的高跟鞋是纽约名流和好莱坞一线明星的最爱。即使不买，店内富丽堂皇的法式装潢也值得一看。

黛安B（Diane B）*都市女孩必备的衣服与鞋子* `8 F1`

地址：1412 3rd Avenue（at 80th St.）
电话：212 570 5360・时间：周一至周五11:00am—7:30pm，周六10:00am—6:30pm；夏季周日停业

　　想选购法式和意式女士服装而又不想身处闹市吗？远离上东城（Upper East Side）商业区的"黛安B"会让您梦想成真。热销品牌"斯蒂芬·凯兰"（Stephan Kelian）和"王薇薇"（Vera Wang）都可以在这里轻松找到，但不要期许这里能买到"普拉达"（Prada）和"古驰"（Gucci）等奢侈品牌。

购物

ABH设计（ABH Designs） *良好的舒适性* `8 H1`
地址：401 East 76th Street（between Lexington & 3rd Aves）·电话：212 249 2276
时间：周一至周六11:00am—6:30pm

好莱坞戏剧服装设计师奥德·布朗森-霍华德（Aude Bronson-Howard）把她对艺术的感悟融入到了所经营的小店中。麻质餐巾配以真丝装饰、意式盘子、大披肩和仿貂皮拖鞋等任何一件单品都会为您的家带来源源不断的奢华气息。

瑟尔（Searle） *外套与羊绒制品* `10 E5`
地址：1124 Madison Avenue（at 84th St.）
>> www.searlenyc.com·电话：212 988 7318
时间：周一至周五10:00am—8:00pm，周六10:00am—7:00pm，周日正午至6:30pm

起初，"瑟尔"的营业重心在于流行款式的羊皮大衣，如今它的业务范围已拓展到所有的女性成衣领域。这里有各种风格的品牌服饰，如TSE羊毛衫系列、"蓝点"（Blue Dot）、"特里那·特克"（Trina Turk）和"鳄鱼"（Lacoste）等。

混搭风（Intermix） *必须拥有的潮流单品* `7 C3`
地址：210 Columbus Avenue（between 69th & 70th Sts）
电话：212 769 9116
>> www.intermixonline.com
时间：周一至周六10:00am—7:00pm，周日正午至7:00pm

如果说这家店就像炙热的火炬一般照亮了上西城（Upper West Side）这个时尚界的"不毛之地"，并不夸张。虽然这里价格昂贵，而且服务也不敢令人恭维，但时尚、曲线优美的套装还是令人无法抗拒。

冰刀、滑板与溜冰鞋
(Blades Board & Skate) *运动爱好者* `7 B2`
地址：120 West 72nd Street（between Columbus & Amsterdam Aves）·电话：212 787 3911
>> www.blades.com·时间：每日11:00am—8:00pm

正如店名所示，这里的护膝、护目镜、头盔等都是滑板和滑雪爱好者不可或缺的装备。您所需要的是从众多款式的溜冰鞋中选购一双满意的，然后就可以直奔中央公园（Central Park）小试身手了。

上东城与上西城

家居旧货店（Housing Works Thrift Shop）*廉价的珍宝*   7 C2

地址：306 Columbus Avenue（between 74th & 75th Sts）·电话：212 579 7566
>> www.housingworks.org
时间：周一至周五11:00am—7:00pm，周六10:00am—6:00pm，周日正午至5:00pm

　　这里不仅仅是一家廉价商店，还是一家真正用心来经营的商店。1990年，基斯·塞勒（Keith Cylar）和一些社会人士成立了这家旨在救助艾滋病患者的非营利性质的爱心小店。时至今日，它已演变为美国最大的社区艾滋病志愿者团体基地。2004年4月，塞勒本人因艾滋病的长期困扰而去世，但这家爱心商店却继续着他未完的事业，而且激励了越来越多的纽约有影响力的人士参加到这项救助活动当中。这项计划的主要目的是呼吁那些讲究格调的居民能够积极地投入到慈善机构中来，捐出沙发、旧衣服等任何物品，为不幸身患艾滋病的人献出一点儿微薄之力。所以，这里有抢手的家具、名牌服装，甚至还有值得收藏的艺术品等，但价格都低于其他同类小店。

超级跑步者（Super Runners）*慢跑者的天堂*   7 B1

地址：360 Amsterdam Avenue（between 77th & 78th Sts）
>> www.superrunnersshop.com·电话：212 787 7665
时间：周一至周五10:00am—7:00pm（周四至9:00pm），周六10:00am—6:00pm，周日11:00am—5:00pm

　　即使不参加纽约马拉松比赛，您也可以到这里来逛逛。运动系列商品应有尽有，从健身房跑步机到中央公园跑步鞋，任您挑选。这里还有跑步专用的计时秒表出售，方便慢跑者计算所花费的时间。

查吧（Zabar's）*一流的熟食店*   7 B1

地址：2245 Broadway（at 80th St.）
>> www.zabars.com·电话：212 787 2000
时间：周一至周五8:00am—7:30pm，周六8:00am—8:00pm，周日9:00am—6:00pm

　　如果哪一天"查吧"关门的话，整个纽约城可能就会乱套。自1920年起，纽约人就以这家家族式熟食店里精制的奶酪和上乘的熏鱼来满足日常所需。另外，离开时一定要买上一杯味道非常地道的咖啡。

购物

祖酷玛（Xukuma）*炫酷风格* 11 D4
地址：183 Lenox Avenue（at 119th St.）
>> www.xukuma.com ·电话：212 222 0490
时间：周三至周六正午至7:00pm，周日10:00am—6:00pm

"祖酷玛"的发音为"zoo-koo-ma"，是一家潮流都市家居生活会馆。店主自己造出"祖酷玛"这个词语，意为"实现您所期望的生活"，这也是店主为每一位顾客作出的承诺。这种对生活的期望，就落实在"祖酷玛"经营的各类家居物品、流行灯饰、相框和钟表，以及受到六七十年代影响的系列服装当中。

这里的所有商品，包括T恤、海报和卡片，都印有身材修长、性感、留着卷发造型的黑人女子的logo图案。这位女主角最完美的客串演出是跃上女性背心和短裤，特别是内衣上还标有诸如"顺从我吧"和"讨好我吧"的字样。这里也有不少男士内衣，上面印着"好色客"、"肮脏的恶棍"和"坏男孩"等字眼。另外，顾客在店里还可以买到美味食品、香茶、西亚（Sia）蜡烛、枝形吊灯和礼品盒等小物件。

废墟仓库
(Demolition Depot) *古老的手工艺品* 12 G3
地址：216 East 125th Street（between 2nd & 3rd Aves）·电话：212 860 1138
>> www.demolitiondepot.com
时间：周一至周五10:00am—6:00pm，周六10:00am—5:00pm

这个位于哈莱姆区（Harlem）的四层仓库，可以满足您对怀旧风格装饰品的所有需求。这里有19世纪的小饰品、美国农家曾用过的镜子、壁炉台和年代久远的油画作品等，举不胜举。这些东西可以将您原本平凡的家变得颇具格调。

店主兼古董商依文·布拉姆（Evan Blum）竭尽毕生精力从那些即将被拆除的居所和传统建筑中回收物品。正因为如此，在这里可以买到许多有趣的建筑物件，如铅管设施、门上用具、石头雕刻、彩绘玻璃、大门和铁栅栏等，价格也相对公道，比拍卖行里的便宜多了。此外，在这里您还可以买到一些复古小物件，如装饰性瓷砖、钟表、老商店招牌和纽约地铁标志等。

中央公园以北地区与布鲁克林区

巴特（Butter）*当代女性流行服饰* `13 B4`
地址：389 Atlantic Avenue（between Hoyt & Bond）
电话：718 260 9033
时间：周一至周六正午至7:00pm，周日正午至6:00pm

"巴特"是当地第一家售卖顶级女装的商店。诸如"德赖斯·范诺顿"（Dries Van Noten）、"瑞克·欧文斯"（Rick Owens）和"罗根牛仔"（Rogan jean）系列等大品牌在这里都可以找到。所以，布鲁克林区的女孩们不用穿过布鲁克林桥就可以买到自己喜欢的品牌。

巴克（Bark）*独一无二的礼品* `13 B4`
地址：495 Atlantic Avenue
（between Nevins St. & 3rd Ave.）
电话：718 625 8997
时间：周三至周六正午至7:00pm，周日正午至6:00pm

如果说"生活方式"百货店已蔚然成风的话，那么"巴克"[原名"布鲁克伦"（Breukelen）]在布鲁克林区绝对是这股潮流的风向标。用过去的说法，实际上这就是一家室内装潢设计店。这里主要陈设的商品极尽奢华与现代，如日本玻璃杯、南非木制碗和当地艺术家设计的珠宝等。

这里所售的商品既特别又有特色，即使居住在曼哈顿区的人们也喜欢来此购物。昂贵的厨房用品，如咖啡机、手工制作的陶瓷盘子、不锈钢搅拌器等，都令人爱不释手。另外，优雅的"迪匹泰克"（Diptyque）蜡烛是该店最畅销的商品。不过，就其整体而言，店内的商品价格并不便宜。

卢姆（Loom）*时髦的玩具* `13 C4`
地址：115 7th Avenue，Brooklyn
（between Carroll & President Sts）
电话：718 789 0061・时间：周一至周六11:00am—7:00pm，周日11:00am—6:00pm

"卢姆"是一家主要迎合公园坡（Park Slope）地区那些富有阶层和轮滑迷爱好者的设计创意店。意大利式文具、时髦珠宝和各种可爱小物件可以作为礼物送给那些什么都有了的朋友。大量玻璃花瓶和手绣的麻质寝具让人眼花缭乱，每一样都想带回家。

>> 布鲁克林区是最适合购物和休闲的地区

购物

窝（Nest）*美妙的家居用品* `13 C5`

地址：369a 7th Avenue（between 12th & 13th Sts），Brooklyn·电话：718 965 3491·时间：周一正午至7:00pm，周二至周六11:00am—7:00pm，周日正午至6:00pm

　　平面造型设计师吉翰·金（Jihan Kim）和他的妻子决定结婚，并打算孕育一个孩子的时候，也同时决定开办一家商店，从而把他们的幸福生活和艺术创作紧密地结合为一体。就这样，"窝"这个小店与他们的爱情结晶（他们的女儿）同时诞生了。店铺位于公园坡（Park Slope），出售建立一个新家庭所需要的各种各样的东西。

　　开始家庭生活的夫妇俩主要经营时尚摆件和家具等家庭用品。这里有金的姑妈亲手制作的陶制光滑瓷瓶，带有大胆平面印花图案的日式马克杯等。另外，这里还有手工刺绣枕头、时尚的窗帘、木制儿童坐椅（颜色很夸张）、透明树脂做的太空时代蓝点桌子等设计作品。如果您的行李箱里仅剩下一点点空间的话，推荐必购商品是这里设计的大型可黏合圆点图样，这些圆点图样色泽明亮，可以用于装饰墙壁、天花板和地板等，效果非常不错。

迷你屋（Mini Minimarket）*独特的少女生活方式店* `13 B2`

地址：218 Bedford Avenue（at N. 5th St.）
» www.miniminimarket.com·电话：718 302 9337
时间：每日正午至8:00pm

　　超酷的迷你屋是一家专门为威廉斯堡的女孩准备的一家时尚小店。这里有有趣的珠宝首饰、东京的流行服饰、性感内衣、"戈拉"（Gola）运动鞋、20世纪80年代风格的流行单品和各类潮流时尚物品。每件商品都仅此一件，所以不用担心雷同的问题。

琵鹭书社（Spoonbill & Sugartown Booksellers）*稀有大部头书籍* `13 B2`

地址：218 Bedford Avenue（at N. 5th St.）
» www.spoonbillbooks.com·电话：718 387 7322
时间：每日10:00am—10:00pm

　　这里有关绘画、摄影、建筑和平面设计方面的图书，主要是为了迎合布鲁克林的艺术家等率性一族。书店后面还出售关于宗教和地理方面的二手书。但在这里您不要期望可以买到《纽约时报》（New York Times）列举的畅销书。

布鲁克林区

达尔（Darr） *有趣的商店*　　13 B4

地址：369 Atlantic Ave.（bet. Bond & Hoyt）
>> www.shopdarr.com・电话：718 797 9733
时间：周二至周六11:00am—7:00pm，周日正午至6:00pm

别致的古典家具和令您耳目一新的监狱艺术在这里得以完美的结合。这里是一个奇妙的世界，解剖图或是填馅鸡等各种奇特的东西占据了每一个角落。想为朋友挑选一件令其感到意外的礼物吗？这里一定不会让您失望。

假名
（Nom de Guerre） *引领潮流的服饰*　　13 B2

地址：88 North 6th Street（between Berry & Wythe Aves）
>> www.nomdeguerre.net・电话：718 387 3363
时间：周一至周六正午至8:00pm，周日正午至7:00pm

无袖且线条简洁的T恤、印有梵语字母的帽式毛衣、条纹布、方格呢、羊毛背心和汗衫等是这里的主打品。四个具有非凡创造力的伙伴携手打造了这家解码都市流行与时尚的时装店。他们致力于将艺术、流行趋势、亚文化等不同的元素结合，打造随意的布鲁克林风格。

如今，这家店已分别在与东京和洛杉矶开设了自己的加盟店。加盟店以锅炉、隧道、考古等作为统一的装修主题，店址都选在地下室。除服装专柜外，这里还有牧师布道书，以及"假名"合作品牌的商品。

比肯的壁橱
（Beacon's Closet） *老式服装*　　13 B1

地址：88 North 11th Street・电话：718 486 0816
>> www.beaconscloset.com
时间：周一至周五正午至9:00pm，周六和周日11:00am—8:00pm

对你的旧衣服厌倦了吗？拿到"比肯的壁橱"把它们卖掉换取现金或者是累计积分吧。这是一家专营二手服装的商店，有许多男女二手服装和配饰出售。但也有新品，那就是这里的CD。

购物

厄威克斯（Earwax） *细心聆听*   `13 B2`
地址：218 Bedford Avenue（at N. 5th St.）
电话：718 486 3771
时间：周一正午至9:00pm，周二、周四和周六11:00am—9:00pm，周三、周五和周日正午至8:00pm

不设咖啡厅和书店，也不能试听CD，"厄威克斯"就是这样一家特立独行的唱片连锁店。但店家精挑细选的好听的音乐CD是绝对不会让您失望的。全新的CD音乐类型偏重于摇滚乐。另外，还有各种音乐曲风的二手CD出售。

卡莱厄皮（Calliope） *现代寄售商店*   `13 B2`
地址：135 Grand Street • 电话：718 486 0697
时间：周二至周六正午至7:00pm，周日正午至6:00pm

古典与流行兼容并蓄的"卡莱厄皮"，以其独特的服装和配饰成为当地人的最爱。新品和旧货在此搭配得十分完美，如莎拉·卢娜（Sarah Luna）的连衣裙，体现了20世纪70年代的休闲装束风格。

迷你购物中心（MiniMall） *另类零售空间*   `2 C4`
地址：218 Bedford Avenue（at N. 5th St.）
时间：迷你购物中心内的店铺开业时间各不相同，但通常是每天的10:00am—7:00pm

位于威廉斯堡（Willamsburg）最时尚的大道（参见171页）上的迷你购物中心是布鲁克林区购物和逛街的好去处。这个零售购物中心位于大厦的一层，由众多商店构成。

购物中心酷似山洞的大门口，靠门设有电脑和桌椅，供民众上网之用。来到品牌专柜，刚刚擦肩而过的模特身上的衣饰竟整齐地摆放在货架上，并可以随意试穿，给购物增添了一份乐趣！在"格豆工厂"（The Girdle factory）专卖店，花上30美元就可以买到诸如"古驰"（Gucci）等经典品牌钱包；"奥特"（Otte）绝对是时尚女孩们的圣地，名牌牛仔裤和充满挑逗气息的裙子比比皆是；"瑜伽课堂"（Go Yoga）会为您带来全城最好的瑜伽课；西藏精品店（Tibet Boutique）可以带您窥探那片神奇土地上的奥秘。最受年轻人追捧的还是葡萄酒协会商店（UNA Wine shop），这里是年轻的鉴赏家们挑选他们最爱的红酒的好地方。

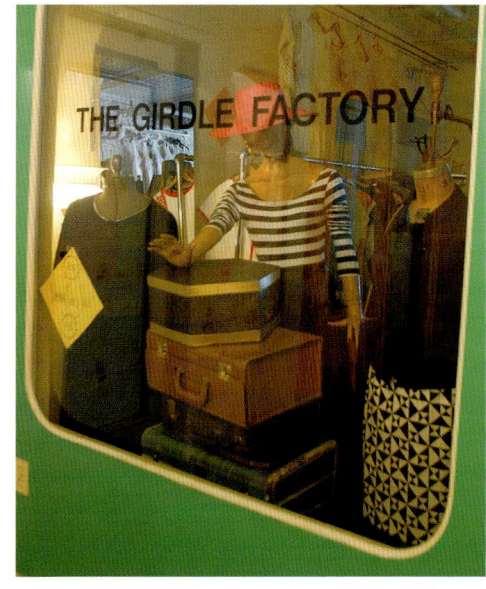

布鲁克林区

太空草坪（Astroturf）老式家居用品店 `13 B4`

地址：290 Smith Street
(between Union & Sackett Sts)
电话：718 522 6182
时间：周四4:00pm—7:00pm，周六和周日正午至5:00pm

　　这家位于考柏山（Cobble Hill）地区的家庭用品和家具专卖店，令人感到无比的舒适。来到这家家居用品百货商店，犹如走进了祖母家的阁楼一样。这里的商品均留有20世纪五六十年代风格的痕迹，如褐黄色塑胶碗系列、曲线优美的台灯、珍贵仿古午餐盒、青绿色咖啡保温壶和强力树脂制成的塑料贴面桌子等。不过这些东西的品质不一，游客必须多加留意。

　　如果您的家装采用了大量的现代审美理念，这里好玩且随意的物品可能不太适合。但是，可以在这里买个造型流畅的烟灰缸或花瓶，为您的居室增添些《王牌大贱谍》(Austin Powers)式的氛围。除此之外，店里还有各式各样的小东西，如果有兴趣的话，可以尽情挑选。在这里购物的最大好处就是所有商品都很便宜，任何人都能掏得起腰包。

双杰克（Two Jakes）家具 `13 B2`

地址：320 Wythe Avenue
(between Grand & S. 1st Sts)
>> www.twojakes.com・电话：718 782 7780
时间：周二至周日11:00am—7:00pm

　　这是一家专营二手家具的专卖店。本店位于引领工业时尚的威廉斯堡（Williamsburg）地区，如果在这里购买二手的金属柜的话，价格仅是苏活（SoHo）地区的三分之一。店内设有巨大的仓储空间，还有不少经典桌椅和状况不错的各式二手家具。

月亮河家具
(Moon River Chattel) 田园式家具 `13 B2`

地址：62 Grand Street (between Wythe & Kent Aves)
电话：718 388 1121
时间：周二至周六正午至7:00pm，周日正午至5:00pm

　　坐落于布鲁克林都市丛林中的"月亮河家具"，主要经营田园式家具。看起来好像刚从20世纪初的苏打汽水商店运来的灯具、走着矫健的"步伐"的老式钟表和上了年头的木桌子，都给人以不折不扣的田园感，更像是艺术品而不是生活中的必需品。

艺术与建筑

纽约是一座卓越的现代艺术与建筑之都。这里既有高耸入云、收藏品十分丰富的古根海姆博物馆（Guggenheim）和惠特尼博物馆（Whitney），又有文化地标性建筑大都会艺术博物馆（Met）和布鲁克林艺术博物馆（Brooklyn Museum of Art）。纽约也有许多现代艺术景观，鳞次栉比的摩天大楼和曼哈顿画廊就是其完美代表。当然，也别忘了那些活跃在布鲁克林区各个艺术团体中的艺术家们。

艺术与建筑

纽约是一座现代艺术之城。这个城市一直以来都对其保留下来的倡导新艺术运动的传统而自豪。从20世纪30年代装饰艺术（Art Deco）风格的摩天大厦，到20世纪中叶的现代风（Modernism），再到后来纽约街头画家吉恩·米切尔·巴斯奎特（Jean Michel Basquiat）和安迪·沃霍尔（Andy Warhol）源于涂鸦灵感的后现代主义（Postmodern）油画，都体现了这一点。引人入胜的地标式博物馆已开始商业化和独立化运作，其发展速度已远远超过原来的切尔西区（Chelsea）和苏活区（SoHo）。另外，纽约本土活跃的艺术家使得这个城市更加生机盎然。

乔纳森·舒尔茨（Jonathan Schultz）

地标式摩天大厦

三角状外形的**熨斗大厦**（Flatiron Building，参见106页）的落成，标志着摩天大楼时代的来临。**帝国大厦**（Empire State Building，参见12页）和**克莱斯勒大厦**（Chrysler Building，参见105页）是代表纽约摩天大楼建筑黄金时代成就的两栋大厦。**摩天大楼博物馆**（Skyscraper Museum，参见101页）内有这些建筑和其他一些建筑的模型，如双子楼（Twin Towers）。

艺术品收藏

大都会艺术博物馆（Met，参见109页）藏有古埃及和印象派作品。**弗里克收藏馆**（Frick Collection，参见108页）的馆藏品从绘画、雕塑、瓷器到家具应有尽有。不可错过的**布鲁克林博物馆**（Brooklyn Museum，参见114页）的主要馆藏品是美索不达米亚（Mesopotamia）和美国的早期艺术品。

现代艺术建筑

纽约是世界文化中心，这里拥有数不清的博物馆。弗兰克·劳埃德·怀特（Frank Lolyd Wright）设计了螺旋结构的**古根海姆博物馆**（Guggenheim Museum，参见110页）；2004年，**现代艺术馆**（MoMA，参见107页）由日本人谷口吉生（Yoshio Taniguchi）重新设计后对外开放；建筑师马歇·布鲁尔（Marcel Breuer）大胆设计的**惠特尼博物馆**（Whitney，参见107页）也备受瞩目。

精选景点

文化融合

从哥伦布时代艺术品到现代街头摄影展，**拉丁文化区博物馆**（El Museo del Barrio，参见113页）一直引起人们广泛的关注。**哈莱姆画室博物馆**（Studio Museum in Harlem，参见113页）一直致力于当地非洲裔美国人的文化复兴活动。**犹太人博物馆**（The Jewish Museum，参见111页）主要展示了犹太人在绘画、音乐和文学等领域的成就。

现代艺术展

在纽约的一些商业画廊，诸如**高古轩画廊**（Gagosian Gallery）和**"德奇工程"**（Deith Projects，参见102页）中，您可以欣赏到最好的现代艺术作品。在苏活区，可以参观20世纪70年代由迪亚基金会（Dia Foundation）赞助的沃尔特·德·玛利亚的**"泥屋"**（Earth Room）和**"破碎公里"**（Broken Kilometer，参见102页）等。另外，还可到皇后区的**当代艺术中心**（P.S.1，参见115页）参观大型油画展。

历史博物馆

上等阶层不断涌入柯察街（Orchard Street），使**下东城移民公寓博物馆**（Lower East Side Tenement Museum，参见103页）看起来与此地越来越不协调。**商人故居博物馆**（Merchant's House Museum，参见103页）的所在地，新旧并置的局面更为明显，在1832年建造的村舍周围，时髦酒吧与日俱增。如想了解一些建筑的细节设计，可以漫步于**美丽街区**（Block Beautiful，参见104页）。

99

艺术与建筑

美国民俗大楼
（U.S. Custom House） *美术*   1 D5

地址：1 Bowling Green（between State & Whitehall Sts）
>> www.nmai.si.edu · 时间：每日10:00am—5:00pm
（周四至8:00pm）

  美国民俗大楼是纽约最出色的新古典主义建筑物之一。建筑物的正面墙上有象征四大洲的图像，由建造林肯纪念堂而闻名的丹尼尔·切斯特·法兰奇（Daniel Chester French）的四件雕塑作品构成。如今，美国印第安人国家博物馆就坐落在这里。

圣保罗小礼拜堂
（St. Paul's Chapel） *纽约最古老的教堂*   1 D3

地址：209 Broadway（between Fulton & Vesey Sts）
>> www.saintpaulschapel.org
时间：周一至周六10:00am—6:00pm，周日9:00am—4:00pm

  这座小礼拜堂默默地伴随着曼哈顿下城区居民走过了200多年的历史，但直到"9·11"恐怖袭击发生之后，才获得了民众更广泛的关注，并且一跃成为纽约人心灵的支柱。

  这座外观模仿伦敦圣马丁教堂（St. Mattin-in-the-Fields）的小礼拜堂，竣工于1766年，是曼哈顿最古老并且一直沿用至今的教堂。乔治·华盛顿（George Washington）总统曾在这里祈祷过（1789年至1791年之间，纽约曾作为美国首都）。他祈祷时坐过的排椅上悬挂着一幅经认定为美国国玺大印的第一幅油画——由秃鹰、红白条形盾、13只箭和橄榄枝组合而成的图样。

  礼拜堂还见证了2001年9月11号的灾难性事件。恐怖袭击后，双子高楼上坍塌建筑物残骸从高空倾泻而下，烟尘弥漫，最终掩埋在一片瓦砾中。短短的几个小时内，小礼拜堂因地缘关系，顺理成章成了营救的基地。消防员、警察、医疗人员在这里救治伤员，短暂休憩，也在这里哀悼。从四面八方赶来的志愿者积极救助伤员，最好的厨师为伤者做饭，朱丽叶音乐学校（Julliard School of Music）的学生们为人们演奏安抚音乐。此外，这里还举办了有关"9·11"幸存者的名为"走出尘埃"的主题展活动。

归零地（Ground Zero） 痛心重建地

地址：Viewing Wall on Church Street
(between Liberty & Vesey Sts)
>> www.renewnyc.com

2002年夏，下曼哈顿发展组织（Lower Monhattan Development Corporation）联合遇难者家属和地方企业、政治家，为"归零地"制订了一套方案。这套方案就是在世贸中心原地基上建造一组严格符合几何形状的大楼。此方案由凭借德国大屠杀纪念馆（Holocaust Museum in Germany）的设计而崭露头角的美籍德裔建筑师丹尼尔·李贝斯凯恩（Daniel Libeskind）设计。此项方案最大手笔的设计是将在原址上建造一座高达1776英尺（约合541米）的摩天大楼，目的是暗合1776年美国签署独立宣言的时间。

但是，后来基于各方面的考虑，李贝斯凯恩已将设计进行了多次修改。在工程竣工之前，参观者仍可通过观光平台观看遗址和工程进度。我们相信，在不久的将来，一座集纪念与博物馆性质的摩天大楼将对世人开放。

摩天大楼博物馆
(Skyscraper Museum) 向高度致敬

地址：39 Battery Place・电话：212 968 1961
>> www.skyscraper.org
时间：周三至周日正午至6:00pm

经过长达七年的居无定所后，摩天大楼博物馆终于在2004年有了自己的家。这座博物馆可以说是纽约市最具设计创意的博物馆之一。通过想象及研究各种引人入胜的细节，参观者可以对这座高耸入云的建筑有初步的了解。博物馆自立式设计的白色圆柱，垂直反射在不锈钢地板和镜面天花板之间，视觉上形成一种延伸的感觉。

摩天大楼博物馆位于纽约世界贸易中心原址几个街区之外，展示着纽约最知名的摩天大楼所采用的建筑材料，从经济周期的角度诠释纽约100年来对建筑摩天大楼的痴迷，这与一般情况下针对建筑物的外观设计的研究是一种有趣的对应。博物馆也举办不定期的展览，主题议题围绕着未来发展与国际化而展开。

艺术与建筑

伍尔沃恩大楼（Woolworth Building）哥特式建筑 1 D2

伍尔沃恩总部大楼采用哥特式建筑风格，自1913年竣工以来一直是纽约最高的建筑，共55层高，直至1929年才让位给克莱斯勒大厦。大楼的上层除饰有金字塔形的绿色尖顶外，还有扶壁、拱架和4座小塔，建筑物上还饰有蝙蝠、野生动物等装饰物。大楼前厅有一尊风格异常幽默的伍尔沃恩雕像，正在清点他用铜板积累的财富。

破碎公里（Broken Kilometer）相对距离 3 D5

地址：393 West Broadway（between Spring & Bromme Sts）·电话：212 989 5566 · >> www.brokenkilometer.org · 时间：周三至周日正午至3:00pm，3:30pm—6:00pm

"破碎公里"自1979年就在百老汇街这个黄金地段进行展览。走进有如篮球场般大小的长廊内，500支擦得亮晶晶的圆形金属杆子整齐地排成5列，1列100支，每支长度是两公尺，作品总长度是1公里。像这样将长、宽、数字与艺术联系在一起，既是视觉的突破，也深受数学家的喜爱。

泥屋（Earth Room）黑泥 3 D4

地址：141 Wooster Street（between Houston & Prince Sts）
电话：212 989 5566（Dia offices）· >> www.earth room.org · 时间：周三至周日正午至3:00pm，3:30pm—6:00pm

在迪亚艺术基金会（Dia Art Foundation）的授权下，观念艺术家沃尔特·德·玛利亚（Walter De Maria）的"泥屋"于1977年建成。一个3600立方尺的白色空间内填满了高2英尺（55厘米）的泥土。在展的德·玛利亚的第三件泥雕作品是其泥雕作品中唯一现存的作品。

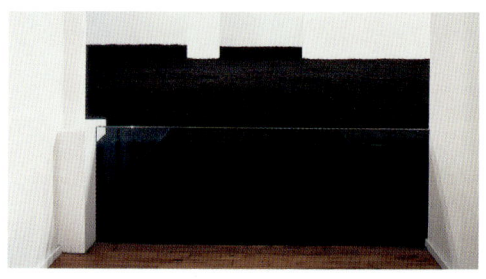

现代画廊巡礼

当代艺术界最热门的几家画廊全部聚集在纽约曼哈顿区。以苏活区为中心点，与苏活区相连接的伍斯特街（Wooster Street）、格兰特街（Grand Street）、葛雷尼街（Greene Street）和斯普林街（Spring Street）都是画廊集中的地方。

"德奇工程"（Deitch Projects）是最热门的画廊之一，这里经常举办各种画展和表演。这些年，苏活区的许多画商来到切尔西（Chelsea）画廊区，如今诸如佩斯·威尔顿斯坦画廊（Pace Wildenstein）和玛丽·布恩画廊（Mary Boone）也分别把店开到了切尔西区和中城区等地。拉里·高古轩画廊（Larry Gagosian）也在不断开拓新市场版图，已将其触角伸向了贝佛利山庄（Beverly Hills）和伦敦。另外，唐人街的莱昂·柯尼克画廊（Leo Koenig Gallery）则专门售卖未成名的艺术家的相关作品，因此越来越多的艺术家云集于此。详细情况，请见229页。

下城区

下东城移民公寓博物馆（Lower East Side Tenement Museum） 早期移民之家 4 F5

地址：108 Orchard Street（at Delancey St.）
>> www.tenement.org · 电话：212 431 0233
不接待散客，请网上查询开放日期和时间

移民公寓博物馆位于下东城旧衣贩卖区（old garment district）的中心，走在这里古老的街道上，游客可以对19世纪末和20世纪初期移民的社区生活状况有个初步的了解。馆内提供导游服务。导游会首先带领人们参观一栋1863年建造的老居民楼，这栋建筑曾为20多个国家的7000多名移民提供了长达72年的居所。

敬业的导游会带领游客参观一间间从建造至今几乎没有任何改变，陈设异常简陋的公寓，游客可以了解到这里没有电、自来水、抽水马桶、阳光、新鲜空气不足，拥挤、嘈杂的往日情景。如果需要这里的导游服务，最好提前几天预约。此外，博物馆还有相关的下东城历史徒步游活动，建议提前订票。（需购门票）

商人故居博物馆（Merchant's House Museum） 9世纪奢华府邸 4 E3

地址：29 East 4th Street（between Lafayette St. & Bowery）· 电话：212 777 1089
>> www.merchantshouse.com
时间：周四至周一正午至5:00pm（仅在工作日接待旅游团）

这是一座温暖而舒适的红棕色石头老房子，也是纽约唯一得以完整保存下来的百年老式居所。这座老房子建于1832年，是富有商人西伯里·特雷德韦尔（Seabury Tredwell）的私人宅邸。1933年之前，特雷德韦尔和家人一直在这里居住，直至辞世。自1936年开始，这栋私人府邸开始作为博物馆对外开放。博物馆里面展示有点燃鲸鱼油的古典台灯、神秘的地下铁路路线图以及19世纪末的家具陈设。此外，在这里您还可以了解到19世纪纽约从一个殖民海港发展为美国商业大都会的过程中的上流社会生活。另外，后花园里还有藤架和19世纪的铁艺装饰，令人赏心悦目。（需购门票）

艺术与建筑

杰弗逊市场法院
(Jefferson Market Courthouse)　3 C2

地址：425 Avenue of the Americas（at 10th St.）・电话：212 243 4334・>> www.nypl.org・时间：周一和周三正午至8:00pm，周二10:00am—6:00pm，周四正午至6:00pm，周五1:00pm—6:00pm，周六10:00am—5:00pm

　　拥有童话般的威尼斯哥特式尖塔和角楼的这座建筑，现已改建成一座公共图书馆。原法院民事庭现已作为图书馆主要阅览室对民众开放，治安法庭也变成了儿童阅览室。

福布斯杂志画廊
(Forbes Magazine Gallery)　3 D2　玩具和游戏

地址：60 5th Avenue（at W. 12th St.）
>> www.forbescollection.com・电话：212 206 5548
时间：周二、周三、周五和周六10:00am—4:00pm

　　这里展出的是美国大型商业杂志巨头马尔科姆・福布斯（Malcolm Forbes）的私人艺术品收藏。虽然福布斯家族已于2004年将九枚法贝（Fabergé）皇家复活节彩蛋以1亿美元的高价卖出，但游客还是可以从其他的收藏品中一睹其奢侈的生活。

美丽街区 (Block Beautiful)　建筑装饰艺术　4 E1

　　在曼哈顿区众多风景如画的街区中，这里是最能带给人无限遐想的地方，有英国都铎（Tudor）王朝时期建筑、联邦（Federal）末期建筑和褐色的石头房子。这里的建筑大多采用拱门设计，并漆上各种图案，而且每一家的铁门都不相同。一层或多层横断墙面、装饰性而不是结构性的抹灰木架和长排窗户都是这个街区的典型外部特征。如果天气晴好，从路旁就会看见住家窗台上色泽鲜艳的盆栽。

流行技术学院博物馆 (Museum at the Fashion Institute of Technology)　5 D4　流行趋势

地址：7th Avenue（at 27th St.）・电话：212 217 5800
>> www.fitnyc.edu
时间：周二至周五正午至8:00pm，周六10:00am—5:00pm

　　想要探究安迪・沃霍尔（Andy Warhol）早期的鞋款设计草图是否预示了其未来将会取得巨大的成就吗？谜底尽在纽约第27街的这家流行技术学院博物馆内。此外，这里还举办纺织、插图、摄影和收藏等特别展览。

下城区与中城区

纽约中城区的装饰艺术 *经典建筑* 6 F1–6 G2

中城区装饰艺术时期的摩天大楼是纽约的典型标志,使人不由地想起那个有着流行爵士乐、招摇过市的豪华轿车、高折边帽子等美国经典形象的年代。

除了**帝国大厦**(the Empire State Building,参见12页),这里还有很多一样给人深刻印象的地标式建筑。尽管这些大厦不对外开放,但游客可欣赏外部景观,而且几乎都可以冒险进入大厅参观。大厅通常有着精心的设计。如顶部的泛光灯的颜色会因时间或重大事件而改变。**通用电气大楼**(General Electric Building,地址:570 Lexington Ave.)采用砖与陶土包覆的装饰艺术风格,整体空间显得相当明亮且宽敞。**章宁大楼**(Chanin Building,地址:122 East 42nd St. at Lexington Ave.)外部有着精细的雕刻,门道、大厅内部的装饰也相当奢华。同样位于第42街的是**纽约每日新闻大楼**(New York Daily News Building,地址:220 East 42nd St.)。当然,在纽约人的心目中,**克莱斯勒大厦**(Chrysler Building,地址:405 Lexington Ave.)才是他们最珍爱的一栋艺术装饰摩天大楼。

大中央车站
(Grand Central Terminal) 6 F2

地址:42nd Street & Park Avenue
» www.grandcentralterminal.com

经整修后,无论您是从幽暗的轨道交通还是从奢华的第42街进入这座伟大的中央车站,无疑都会使您的旅途转变为一段充满魅力和传奇的美妙体验。即使是行色匆匆的威彻斯特郡(Westchester County)通勤族,也会兴致勃勃地跳上晚上6:06的当地哈莱姆专线(Harlem Line),来到这座车站的手工食品市场、令人难以抗拒的悠闲的休息室和一流餐馆。

大中央车站是一栋Beaux-Art建筑,1913年一经开放,即成为纽约最伟大的建筑之一。车站拥有天主教堂式的拱形窗子、以田纳西大理石制成的地板、绘有象征星宿图像的圆拱顶棚等诸多漂亮的外观设计。此外,游客如若对第42街沿路的一些景点感兴趣的话,可以参加由市艺术团体(Municipal Arts Society,www.mas.org)组织的旅行团,该团于每周三的12:30由旅游信息亭发团。

艺术与建筑

国际摄影中心（International Center of Photography） *大量的照片档案* `5 D2`

地址：1133 Avenue of the Americas（at 43rd St.）
>> www.icp.org・电话：212 857 0000・时间：周二至周四和周六、周日10:00am—6:00pm，周五10:00am—8:00pm

国际摄影中心是世界上最大的摄影作品中心。这里包括一所学校和一个档案室。展览主题分为历史和现代两种题材形式，其目的是关注人类与人性。这里举办过的展览有"19世纪20年代的法国先锋派"和"当代伊拉克报告文学"等。

惠特尼美国艺术博物馆阿尔特里亚分馆（Whitney Museum of American Art at Altria） `6 F2`

地址：120 Park Avenue（at 42rd St.）・电话：917 663 2453
>> www.whitney.org・时间：周一至周五11:00am—6:00pm（周四至7:30pm）
雕塑公园：周一至周六7:30am—9:30pm，周日或节假日11:00am—7:00pm

阿尔特里亚集团（Altria Group）通风良好、明亮的大厅是20世纪美国艺术品的主要收藏地，现有的1万余件美术藏品涉及绘画、雕塑、素描、版画、多媒体装置以及摄影等艺术门类，分别展出了马克・布拉德福（Mark Bradford）、刘易斯・基斯普特（Louis Gispert）和戴瑞・罗伯特（Dario Robleto）等现代艺术家的作品。

卡耐基音乐厅的罗丝美术馆（Rose Museum at Carnegie Hall） *典藏音乐* `7 D5`

地址：154 West 57th Street，2nd Floor（at 7th Ave.）
>> www.carnegiehall.org・电话：212 903 9600
时间：周二至周四11:00am—4:30pm

这座博物馆充分彰显了卡耐基音乐厅（Carnegie Hall，参见131页）的显赫地位，拥有弥足珍贵的各类大事记。馆内提供音乐演出和经典演出服装展等活动。需导览服务请致电：212 903 9765（9月至6月，时间分别为11:30am、2:00pm和3:00pm）。

熨斗大厦（Flatiron Building） *纽约第一座摩天大楼* `6 E5`

地址：23rd Street，5th Ave. & Broadway

熨斗大厦经常在电视广告和纪录片里出现，为纽约市早期著名的地标建筑之一。大厦是《晚间秀》（Late Night Show）节目和《蜘蛛侠》（Spiderman）系列电影里的借景大厦，也是纽约热门的旅游景点之一。1902年，熨斗大楼完工，成为世界第一高楼，标志着纽约摩天大楼时代的来临。

下城区与中城区

现代艺术馆（Museum of Modern Art）终于回家了 8 E5

地址：11 West 53rd Street（between 5th & 6th Aves）
>> www.moma.org・电话：212 708 9400
时间：周三至周一 10:30am—5:30pm（周五至8:00pm）

  现代艺术馆的珍贵藏品在世界各大城市流动，并在皇后区（Queens）短暂停留后，终于重新回到了其位于曼哈顿区的六层画廊内。在建馆75周年之际，现代艺术馆斥巨资重建，2004年开始重新对外开放，并再次奠定其在世界现代艺术领域里不可撼动的地位。在日本建筑师谷口吉生（Yoshio Taniguchi）的参与设计下，现在该馆的展出面积是原来的一倍，同时，馆内最受欢迎的洛克菲勒雕塑公园也得到了重建。因而，洛克菲勒的妻子艾比捐赠的心爱的园林雕塑也有了归宿。改建后的艺术馆还增加了一间餐厅。馆内主要收藏品也更加令人惊叹。凡・高的作品《星夜》（Starry Night）、毕加索的作品《亚维农的女子们》（Les Demoiselles d'Avignon）和达利的超现代主义风格作品《记忆的执著》（The Persistence of Memory）等，都是该馆的永恒珍藏。

惠特尼艺术博物馆（Whitney Museum of American Art）美国艺术精品 8 E2

地址：945 Madison Avenue（at E. 75th St.）
电话：800 Whitney・>> www.whitney.org・时间：周三、周四、周六和周日 11:00am—6:00pm，周五 1:00pm—9:00pm

  这座由建筑大师马歇・布鲁尔（Marcel Breuer）设计并于1966年对公众开放的建筑被看做是城市中的一片神圣绿洲，一座意义深远、符合其作为"艺术之家"身份的天国堡垒。这里的永久性展品包括沃霍尔（Warhol）、波洛克（Pollock）和贾斯珀・约翰（Jasper Johns）等大师的作品，以及抽象雕塑家大卫・史密斯（David Smith）和亚历山大・考尔德（Alexander Calder）的雕塑作品。此外，这里还有画家乔治娅・奥吉弗（Georgia O'Keeffe）和爱德华・霍普（Edward Hopper）的绘画作品。

  不定期展览以影片类艺术最为引人注目，包括个人回顾展、主题展，以及录像或电影艺术作品展。这里举办的安迪・沃霍尔（Andy Warhol）的电影展和约翰・巴尔代萨里（John Baldessari）的系列短片巡展等都引起了轰动。

>> 惠特尼艺术博物馆著名的两年期艺术展，将展示最佳的美国新老艺术家的作品

艺术与建筑

弗里克收藏馆
(Frick Collection) *辉煌的艺术典藏*

8 E2

地址：1 East 70th Street (at 5th Ave.)
>> www.frick.org・电话：212 288 0700
时间：周二至周六10:00am—6:00pm，周日11:00am—5:00pm

钢铁大亨亨利・克莱・弗里克（Henry Clay Frick）家族在他1919年去世后，将这座位于第5大道的宅邸捐赠给纽约市政府，同时附赠的还有宅内大量珍贵、精美、奢华的收藏品。亨利典藏的这些珍品十分丰富，从绘画、雕塑到瓷器、家具等应有尽有，时间跨度为文艺复兴直至19世纪晚期，长达五个世纪。

管理者极大限度地保留了弗里克以前的家中陈设，甚至会改变整个楼层的布置，只为了彰显某件个别的作品。比如为了凸显椭圆形房里最主要的艺术品——哈得孙（Hudson）真人大小的雕像《女猎人戴安娜》（*Diana the Huntress*），惠斯勒（Whistler）的肖像画反倒成为了这座雕像的背景。

西画廊（West Gallery）是个非常大的厅，顶棚透下来的自然光照在四壁的油画上。这里有大师伦勃朗（Rembrandt）、维拉斯奎兹（Velasquez）、范・戴克（Van Dyck）和戈雅（Goya）等人的作品。中厅橡木墙壁上挂着的是意大利画家提香（Titian）、艾尔・格雷戈（EL Greco）以及贝里尼（Bellini）等人的主要作品。范・戴克的《圣母与子以及圣人和布施者》（*Virgin and Child with Saints and Donor*）、格雷戈恐怖的《圣殿净化》（*The Purification of the Temple*）以及霍班（Holbein）的《托马斯・摩尔爵士》（*Sir Thomas More*）等画像也分别陈列在房间不同的地方。

建筑物在装修方面既有路易十六时期的奢华，又有19世纪英国的简约主义风格。绿荫环绕的门廊和户外花园、优雅的木兰花树、一览无余的中央公园，都为弗里克收藏馆之旅添加了新的内涵。

上东城

大都会艺术博物馆（The Metropolitan Museum of Art） *文化巨制*   8 E1

地址：1000 5th Avenue（between 80th & 83rd Sts）
>> www.metmuseum.org ・电话：212 535 7710
时间：周二至周日9:30am—5:30pm（周五和周六至9:00pm）

　　大都会艺术博物馆是世界大型艺术博物馆之一，馆藏的艺术品有数百万件。目前，这里藏有埃及、巴比伦、亚述、远东和近东、希腊和罗马、欧洲、非洲、美洲前哥伦布时期和新几内亚等各地艺术珍品。绘画作品包括波提且利（Botticelli）、列奥纳多（Leonardo）、伦勃朗（Rembrandt）、塞尚（Cezanne）和莫奈（Monet）的油画作品。

　　如果这座庞然大物令您无处着手的话，也可以考虑参加这里举办的非正式艺术论坛。这些论坛大多是由艺术史学家为您提供的，可以帮助您获得更多有关博物馆的相关资讯。不定期展览内容广泛，如"英国狂"（Anglomania，有关英国潮流的展览）艺术和当代视觉艺术家卡拉・沃克（Kara walker）的作品。更多相关事宜，可登录大都会艺术博物馆网站来查询。

广播电视博物馆（Museum of Television and Radio） *经典电影胶片和录音*   8 E5

地址：25 West 52nd Street（between 5th & 6th Aves）
>> www.mtr.org ・电话：212 621 6800
时间：周二至周日正午至6:00pm（周四至8:00pm）

　　渴望再一次欣赏《大青蛙布偶秀》（The Muppet Show）吗？这里循环播放的经典喜剧、纪录片和划时代的广播节目，可以很好地满足您的愿望。

亚洲社团（Asia Society） *亚洲艺术*   8 F2

地址：725 Park Avenue（at 70th St.）・电话：212 288 6400
>> www.asiasociety.org
时间：周二至周日11:00am—6:00pm（周五至9:00pm）

　　这座明亮、现代的亚洲艺术品展览馆的藏品主要是由美国慈善家洛克菲勒三世（John D. Rockefeller III）所捐赠的。藏品分散于各个画廊内，诸如日本屏风和铜像等。当代亚洲艺术家或亚裔美国艺术家轮番在这里展出自己的作品。另外，这里还举办亚洲音乐和舞蹈演出等活动。（需购门票）

艺术与建筑

古根海姆博物馆
（Guggenheim Museum） 10 E4

地址：1071 5th Avenue（at 89th St.）
>> www.guggenheim.org · 电话：212 423 3500
时间：周六至周三10:00am—5:45pm，周五10:00am—7:45pm

随着拉斯维加斯、威尼斯、柏林、纽约和西班牙的毕尔堡（Bilbao）等分馆的落成，"古根海姆"俨然成为代表世界文化的中心词汇。但20世纪50年代以前，"古根海姆"只是所罗门（Solomon）先生的名字。所罗门不过是一个艺术爱好者，乐于展示自己收集的抽象艺术作品。

后来，古根海姆本人在身兼女爵和画家两种身份的娥伦·威森（Hilla Rebay）的影响下，认为展示这些收藏品，需要一个全新的艺术展览场所——能够展现出藏品的前卫、打破传统的特点。因此，美国20世纪最著名的建筑师弗兰克·劳埃德·怀特（Frank Lloyd Wright）的旷世辉煌巨作——古根海姆博物馆诞生了。

古根海姆博物馆的建筑物外部呈向上、向外螺旋上升之势，内部的曲线设计和斜坡则通到六层。螺旋的中部形成一个敞开的空间，所以可以从玻璃圆屋顶采取自然光。这座博物馆的设计打破了直线设计的传统观觉理念，欣赏藏品的最佳路径是先乘电梯到达这栋巨大的圆形建筑螺旋结构的顶层，然后沿着斜坡通道迂回而下，沿途欣赏挂在墙上的瓦西里·康定斯基（Wassily Kandinsky）、彼埃·蒙德里安（Piet Mondrian）和胡安·米罗（Joan Miro）的作品。

如今，有关该博物馆的各种争议早已尘埃落定。建成六年后，也就是1959年，馆藏不再仅限于抽象派作品，而是增加了许多印象派大师的作品，如塞尚（Cezanne）、德加（Degas）和雷诺阿（Renoir）等人的大作，以及凡·高（Gogh）和毕加索（Picasso）的画。经过不断的扩建和改建，如今，巨大的圆形大厅（Great Rotunda）只用来举办临时性展览，而永久性收藏品则被放在新建的附属博物馆内。小圆形建筑馆（Small Rotunda）内的展出主要以最热门的印象派和后印象派作品为主。临时性展览的主题大多都与现代运动（Modern Movement）有关，较明显的有丹尼尔·布伦（Daniel Buren）在这里举办的抽象概念展，有些则比较迂回，如对20世纪前卫画家具有深远影响的阿兹特克帝国（Aztec Empire）的艺术展等。

上东城

纽约市立博物馆（Museum of the City of New York） 关注纽约
`10 E2`

地址：1250 5th Avenue（at E. 103rd St.）
>> www.mcny.org・电话：212 534 1672
时间：周二至周日10:00am—5:00pm

  这是一座致力于记录纽约过去、现代和未来发展的博物馆。博物馆坐落于一座美观的乔治亚王朝殖民风格（Georgian Colonial）的宏伟建筑内，楼内分别设有时代家居展览室和捐赠品展示区域。

犹太人博物馆
（The Jewish Museum） 关注犹太人的全部
`10 E4`

地址：1109 5th Avenue（at 92nd St.）
>> www.thejewishmuseum.org・电话：212 423 3200
时间：周日至周三11:00am—5:45pm，周四11:00am—8:00pm，周五11:00am—3:00pm

  犹太人博物馆对犹太人的艺术和文化发展的关注称得上无与伦比。这座令人震撼的法国哥特式建筑共分四层，展出内容为庆典用艺术品、照片、绘画、织品、雕塑和原版纪录胶片。在永久性馆藏中，无论是维也纳艺术家马克思・贝克曼（Max Beckmann）的自画像，还是3 000年前的陶制罐子，或是19世纪耶路撒冷工厂出品的色彩鲜艳的被子，每一件展品都似乎要唤起人们的关注，思索这些物品如何诠释犹太文化，或受到了犹太文化怎样的影响。

  博物馆的一层主要举行一些很受欢迎的临时展，比如"卡夫卡的布拉格"（Kafka's Prague）。另外，这里也有个体犹太艺术家作品回顾展，如马克・夏卡尔（Marc Chagall）回顾展。地下室是一家获犹太教规允许开设的小咖啡馆。

库珀-休伊特国家设计博物馆
（Cooper-Hewitt National Design Museum） 设计经典
`10 E4`

地址：2 East 91st Street（at 5th Ave.）
>> www.ndm.si.edu・电话：212 849 8400
时间：周二至周四10:00am—5:00pm，周五10:00am—9:00pm，周六10:00am—6:00pm，周日正午至6:00pm

  博物馆致力于研究和展示各种设计装饰艺术。从米开朗基罗的枝形吊灯设计图到让人梦寐以求的埃姆斯椅（Eames chairs），应有尽有。

>> 可以进入纽约最大的一个花园露台是参观库珀-休伊特博物馆的另一亮点

艺术与建筑

修道院（The Cloisters）进入中世纪的大门

地址：Fort Tryon Park・电话：212 923 3700・乘坐M4路巴士或地铁A线至190街・>> www.metmuseum.org
时间：周二至周日9:30am—5:15pm（11月至2月至4:45pm）

这座教堂位于曼哈顿区，是纽约最珍贵的财富之一。这是一栋1934年到1938年间修建的仿中古修道院，修道院的许多砖瓦石块都是从20世纪初法国南部、意大利等一些遭到拆除的中古时期的教堂和礼拜堂里收集而来的。

大都会博物馆修道院的建筑设计以仿罗马风格和哥特式建筑风格而闻名，为馆内的中世纪艺术珍品提供了极为和谐的展览背景。修道院有彩绘玻璃、精心规划的景观花园、圆顶大厅和庄严的教堂，完全复制了一座古意盎然的修道院。

1938年，在约翰・D.洛克菲勒三世的慷慨资助下，修道院的建立才得以实现。之所以建立这座修道院，是为了给大都会博物馆的珍贵的中世纪艺术与建筑收藏品提供一个和谐的展示场所。目前的收藏品包括欧洲中世纪的陶瓷、金属器、法琅器、绘画、雕塑、彩色玻璃以及挂毯画等文物。展品的时间跨度为罗马艺术时期延续到哥特艺术时期。

时至今日，修道院已成为展示众多名作的完美舞台，如罗伯特・康宾（Robert Campin）1425年的名作《天使报喜》（*Annunciation*）三联画等。同时，这里还保留了一些中世纪建筑遗迹，如拥有900年历史的原本属于一所西班牙教堂的环形殿，就与院内的石灰岩墙壁和谐地融为一体。院内还有16世纪荷兰狩猎独角兽的生动图绘系列挂件。这座修道院完整地展示了中世纪欧洲的景象，游客仿佛走进了另一个时代。尤其是穿过12世纪的回廊时，可远眺哈得孙河全景，让人不由得产生一种时空错乱的感觉。

在温暖的月份，参观者可以坐在波尼方特修道院（Bonnefort Cloister）的餐厅里用餐。聪明的食客可以到附近的新叶咖啡馆（New Leaf Café，参见55页）吃午餐，享用多汁的牛排汉堡，价格比修道院内要便宜多了。

中央公园北部与布鲁克林区

拉丁文化区博物馆
(El Museo del Barrio) 拉丁艺术
`10 E2`

地址：1230 5th Avenue (at 104th St.)
>> www.elmuseo.org ・电话：212 831 7272
时间：周三至周日11:00am—5:00pm

　　1969年，为了解决当时波多黎各裔艺术家缺乏展出场所的问题，在一群来自西班牙哈莱姆区（Spanish Harlem）的艺术家和社会人士的共同努力下，拉丁文化区博物馆得以建立。从此以后，这座博物馆逐渐扩展了展览范围，囊括了整个加勒比海沿岸和拉丁美洲的艺术品。

　　永久性典藏陈列品的时间跨度将近2000年，包括哥伦布发现美洲前的艺术品、印刷品、绘画和近代拉丁美洲艺术家所创作的电影和摄影作品等。木刻圣徒像（santos，以彩绘、诙谐的方式展现天主教圣徒的形象，具备非裔加勒比文化主题）有近8000件。这里还有纽约早期移民的相关记录，如西班牙哈莱姆区移民自1970年至今的生活纪录片。临近的海克斯剧院（Teatro Heckscher）是个好去处，可以听现场加勒比音乐演奏，看电影和读书。

哈莱姆画室博物馆
(Studio Museum in Harlem)
`11 D3`

地址：144 West 125th Street (at Lenox Avenue)
>> www.studiomuseum.org ・电话：212 864 4500
时间：周三至周日正午至6:00pm（周六开馆时间为10:00am）

　　哈莱姆画室博物馆是一所现代艺术画廊，尤其关注非洲裔美国人的文化成果。馆内除了拥有大量的永久性藏品外，也举办现代作品展，如近年来为摄影新秀举办的摄影展。

展望公园西街
(Prospect Park West) 优美的景色
`13 C5`

地址：Between Union and 15th Streets
>> www.prospectpark.org

　　展望公园被褐石、砖土或石灰石建成的优雅的19世纪建筑群环绕着。自大军广场纪念拱门（Grand Army Plaza's majestic Memorial Arch）开始，向南行进可以经过第9街的拉斐特侯爵（Marquis de Lafayette）雄伟的铜像、公园音乐台（Concert Shell）和美丽的广场。

>> 展望公园是由瓦克斯（Vaux）和欧姆斯德（Olmstead）携手打造的，他们也是中央公园的设计者

艺术与建筑

布鲁克林艺术博物馆
（Brooklyn Museum of Art）*世界级的资料库*   13 D4

地址：200 Eastern Parkway・电话：718 638 5000
>> www.brooklynmuseum.org
时间：周三至周五10:00am—5:00pm，周六和周日11:00am—6:00pm（每月的第一个周六延至11:00pm）

这座艺术宝库始建于1893年，丰富多彩的馆藏仅次于河对岸的大都会博物馆。遍布五层楼的展品包括古埃及的石棺和木乃伊等文物、中非器物、雕塑、面具、珠宝，以及哥川广重（Hiroshige）的浮世绘《江户百景》（*One Hundred Famous Views of Edo*）。此外，这里还有来自欧洲和美洲的大量绘画和雕塑作品，其中就有罗丹（Rodin）、德加（Degas）、毕沙罗（Pissaro）、马谛斯（Matisse）、路易丝·布尔乔亚（Louise Bourgeois）和马克·罗斯科（Mark Rothko）的作品。馆内还展出大量当代前沿艺术作品，如爱德华·韦斯顿（Edward Weston）的作品。

博物馆的五层有"美国认同"（American Identities）主题展览，通过美国人自己的图腾和欧基芙（O'keefe）1948年创作的《布鲁克林桥》（*Brooklyn Bridge*）等许多展品，探究美国人的梦想。

布鲁克林艺术博物馆在每个月第一个星期六的下午5:00免费开放。参观者在这里既可以听免费音乐，欣赏免费舞蹈演出，还可以参加酒吧举办的活动（现金结账）。**（需购门票）**

威廉斯堡画廊

20世纪80年代晚期，曼哈顿区阁楼和工作室昂贵的租金迫使一群沮丧而又无畏的艺术家跨河来到对岸布鲁克林区的威廉斯堡，找到新的落脚点，因为这里有很容易就能改为工作室的宽敞的闲置工业仓库，租金也很廉价。自此，威廉斯堡的艺术家们在绘画和音乐领域开始走上了引领世界潮流的行程。

位于一幢建于1867年的壮观建筑之内的**威廉斯堡艺术和历史中心**（Williamsburg Art & Historical Centre, 135 Broadway at Bedford Avenue），为当地艺术家的视觉艺术演出提供了场地。"**皮尔罗治2000**"（Pierogi 2000，177 North 9th Street）以主办各种世界巡回演出为主，不过游客无论何时在此参观，至少会欣赏到一种当地风格的演出。自1992年起，非营利性质的"**莫尼塔艺术**"（Momenta Art，72 Berry Street）就开始在每一展览周期为两位艺术家举办个人展，每一轮展览结束后举办相关的论坛活动。流动的**艾沃什画廊**（Eyewash gallery）可以说是威廉斯堡画廊的代表，艺术家可以在附近地区的多个空间举办展览。最新的展览信息可以查询www.freewilliamsburg.com。上述画廊的具体展出事宜，请见229页。

布鲁克林区与皇后区

布鲁克林历史协会（Brooklyn Historical Society） 当地文化，历史遗迹　`2 H5`

地址：128 Pierrepont Street（at Clinton St.）
>> www.brooklynhistory.org・电话：718 222 4111
时间：周三至周日正午至5:00pm

　　这座始建于1880年的文艺复兴式的府邸内收藏了大量与布鲁克林地区相关的展品，如奴隶契约和布鲁克林躲避者棒球队（Brooklyn Dodgers）的重大赛事记录等。协会还举办远足和露天音乐会等活动。

威廉斯堡储蓄银行大厦（Williamsburg Savings Bank Building） 内饰奢华　`13 C4`

地址：1 Hanson Place, corner of Flatbush & Atlantic Avenues

　　每当夜幕降临，人们就会被布鲁克林区的最高建筑物——高达512英尺（156米）的威廉斯堡储蓄银行大厦正面的霓虹大钟所吸引。不过这座大厦最值得欣赏的是新罗马风格的内部装潢，有巨大的枝形吊灯、镶嵌式天花板、精致的地板和优雅的大厅。如今，汇丰银行的分部已进驻于此。

当代艺术中心（P.S.1） 时下最流行艺术

地址：22-5 Jackson Avenue（at 46th Ave.）
Ⓜ 乘坐地铁E线或V线至23St./Ely Ave.,7线至45Rd./Courthouse Sq・>> www.ps1.org・电话：718 784 2084
时间：周四至周一正午至6:00pm

　　那些喜爱现代艺术又想从苏活区（SoHo）和切尔西区（Chelsea）的艺术环境中跳出来的人们，只要来到长岛（Long Island City），就可找到目前世界上最受欢迎的当代艺术机构。这就是由一所19世纪晚期废弃的校舍改造而成的现代艺术中心。挑战过去，不断开拓新的审美领域是当代艺术中心的宗旨。这里的展出内容涉及多媒体、绘画、摄影和新雕塑等方面。

　　参展的具有代表性的艺术家，包括20世纪80年代的集演员、导演和画家为一身的丹尼斯・胡珀（Dennis Hopper）和西班牙雕塑家胡安・穆尼奥斯（Juan muñoz）等人。

　　1997年，弗雷德里克・费希尔（Frederick Fisher）重新设计了该中心的庭院。此后，每年夏天，当代艺术中心都会选出艺术家为这里举办的周六午后聚会设计新的主题。

>> 当代艺术中心和现代艺术博物馆（MoMA）结成联盟，意味着购买其中一家博物馆的入场券，也可以去另一家参观

表演

百老汇叫好又叫座的演出可能是最大的卖点，不过，这个城市的音乐、戏剧、舞蹈、电影、诗歌、喜剧和文学等各个艺术领域也都蕴涵着无限的创造力。特别是近年来，在纽约官方的"纽约地下音乐"（Music Under New York）发展计划的推动下，天才音乐家们更是乐此不疲地在地铁或街边整年举办着个人演出。另外，到了夏天，纽约还会举行各种室外娱乐活动，如公园里的露天表演和歌剧演出等。

表演

纽约是一座艺术宝库。在这里，您既可以到林肯中心（Lincoln Center）或卡耐基音乐厅（Carnegie Hall）等世界一流的艺术殿堂欣赏戏剧、芭蕾舞、歌剧和音乐会等高雅演出，也可以在各种小俱乐部体验诗歌之夜、喜剧、文学和现场音乐的魅力，体会下里巴人的惬意生活。尤其值得一提的是，小俱乐部里的演出很不错，氛围也很亲切，一定会使您在这里度过的夜晚格外与众不同。

雷切尔·F. 弗里曼（Rachel F. Freeman）

经典剧场

想在河边欣赏室内演出，一定不要错过**"驳船音乐"**（Barge Music，参见136页）。如想追求最佳的视听效果，可以选择**卡耐基音乐厅**（Carnegie Hall，参见131页）或**新泽西表演艺术中心**（New Jersey Performing Arts Center，参见137页）。此外，**林肯中心**（Lincoln Center，参见132页）的艾利斯·特利厅（Alice Tully Hall）也是欣赏合唱表演的好去处。

舞蹈与表演

乔伊斯剧院（The Joyce Theater，参见126页）、**布鲁克林音乐学院**（Brooklyn Academy of Music，参见135页）和**林肯中心**（参见132页）的纽约州剧院（New York State Theater）是您欣赏各类原创和经典舞蹈艺术表演的乐园。此外，布鲁克林音乐学院还上演戏剧和音乐节目，最著名的秋季"下一波艺术节"（Next Wave Festival）也在这里举办。

前卫演出

如果前卫与实验性是您所追求的，可以到**"厨房"**（The Kitchen，参见126页）看看，这里还举办文学鉴赏活动。同时，也可以去**波威诗人俱乐部**（The Bowery Poetry Club，参见124页），在这里，观众的心灵通常都会受到诗歌的震撼。P.S.122（参见126页）举办各种各样的演出，也会上演一些令人深思的艺术作品。

精选活动

专场演出

表演可划分为全新的、实验性的和成熟的三种。"**编织工厂**"（Knitting Factory，参见120页）提供各种创新的摇滚乐和实验音乐等现场演出。同样，"**主调**"（Tonic，参见123页）也有各种不同风格与类型的音乐演出。**水星酒廊**（Mercury Lounge，参见122页）则绝对是您欣赏新星演出的最佳地点。

爵士乐和蓝调

对视听、氛围和成立时间比较在意的乐迷可以到"**先锋村**"（Village Vanguard，参见122页）来感受一下。"**55吧**"（55Bar，参见122页）以严肃的态度来对待音乐，而**雷诺克斯酒廊**（Lenox Lounge，参见135页）则可以把您带回哈莱姆区（Harlem）风靡爵士的年代。"**烟**"（Smoke，参见133页）除了整晚提供高品质音乐外，每周一晚还举办爵士乐派对。

喜剧表演

想看幽默短剧和运用新手法的喜剧表演，可以到"**正直市民队**"（Upright Citizen's Brigade，参见127页）。"**漫画**"（The Comic Strip，参见131页）和"**喜剧窖**"（Comedy Cellar，参见121页）里的喜剧表演则比较传统。**愚人村俱乐部**（Gotham Comedy Club，参见127页）绝对是欣赏新式与经典结合的顶尖喜剧表演的最佳场所。

表演

编织工厂（Knitting Factory） 实验性表演的圣地   1 D1

地址：74 Leonard Street（between Broadway & Church St.）
>> www.knittingfactory.com ・电话：212 219 3132
时间：每晚6:00pm—4:00am

　　这里是以创新的摇滚乐和实验音乐为主的表演场所。来到这里，宛如进入了一座游乐园，让人不知道先走进哪一道门去体验快乐更好。编织工厂共有三个主要表演场地，它们分别是主场地（Main Space）、踢踏舞池（Tap Bar）和"老办公室"（Old Office）。这里还有一个提供晚间爵士乐演奏的免费酒吧区。

　　负责编织工厂规划运营的是一家媒体公司，这家公司旗下还拥有一家唱片公司，也以"编织工厂"命名，自诩为"过去与未来的融合"。编织工厂举办的深夜爵士派对是这里最火热的娱乐项目。这里演奏的音乐类型有摇滚乐、东欧音乐和爵士乐，还有女声合唱演出。"老办公室"是三个表演场地中最令人感到亲切的地方，有时候会举办诗歌晚会或放映影片等。编织工厂是每年6月JVC爵士音乐节的表演场地之一。所有演出都可以从编织工厂的网站上订票。

电影论坛（Film Forum） 独立与经典电影   3 C4

地址：209 West Houston Street（between 6th & 7th Aves）
>> www.filmforum.org ・电话：212 727 8112
售票时间：每日12:30am至午夜

　　电影爱好者喜欢这里的主要原因是这里拥有三个放映厅，各厅都配有杜比数码环绕立体声设备。这里播放的电影有经典老片，如奥逊・威尔斯（Orson Welles）的《四季之人》（Seasons），也有时下最新的大制作影片。另外，这里出售新鲜食品和与电影相关的商品，还会举办首映式论坛等活动。

巴西之音（S.O.B'S） 拉丁节拍   3 C4

地址：204 Varick Street（at Houston St.）
>> www.sobs.com ・电话：212 234 4940
时间：周一至周六6:30pm—4:00am

　　在"巴西之音"，可以和着拉丁、法属加勒比海、萨尔萨、嘻哈、雷鬼和非洲节奏等各种音乐的节拍尽情地摇摆你的身体。这里每晚都有现场音乐演出，演奏者来自世界各地。另外，每周一或周五晚6:00—8:00之间都有免费舞蹈试学课。

下城区

蓝色音符（Blue Note） 黄金标准的爵士乐 3 C3
地址：131 West 3rd Street（between MacDougal & 6th Ave.）·电话：212 475 8292
>> www.bluenotejazz.com
时间：每晚7:00pm开始营业，周五和周六营业至4:00am

"蓝色音符"发轫于格林尼治村，如今已是一家特许加盟连锁店，分别在日本、韩国和欧洲开设了自己的分店。"一切皆为了好的音乐"（不仅仅指爵士乐）是这里的经营理念。店内拥有与一流表演艺术家的演出相匹配的内部装潢，并提供晚餐服务。迪杰（Dizzy Gillespie）、雷·查尔斯（Ray Charles）和莎拉·瓦哈娜（Sarah Vaughan）在这里的表演都曾引起过轰动。此外，音乐天才奥斯卡·彼得森（Oscar Peterson）、乔治·班森（George Benson）和东尼·班尼特（Tony Bennett）等也都在此演出过。

如果您认为这些都不过是噱头的话，也可以听听纽约那些未成名的音乐家的演奏，他们每周五和周六晚都会在爵士演奏会上与您不见不散，票价仅售5美元。另外，"蓝色音符"也以周日的爵士早午餐和周六的"大师经典回顾"活动而闻名。

喜剧窖
（The Comedy Cellar） 平民的音乐享受 3 C3
地址：117 MacDougal Street（between W. 3rd & Bleecker Sts）·电话：212 254 3480
>> www.comedycellar.com·每晚举办演出

这家位于地下室的"喜剧窖"，20年来上演了无数有名或无名的各类喜剧。砖墙和吱吱作响的凳子是这里的特色。票价不是很贵，一般是在10~15美元之间，您还可以上网索取免费票。注意，观看演出时杜绝各种喧哗。

科妮莉亚街咖啡厅
（Cornelia Street Cafe） 兼收并蓄的表演 3 C3
地址：29 Cornelia Street（between W. 4th & Bleecker Sts）
电话：212 989 9319
>> www.corneliastreetcafe.com·每晚举办演出

位于餐馆楼下的这个小小的表演舞台，表演内容相当广泛，如因纽特人（Inuit）诗歌和苏珊娜·薇格（Suzanne Vega）的表演等。每周还会有独幕剧、喜剧、朗诵、歌唱等表演，以及拉丁、爵士和桑巴等现场音乐演奏。墙上的艺术品大多用于出售。

表演

双层（Duplex） *通俗的歌舞表演* `3 B3`
地址：61 Christopher Street（at 7th Ave. S.）
>> www.theduplex.com・电话：212 255 5438
时间：每日4:00pm—4:00am

在这栋建筑里，任何想得到的演出都能为您呈现。表演区域共分为两层，一层以钢琴演奏吧和迪斯科舞池等组成，二层则是歌舞表演区，附设餐吧。这里每月都排满了各种演出，通常的演出项目有喜剧、歌舞、杂耍和各种即兴演出等。

55吧（55Bar） *纽约风格的爵士/朋克/蓝调* `3 B3`
地址：55 Christopher Street（between 7th Ave. S. & Waverly Pl.）・电话：212 929 9883
>> www.55bar.com・时间：每日1:30pm—4:00am

往下走几层阶梯，即可感受到这里自1919年以来就极力为人们营造的一种全身心投入音乐之中的氛围。音乐在这个不算大的房间内回旋涤荡，令人内心澎湃不已。墙上悬挂着迈尔斯·戴维斯（Miles Davis）和约翰·柯川的黑白照片。

先锋村（Village Vanguard） *震撼* `3 B2`
地址：178 7th Avenue South（at 11th St.）
>> www.villagevanguard.com・电话：212 255 4037
时间：每晚8:00pm开始营业

自1935年开始，"先锋村"就一直是世界著名的爵士乐演出场所，是杰出的音乐人和歌手的重要演出地点。"先锋村"现在仍然秉承着以严肃认真的态度对待音乐的传统，并时不时地为那些演出不景气的团体或个人提供机会。这里演出的音乐类型有爵士乐（现代）、融合乐、拉丁乐以及放克等。

水星酒廊（Mercury Lounge） *经典音乐* `4 F4`
地址：217 East Houston Street（at Essex St.）
>> www.mercuryloungenyc.com・电话：212 260 4700
时间：每晚6:00pm—4:00am

这个木质装修、烛光摇曳的狭长房间，便是新老音乐人展示他们的音乐天赋的空间。玫瑰红色的厚重帷幕将房间分成演出区域（配以一级棒的音响系统）和欣赏区域。路瑞德（Lou Reed）、杰夫·巴克利（Jeff Buckley）和班尼特（Bennett）等音乐大师都在此演出过。

下城区

波威舞厅(Bowery Ballroom) 风格音乐　4 E5

地址：6 Delancey Street（between Bowery & Chrystie St.）
» www.boweryballroom.com・电话：212 533 2411
订票电话：866 468 7619（周一至周六正午至7:00pm）

无论是欣赏乐队演奏还是小酌一杯，典雅奢华的波威舞厅都足以彰显您的尊贵与荣耀。该舞厅历史悠久，发展历史可以追溯到1929年。近来，为了取得一流的视听效果，波威舞厅更新了已有设备，进行了必要的内部装修，但是舞厅内原有的建筑艺术风格得以保留。包厢部分被巧妙地置于优雅的拱形窗户下，坐在这里，既可以聆听优美的音乐，又可以欣赏都市的美景。无论坐在舞厅的观众席还是包厢，都可以欣赏到舞台上精彩的演出。在此演出过的名人包括大卫·拜仁（David Byrne）、贝斯·奥通（Beth Orton）、帕蒂·史密斯（Patti Smith）、约翰·斯宾塞（John Spencer）和DJ影子（DJ Shadow）等。

如果想透透气的话，可以到位于楼下的鸡尾酒厅。这里隔绝了音乐的干扰，是个可以安静品酒的地方。可电话购票或在水星酒廊（见上页）购票。

主调（Tonic） 各种类型的音乐　4 G4

地址：107 Norfolk Street（between Delancey & Rivington Sts）・电话：212 358 7501
» www.tonic107.com・时间：每晚7:30pm开始营业

这里以音乐类型的多样和演奏乐器的广泛而闻名，既有高雅的爵士乐，又有工业废弃物打击乐和电子乐等。主演奏区是既狂热又充满创造力的舞台，除了基本的坐椅外，没有多余的装饰。楼下则是"下主音"（Subtonic）区，听众在这里可以欣赏DJ们播放的电子打击乐。

阿琳的杂货店
(Arlene's Grocery) 多家乐队的演奏　4 F4

地址：95 Stanton Street（between Orchard & Ludlow Sts）
» www.arlenesgrocery.net・电话：212 995 1652
时间：周一至周五6:00pm，周六和周日7:00pm开始营业

这家店的前身的确是有着张扬的色彩设计的杂货店。如今，每晚都有四个以上的演奏团体同时演出，疯狂程度可想而知。演奏的音乐类型主要是垃圾乐、独立音乐、流行乐和重金属音乐。每周一这里还会举办"朋克摇滚卡拉OK之夜"，气氛热烈。

表演

波威诗人俱乐部
(Bowery Poetry Club) 文学沙龙
4 E4

地址：308 Bowery (at Bleecker St.)
>> www.bowerypoetry.com · 电话：212 614 0505
时间：周一至周四9:00am—1:00am，周五9:00am—3:00am，周六11:00am—4:00am，周日11:00am至午夜

如果所谓的现代文明令您感到忧心忡忡，走进这家好客又平易近人的俱乐部会使您的心灵得到彻底的放松。这里还提供儿童阅读书目。

走入玻璃门，首先来到咖啡吧。这里有凸凹不平的木地板，胡乱搭配的桌子上摆放着各种有机食品、浓咖啡、果汁和各式含酒精的饮料。房间后面是一片拓展出来的演出区，拥有高高的天花板，可同时容纳200名文学爱好者。另外，也有小一点的空间，可供亲子阅读。餐厅的一面墙上展示本地艺术家的艺术作品，为这里营造了浓浓的波希米亚氛围；另一面墙上，则张贴节目单及餐厅贩卖物品的各式广告。这里的阅读书目主要包括一些新锐作家、成名诗人和名作家的作品。那么，愉快的周日早午餐时光就选择在这里度过吧。

欧文广场 (Irving Plaza) 音乐俱乐部
4 E1

地址：17 Irving Place (at 15th St.)
>> www.irvingplaza.com · 电话：212 777 6400
订票时间：周一至周五正午至6:30pm，周六1:00pm—4:00pm

摇曳的吊灯、金属嵌线和丝绒沙发显现出浓浓的舞台气息。这里不断推出新作，同时又有经典剧目回顾表演。在此表演过的艺术家有埃瑞（Erasure）、辛迪·劳博尔（Cyndi Lauper）和盖瑞·纽曼（Gary Numan）等。此外，一些英国最新组建的乐队也曾在此演出过。

兰德马克的阳光
(Landmark's Sunshine) 电影剧院
4 E4

地址：143 East Houston Street (between 1st & 2nd Aves)
>> www.landmarktheatres.com · 电话：212 330 8182

在意第绪杂耍剧院（Yiddish Vaudeville Theater）基础上改造而成的"兰德马克的阳光"，已成为拥有五块银幕、杜比环绕立体音响和超舒适坐椅的现代剧院。各类外国和独立制作的影片都会在这里播放。周末，一些经过剪辑的经典作品会整晚连续播放。

大众影院
(The Public Theater) *舞台的完整性* `4 E3`

地址：425 Lafayette Street（between E. 4th St. & Astor Pl.）
电话：212 539 8100，可致电212 539 8750索要中央公园莎士比亚节演出的免费门票·>> www.publictheater.org
售票时间：1:00am—7:30pm（周日和周一至6:00pm）

    大众影院是一个拥有五座影院、一座私人排练会所和一间新近加盟的表演场所兼酒吧（"乔的酒吧"，Joe's Pub）的综合性表演中心。长久以来，大众影院一直都被冠以"突破性的戏剧作品的摇篮"的称号。1967年，《发》（*Hair*）的首映礼就是在这里举行的。穿过剧院主楼（原为阿斯特图书馆）富丽堂皇的门厅，就进入到了主剧场。远处角落里还设有一间小咖啡吧。新近加盟的"乔的酒吧"主要的演出内容有实验剧、独角戏、戏剧和音乐演奏等。

    另外，每年6月到8月，由该影院主办的莎士比亚消夏音乐会都在位于中央公园的戴拉寇特剧院（Delacorte Theater）举办演出。有两种方法可以获得该剧院演出的门票：一种是演出当天在公园领取免费门票（从早上7:00就开始排队），另一种是提前到大众影院的售票处领取免费门票。

纽约波多黎各诗人餐厅 (Nuyorican Poets Cafe) *节奏与诗韵的共鸣* `4 G3`

地址：236 East 3rd Street（between Aves B & C）
>> www.nuyorican.org · 电话：212 505 8183

    1973年之前，这里还是一家"地下"的小咖啡馆，如今已然成为潮流人士阅读、批评、写诗、表演和演奏乐器的地方。这里有昏黄的灯光和舒适的氛围，白天适合沉思创作，晚上适合进行各种原创的口语表演。

蜡烛 (Lit) *前卫地下室* `4 E3`

地址：93 Second Ave.（between 5th & 6th Sts）
>> www.litloungenyc.com · 电话：212 777 7987
时间：每晚5:00pm—4:00am

    以"蜡烛"命名的这家演出场地，因宽大的演出场地和支持挑战主流音乐的新生乐团而声名大噪。融合画廊（Fuse Gallery）也进驻这里，成为这里的组成部分（画廊营业时间：周三到周六2:00pm—7:00pm）。

表演

P.S. 122　*创新性表演*　4 F2
地址：150 1st Avenue（at East 9th Street）
>> www.ps122.org・售票电话：212 477 5288
时间：每日营业，售票时间为11:00am—6:00pm

这家位于东村（East Village）的演出场所是在一所公立学校基础上改造而成的。虽然已成为一家娱乐场所，但从其老式楼梯、木质扶手还有熟铁制成的安全门上依稀可以找到学校的影子。1779年，一群创作型表演艺术家开始改造学校的房屋，梦想着把这里打造为一个集创作工作室、社区集会等多种功能为一体的综合性场所。1986年，学校的体育馆被改造成可供表演的剧院，为一些前卫演出团体提供实验性演出的场地。此后，这家非营利性质的艺术中心已经逐渐发展为重要的现代艺术创新基地，拥有两家剧院和一家画廊，戏剧、影视、音乐和电影等各种形式的演出从未间断。由于对各种表演艺术形式的大胆创新和尝试，P.S.122被冠以"都市文化的摇篮"的美名。

厨房（the Kitchen）*多媒体创作*　3 A1
地址：512 West 19th Street（between 10th & 11th Aves）・电话：212 255 5793
>> www.thekitchen.org
售票时间：周二至周六2:00pm—6:00pm

长久以来，"厨房"就以会聚多门类表演，不断推陈出新而成为行业中的佼佼者。两个黑盒子剧场可为阅读、多媒体演示、舞蹈和音乐演出等活动服务。适合全家人一起观赏的表演，得等到周六。

乔伊斯剧院
（The Joyce Theater）*快乐舞蹈*　3 B1
地址：175 8th Avenue（at 19th St.）
>> www.joyce.org・电话：212 242 0800
售票时间：每日正午至7:00pm（周日至6:00pm）

乔伊斯剧院是传统舞蹈和现代舞蹈表演中心，主要为国内外中小型舞团提供表演场所。这里曾经有一家室内影院，现已被改造为可容纳452人的剧院。乔伊斯剧院的分院设在苏活区（155 Mercer St.），也以举办各种类型的演出活动为主。

下城区与中城区

正直市民队
（Upright Citizen's Brigade）令人深思

`5 C5`

地址：307 West 26th Street（between 8th & 9th Aves）
>> www.ucbtheater.com · 电话：212 366 9176
每晚举办演出（只收现金）

　　走进这里，就如同走入了喜剧的世界。这些喜剧表演团体既有本土的，也有外来的。票价公道。如果幸运，还能在这里看到美国很受欢迎的电视节目"周六现场直播"（Saturday Night Live）中的"未来之星"。

标准爵士乐
（Jazz Standard）顶尖爵士乐俱乐部

`6 F4`

地址：116 East 27th Street · 电话：212 576 2232
>> www.jazzstandard.com · 时间：每日营业，固定演出时间为周五和周六的7:30pm、9:30pm和11:30pm

　　这家俱乐部到处都是爵士乐的影子，无论是氛围，还是让人印象深刻的拉丁和巴西的小型爵士乐队和交响乐团演出。含蓄而柔和的灯光、纵情飘扬的音乐、舒适的坐椅和美味的食物都为这家俱乐部增添了无穷的魅力。

愚人村俱乐部
（Gotham Comedy Club）有趣的表演

`6 E5`

地址：208 West 23rd St.（between 7th & 8th Aves）
电话：212 367 9000
>> www.gothamcomedyclub.com · 每晚举行演出

　　橡木吧台和柔和的吊灯为这里营造了舒适、优雅的氛围。这里演出的阵容异常强大，既有喜剧新秀，也有柯南·欧布莱恩（Conan O'Brien）脱口秀节目"今夜秀"（The Tonight Show）或喜剧中心（Comedy Central）广播台的演员。

海默斯坦舞厅（Hammerstein Ballroom）音乐演出场所

`5 C3`

地址：311 West 34th Street（at 8th Ave.）· 电话：212 279 7740 · >> www.mcstudios.com · 请登录网站查询演出事宜

　　这是一个可容纳2500人的20世纪二三十年代的艺术殿堂，一流的艺术氛围和视听设备使其成为行业的佼佼者。舞厅内部体现了装饰艺术风格，并完整地保留了传统装饰和壁画。独立摇滚乐团"精灵"（Pixies）和爵士乐队"梅迪斯基、马丁和伍德"（Medeski Martin & Wood）都在这里举办过音乐会。

>> "标准爵士乐"与著名的蓝烟餐馆（Blue Smoke，参见45页）在同一个地方

表演

围场酒吧（Rodeo Bar） 乡村音乐 6 F5
地址：375 3rd Avenue（at E. 27th St.）
>> www.rodeobar.com・电话：212 683 6500
时间：每日正午至4:00am（周日至2:00am），现场音乐演出时间为10:00pm

离开纽约，信步走进这家酒吧，在蓝草音乐（bluegrass）、山区摇滚音乐（rockabilly）和乡村音乐的世界里感受和谐与恬静吧。贩卖饮料的吧台由马车改装，美食包括德州—墨西哥式（Tex-Mex）快餐、花生米和味道浓郁的玛格丽塔酒。

爵士复兴铱元素（Iridium） 一流的爵士乐 5 D1
地址：1650 Broadway（at West 51st Street）
>> www.iridiumjazzclub.com・电话：212 582 2121
固定演出时间：周日至周四8:00pm和10:00pm，周五和周六10:00pm和11:30pm

在这里，无论是就餐还是与友人小聚都恰到好处。纯正的爵士乐演出是其保留节目，各路爵士高手都会来此登台表演。所以，这里既有老派爵士迷，也有新鲜受众。卓越的音响系统使其成为新唱片现场发行的主要场地。

环形剧院（Roundabout/AA） 魔幻剧场空间 5 D2
地址：227 West 42nd Street（between 7th & 8th Aves）
>> www.roundabouttheatre.org・电话：212 719 1300

这家仓库似的剧院历经搬迁，现在终于结束了漂泊的生涯，坐落于原美国航空剧院（American Airlines Theatre）内。这栋建筑建于1918年，前身为塞尔温剧院（Selwyn）。著名演员和应邀嘉宾的经常到访，使得这座流光溢彩的剧院更加引人注目。

蓝调之王俱乐部（B.B.King Blues Club） 福音与蓝调音乐 5 C2
地址：237 West 42nd Street（between 8th & 7th Aves）
>> www.bbkingblues.com・电话：212 997 4144
售票时间：每日10:00am至午夜

詹姆斯·布朗（James Brown）这样的传奇人物，当然也包括比金（B.B.King）本人，都曾在这里演出过。该俱乐部以面向游客开放为主，也吸引了很多纽约民众。露西尔厅（Lucille's，用B.B.King心爱的吉他命名）整晚都有音乐演出，并且全天供应食物。

了解纽约最新资讯，请登录网站 >> www.realcity.dk.com

中城区

46街爵士乐（Swing 46）爵士乐与摇摆舞 5 C1
地址：349 West 46th Street（between 8th & 9th Aves）
www.swing46.com・电话：212 262 9554
时间：每晚5:00pm开始

这里分为楼上和楼下两个表演区域。不妨趁着酒未酣、人未醉的时候，小秀一下您的舞技。与楼上的喧嚣相比，楼下绝对是让您可以与音乐亲密接触的好地方。该俱乐部没有着装要求，但是还是鼓励文雅着装。每周日晚5:00—8:00举办踢踏舞会。

不要告诉妈妈（Don't Tell Mama）钢琴演奏与歌舞表演 5 C1
地址：343 West 46th Street（between 8th & 9th Aves）
www.donttellmama.com・电话：212 757 0788
时间：每晚6:00pm（只收现金）

您可以拿着丽莎·明尼里（Liza Minnelli）的歌谱来到钢琴酒吧，或者在三个剧院中任选其一欣赏歌舞表演。无论是聆听经典曲目，还是欣赏未来之星的创意新作，又或是观看场面狂热的喜剧表演，这里都是您不二的选择。

彩虹屋（Rainbow Room）老练 6 E1
地址：30 Rockefeller Plazza, 65th Floor（at W. 49th St.）
www.cipriani.com・电话：212 632 5100
时间：周五7:00pm—1:00am，周日早午餐时间为11:00am—3:00pm

这栋20世纪二三十年代的建筑，内部装潢奢华但又不失艺术性。从65层的高度俯瞰美景，足以让您忘记高达150美元的奢侈的消费账单。在灯火阑珊的城市丛林中，交响乐队的现场演奏在您耳边回旋萦绕。建议系上黑色领带。

城市中心（City Center）音乐/戏剧/舞蹈 7 D5
地址：131 West 55th Street（between 6th & 7th Aves）
www.citycenter.org・电话：212 581 1212

该剧院在外观上采用摩尔式风格的立柱和多彩瓷砖墙面作为装饰特色。剧院分为主厅与侧厅两部分。主厅主要用于音乐会演奏和表演。埃尔文·艾利（Alvin Ailey）舞团、美国芭蕾舞团（American Ballet）和保罗·泰勒（Paul Taylor）等团体和个人都在这里表演过。曼哈顿剧院俱乐部（The Manhattan Theater Club）的表演则是在侧厅进行。

表演

全国广播公司工作室/苏利文剧场 6 E1
（NBC Studios/Ed Sullivan Theater）
>> www.nbc.org · >> www.cbs.org
订票电话：212 247 6497 · 时间：每天11:00am开始

如果您想成为NBC新闻或每周日早播出的娱乐节目"现场秀"（Today Show）的现场观众的话，那么就要在上午的8:30—10:00之间，适时地出现在位于第5大道和第6大道之间的第49街上。想参加"周六现场直播"（Saturday Night Live）或由柯南·欧布莱恩（Conan O'Brien）主持的"点亮夜晚"（Light Night）脱口秀节目的录制，可以到位于第19街的洛克菲勒广场30号（全国广播公司的接待室）门前排队来试试运气。排队时间通常都是早上7:00（但9:00才会发票）开始。

相比较而言，要获得CBS（哥伦比亚广播公司）的入场券就相对容易多了。由大卫·赖特曼（David Letterman）主持的节目——"深夜脱口秀"（Late Show，周一至周四），是在位于第53街和第54街（地图7D5）之间的百老汇街（Broadway）1677号的苏利文剧场录制的。

佛罗伦萨古尔德礼堂 8 F4
（Florence Gould Hall）*热爱法国的人们*
地址：55 E. 59th St.（between Park & Madison Aves）
>> www.fiaf.org · 电话：212 355 6160
订票时间：周二11:00am—7:00pm，周三至周五正午至7:00pm，周六正午至4:00pm

这里经常举办各种有趣的讲座，每周都有法国电影展播。可容纳400名听众的音乐厅音响效果一流，可用来举办各种轻喜剧、芭蕾演出和不同类型的音乐会。隔壁就是廷克礼堂（Tinker Auditorium）。

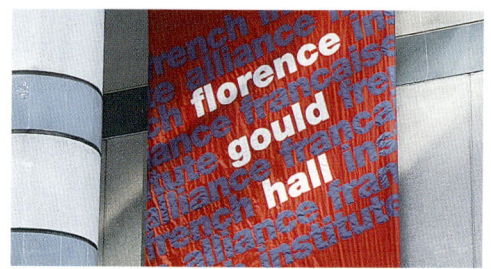

百老汇剧院演出订票

两家主要代理百老汇剧院门票的售票单位是"Telecharge"（电话：212 239 6200，网址：www.telecharge.com）和"TicketMaster"（电话：212 307 4100，网址：www.ticketmaster.com）。这两家机构在为您提供便利的同时，额外收取手续费9美元。如果想购买当天表演折扣票，可以试试"TKTS"（网址：www.tdf.org/tkts）这个机构，运气好的话，可以买到五折或七五折票。但在此购票必须得排队，尤其值得注意的是，不可使用信用卡购票。位于第47街和百老汇街之间的杜费广场（Duffy Square）的岛形区（周一至周六3:00pm—8:00pm，周日11:00am—7:30pm。日场演出时间为周三和周六10:00am—2:00pm）是主要的售票地点。人数相对较少的订票点位于约翰街（John Street）和前街（Front Street）拐角处的南海港巷（South Street Seaport）。

上东城与上西城

漫画(The Comic Strip) 立体式展示 8 G1
地址：1568 2nd Avenue (between 81st & 82nd Sts)
>> www.comicstriplive.com · 电话：212 861 9386
每晚举行演出

杰瑞·赛菲尔德 (Jerry Seinfeld) 就是在这里开始了他的演艺生涯，定期演出，最终事业有成。这里有轻松的气氛、具有歌舞表演风格的座位以及传统的独角戏表演。通常每周四有"新星之夜"汇演，周一为试演（不少艺人来此寻找常驻演出的机会）。可电话订票或网上购买折扣票。

第92街Y (92nd Street Y) 商业活动 10 F4
地址：1395 Lexington Avenue (at 92nd St.)
>> www.92y.org · 电话：212 415 5500

这个地方始建于19世纪，原本是男性希伯来（Hebrew）团体的集会场所，如今已成为一个多样性的文化演出机构。知名演员、企业家和政客是这里的常客。这里共有两个大厅，可用于表演和举办演讲活动。在此演讲过的名人有：大提琴家马友友（Yo-Yo Ma）、微软帝国的缔造者比尔·盖茨（Bill Gates）和前联合国主席科菲·安南（Kofi Annan）。

卡耐基音乐厅(Carnegie Hall) 音乐圣殿 7 D5
地址：881 7th Avenue (at 57th St.)
>> www.carnegiehall.org · 电话：212 247 7800
售票时间：每日8:00am—8:00pm

1891年，卡耐基创建了这座世界著名的音乐厅。这里共有三个厅，分别是：可容纳3000名听众的艾萨克·斯特恩厅（Isaac Stern Auditorium）、主要以爵士乐和现代音乐演奏为主的赞克尔厅（Zankel Hall），以及音响设备特别适合独奏和室内乐的较小的威尔厅（Weill Hall）。

梅尔金音乐厅
(Merkin Concert Hall) 空中之音 7 B3
地址：129 West 67th Street (between Broadway & Amsterdam Ave.) · 电话：212 501 3330
>> www.elainekaufmancenter.org/merkin.htm
售票时间：周一至周五正午至4:00pm

梅尔金音乐厅音响效果特别好，所以常被用来录制现场音乐。这里有各种音乐演出，类型涵盖古典音乐、爵士乐、放克等各种音乐。包厢和观众席设计都可为您提供最佳视觉效果。这里还设有一家画廊。

>> 严格意义上讲，百老汇剧院是指从第41街西到第53街西，地跨12个街区的一条长街

表演

林肯表演艺术中心(Lincoln Center for the Performomg Arts) 文化巨鳄   7 B3

地址:Straddling Broadway and Amsterdam(between 62nd and 66th Sts)
电话:212 875 5456・参观热线:212 875 5350
>> www.lincolncenter.org

自20世纪60年代以来,林肯表演艺术中心一直处于世界表演艺术领域的领导地位。常驻表演单位有室内音乐协会(Chamber Music Society)、电影协会(Film Society)、纽约芭蕾舞团(New York City Ballet)、林肯中心爵士乐团(Jazz at Lincoln Center)、大都会歌剧院(Metropolitan Opera)、纽约市歌剧院(New York City Opera)和纽约爱乐交响乐团(New York Philharmonic),共计12家。

20世纪50年代以前,这里一直是蓝领阶级的住宅区。1950年,在洛克菲勒(John D. Rockefeller)家族和艾森豪威尔总统(President Eisenhower)的共同推动下,这里逐渐成为综合性艺术表演机构。1962年,**爱乐厅**(Philharmonic Hall)首先拉开帷幕后,**纽约州剧院**(New York State Theater)、**薇薇安・博蒙特剧院**(Vivian Beaumont Theater)、**大都会歌剧院**(Metropolitan Opera House)和**艾利斯・特利厅**(Alice Tully Hall)等也相继投入使用。这里共有将近20个表演场地和其他配套设施,如图书馆和工作室等。这座复杂的艺术殿堂的导览服务通常要花费约1个小时的时间,历史、典故和建筑艺术等讲解内容不容错过。

大厅中央的喷泉是由美国现代建筑大师菲利普・约翰逊(Philip Johnson)设计的,如今已成为观看表演的人们会合的指定地点。每当假日到来的时候,喷泉的两旁都会立起点缀着各种乐器装饰的圣诞树来增添节日气氛。西南角的**丹罗许公园**(Damrosch Park)举办各种免费音乐会演出(8月份),**莫扎特音乐节**(Mostly Mozart Festival)和**仲夏夜舞蹈表演**(Midsummer Night Swing)都是这里的重量级演出活动。

林肯艺术表演中心对个别建筑进行整修的计划也已提上日程,目的是提升各厅的配置和音响效果。穿过倒影池和亨利・摩尔(Henry Moore)的雕塑作品,就来到了刚刚修葺一新薇薇安・博蒙特剧院,观众在这里可以欣赏一流的剧院作品。

上西城

美克（Makor）文化交融 7 C3
地址：35 West 67th Street（between Central Park W. & Columbus Ave.）· 电话：212 601 1000
>> www.makor.org

"美克"通常能容纳二三十个客人，与"第92街Y"（参见131页）比邻而居。除上演电影、戏剧和举办各种论坛外，这里还定时举办各种音乐表演，如爵士乐、放克和教堂风格的音乐等。在看演出前，建议预留出一些时间，到咖啡厅里品尝一下那里味道醇厚的咖啡。

纽约独角喜剧（Stand-up New York）听说过吗？ 7 B1
地址：236 West 78th Street（at Broadway）
电话：212 595 0850
>> www.standupny.com · 每晚举行演出

它是上西城（Upper West Side）唯一一家喜剧表演场所，所以深受当地人喜爱。欣赏演出的过程中，人们也自然而然地熟识起来。这里的表演有比较正式的，也有热闹搞笑的。罗宾·威廉斯（Robin Williams）就曾在这里举办过巡回演出。

交响乐空间（Symphony Space） 9 B3
地址：2537 Broadway（at W. 95th St.）
>> www.symphonyspace.org · 电话：212 864 5400
售票时间：周二至周日正午至7:00pm

这里的表演涵盖戏剧、电影、舞蹈和音乐等种类繁多的艺术形式。斜坡坐椅设计的彼得·杰·夏普主剧院（Peter Jay Sharp Theatre）宽敞舒适，可容纳700名观众同时观看演出。世界音乐协会的客座音乐家经常到这里演出。另外，伦纳德·尼莫伊·塔莉亚楼（The Leonard Nimoy Thalia）内还设有咖啡厅。

烟（Smoke）热门爵士乐但拒绝烟草 9 B2
地址：2751 Broadway（between 105th & 106th St.）
>> www.smokejazz.com · 电话：212 864 6662
时间：每晚5:00pm—4:00am

玫瑰红色的丝绒幕帘和低低垂下的枝形吊灯烘托出这家酒吧的温馨感。爵士乐厅内的现场音乐演出品质很高，所以即使不能亲自演奏乐器，静静地聆听也能让您得到无限的满足。这里有70个座位，如果赶上人数过多的时候，您就只能坐在吧台欣赏了。

表演

阿波罗剧院
（Apollo Theater） 明星诞生的摇篮

11 D3

地址：253 West 125th Street（between 7th & 8th Aves）
电话：212 531 5300　售票热线：212 531 5305/4
>> www.apollotheater.com
售票时间：周一、周二、周四和周日10:00am—6:00pm，周六正午至6:00pm

　　阿波罗剧院绝对是哈莱姆区（Harlem）最具吸引力的地方。自1983年成立以来，阿波罗剧院在纽约音乐历史和文化生活等方面都做出了卓越贡献，所以，能够成为国家级地标式建筑绝对是实至名归。阿波罗剧院的前身是一座杂剧剧院。20世纪30年代，剧院因其主办的"业余爱好者之夜"（Wednesday's Amateur Night）而声名鹊起。表演人员主要是非裔美国籍的音乐家、歌手、舞蹈家和喜剧演员等。许多国际大牌音乐人都是从阿波罗剧院走出去的，如埃拉·菲兹杰拉德（Ella Fitzgerald）和迈克尔·杰克逊（Michael Jackson）等。如今，有天分又敢于接受观众考验的艺术家仍是周三举办的"业余爱好者之夜"的常客。2001年开始，拉美音乐演出也开始登上这里的舞台，由阿波罗剧院制作的"阿波罗剧院的表演时间"（Showtime at the Apollo）已成为与电视台合办的节目。

　　观看演出的空闲之余，花点儿时间逛逛剧院也是非常值得的。一楼大厅的"名人大道"（Walk of Fame）详细介绍了许多过去曾在此演出的名人，如詹姆斯·布朗（James Brown）、亚瑞莎·富兰克林（Aretha Franklin）以及艾灵顿公爵（Duke Ellington）等。后台之旅的导游服务会介绍各种有趣的奇闻逸事和音乐史方面的内容。另外，您还可以亲手触摸一下著名的"希望之树"（Tree of Hope），其实，这只是一段安装好的砍下来的树桩。演艺界盛传，演员们在开始演出之前，都会摸摸这棵"希望之树"，以求得好运气。

中央公园以北地区与布鲁克林区

雷诺克斯酒廊 11 D3
（Lenox Lounge） *痛饮与狂欢的节日*

地址：288 Lenox Avenue（between 124th & 125th Sts）
>> www.lenoxlounge.com · 电话：212 427 0253
时间：每日11:00am—4:00am

  雷诺克斯酒廊是音乐俱乐部中的佼佼者。这里有爵士乐表演和DJ现场表演，此外，周一晚上还举办各种类型的派对。前厅酒吧设计主要采用艺术装饰风格，而休息室经过重建后，也恢复了原来的奢华设计，同后厅的长条形沙发和斑马线图案一起，营造了迷人的氛围。另外，这里全天候供应美式南部菜肴。

  这里的演出节目为怀旧风格。爵士乐风云人物梅尔·戴维斯（Miles Davis）、比利·霍利迪（Billie Holiday）及约翰·柯川（John Coltrane）等都曾在这里表演过。如今，这里现场表演的音乐类型已从主流爵士乐扩展到更多的非主流音乐。前厅是常客、本地居民和爵士迷们聚集聊天的场所，而后厅则是让您的听觉与味觉都能够得到极大满足的地方。

布鲁克林音乐学院（Brooklyn Academy of Music） 13 C4
表演艺术的中心

地址：30 Lafayette Avenue（between Ashland Pl. & St. Felix St.）· 电话：718 636 4100
>> www.bam.org · 售票时间：周一至周五10:00am—6:00pm，周六正午至6:00pm

  通常简称为"BAM"的布鲁克林音乐学院，不仅仅是一座音乐学院，更是一座卓越的表演艺术中心。自1861年开始就有作品上演，充满传奇色彩的艾伦·泰瑞（Ellen Terry）就是最早在布鲁克林音乐学院演出的明星之一。

  学院的建筑几乎占据了整条街道，大厅的设计十分壮观。罗斯影院（Rose Cinema）拥有四间放映室和宽敞舒适的坐椅，带来超级震撼的视觉冲击；霍华德·吉尔曼厅（Howard Gillman Opera）是一座可同时容纳2000名观众的剧院；哈维·利希滕斯坦剧院（Harvey Lichtenstein）则可容纳874人同时观看表演。从周四到周六，布鲁克林音乐学院的咖啡厅内都有现场表演并提供美食。另外，每年秋季，著名的"下一波音乐节"（Next Wave Festival）将在这里举行为期3个月之久的演出。

>> 查找不同类型的表演场所名单，请见230页和231页

表演

驳船音乐（Barge Music） 水上经典音乐 2 G3
地址：Fulton Ferry Landing（at Old Fulton St.）
>> www.bargemusic.org · 电话：718 624 4061
演出时间：周四至周日，具体时间不确定

来驳船音乐厅欣赏演出绝对是值得的。这里有高水准的演出，空间宽敞且设计独特。在这里，远可观曼哈顿地平线，近可欣赏布鲁克林大桥。

正如音乐厅的名字所示，表演的确是在一艘经过特殊改造的水上驳船进行的。在全木装修和设有开放式壁炉的演出空间里，最大限度可容纳125人同时观看演出。观众与艺术家可以近距离地进行交流互动。特别值得一提的是，在表演期间，驳船会轻轻移动（别担心，乘客不会有晕船的困扰）。

华沙（Warsaw） 美食与美妙的音乐 13 C1
地址：261 Drigga Avenue（between Eckford & Leonard Sts）· 电话：718 387 0505
>> www.watsawconcerts.com

这里是潮流音乐场地和"波兰人之家"（Polish National Home）舞厅完美组合的地方。每周轮流推出独立音乐和摇滚乐团演奏，以及波兰节日庆典节目和波尔卡舞会。另外，这里还有美味的小甜饼（pierogi）和烈性波兰酒。

由于室内音乐通常不受季节限制，所以该音乐厅可常年使用。表演曲目包括莫扎特（Mozart）、巴赫（Bach）、舒伯特（Schubert）、德布西（Debussy）和普罗高菲夫（Prokofiev）等音乐家的经典之作。此外，有些客座的演奏家也会带来不同的创意演出。

每年的12月，表演嘉宾将在一连两个星期里为您带来巴赫的经典乐章演奏。此外，在观看演出前，可以逛逛邻近繁华的街道或享用一下布鲁克林冰工厂（Brooklyn Ice Cream Factory）的冰激凌。演出结束后，跳上纽约水上出租车（电话：718 742 1969，网址：www.nywatertaxi.com），就可返回迷人的曼哈顿。

布鲁克林区与新泽西州

新泽西表演艺术中心（New Jersey Performing Arts Center）*纽沃克瞩目之地*

地址：One Center Street，Newark
电话：888 GO-NJPAC（466-5722）
» www.njpac.org · 乘坐地铁或哈得逊务局公司火车（PATH）自纽约的Penn Station至纽沃克的Penn Station，再乘LOOP巴士或步行新泽西表演艺术中心
售票时间：周一至周六正午至6:00pm，周日10:00am—3:00pm

纽沃克从来没有像现在这么有吸引力，因为自1997年，这里伫立起了一座耗资数百万美元修建的令人震撼的建筑——新泽西表演艺术中心。无论是纽约本地人还是游客，来到这儿的目的只有一个，那就是到新泽西表演艺术中心观看一场一流的演出。

这座艺术中心主体部分是砖石结构，立方体造型的外观设计是建筑大师巴顿·迈尔斯（Barton Myers）和广大人民群众集体智慧的结晶。这座表演艺术中心以尊重都会人的日常生活模式为出发点，具有国际水准。该中心拥有容纳2730人的普天寿多功能表演厅（Prudential Hall）、可容纳514人的维多利亚音乐厅（Victoria Theater），以及多个小型演出和彩排厅。该中心是新泽西交响乐团（New Jersey Symphony Orchestra）和埃尔文·艾利美国舞蹈团（The Alvin Ailey American Dance Theater）等艺术团体的主要演出场地，同时也为来访的本国和其他国家艺术团体提供巡回演出场所。这里也举办音乐剧的巡回表演，如《悲惨世界》（Les Misérables），以及各种不同类型的演出，如爵士乐的传奇人物艾利斯·柯川（Alice Coltrane）、麦考伊·泰勒（McCoy Tyner）和维也纳儿童合唱团（Vienna Boy Choir）的表演。

这里还有两处就餐的场所，分别是设有吧台的剧院广场烧烤吧（Theater Square Grill）和可在户外就餐的凯兰科特餐厅（Calcada）。

运动场地

纽约拥有几家大型运动场所。**洋基棒球场**（Yankee Stadium）是1923年为著名棒球队而修建的，搭乘洋基快艇（Yankee Clipper）来到此处，也是一段非常有趣的经历。**希叶棒球场**（Shea Stadium）位于拉瓜迪亚（LaGuardia）机场航道附近，是纽约大都会（New York Mets）棒球队的主场。著名的甲壳虫乐队（The Beatles）分别在1965年和1966年两次在这里举办演出。

巨人球场（Giants Stadium）是纽约巨人队（New York Giants）、纽约喷气机队（New York Jets）和纽约地铁明星队（Metrostars）三支足球队的主场。**麦迪孙广场公园**（Madison Square Garden）是纽约巡逻骑兵曲棍球队（New York Rangers）和尼克斯篮球队（Knicks）、利波提篮球队（Liberty）的主场。此外，这里还为各种大型音乐会、卡车展、摔跤、拳击以及各种宠物展提供场地。详情请参见231页。

137

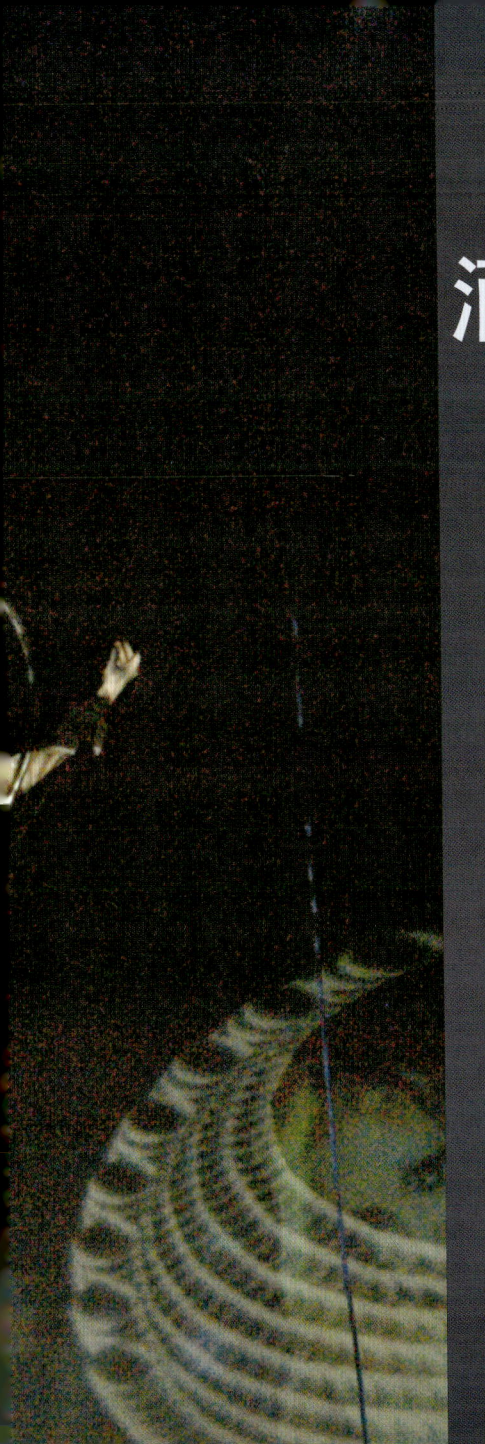

酒吧与俱乐部

在纽约,每个人都可以找到自己钟爱的酒吧。这里有时尚的鸡尾酒吧、旧式啤酒屋,以及设有自动点唱机和台球桌的当地酒馆。对于想要狂欢一夜的玩家们,本书将带您走进音乐酒吧和俱乐部的聚集地——切尔西区(Chelsea)、下城区(Downtown)和后来居上的布鲁克林区(Brooklyn)。喜欢轻松氛围的人,可能更喜欢去中城区(midtown)和上东城(Upper East Side)的形形色色的酒吧,坐在舒适的椅子上,喝上一杯上等的鸡尾酒。

酒吧与俱乐部

兴起于20世纪20年代的酒吧里的歌舞助兴表演,曾一度被勒令停止。它的复兴不仅没有阻止纽约人前进的步伐,相反却造就了东村(East Village)、下东城和切尔西区夜夜笙歌的繁华景象。不过,如果您就想约上三五好友,度过一个安静与温馨的夜晚,纽约也不会令您失望。下面就为您拉开纽约色彩缤纷的夜生活的帷幕。

乔纳森·舒尔茨 (Jonathan Schultz)

麦香啤酒

麦时利酒吧(Mcsorley's,参见148页)为您提供鲜啤酒和熟啤酒(即使您只点了其中的一种,也会送上来两种)。您可以随便找个地方坐下,感受浓浓的旧纽约氛围。沉利酒吧(Chumley's,参见152页)是20世纪四五十年代的作家们的最爱,是他们豪饮英国啤酒的好地方。威廉斯堡的"斯普顿·迪威尔"(Spuyten Duyvil,参见162页)里储藏着上百瓶的瓶装啤酒和桶装啤酒。

迷情鸡尾酒

纽约是鸡尾酒之都。"汤姆的酒吧"(THOM's Bar,参见143页)可以为您调配丰富多彩的荔枝马丁尼酒(Lychee Martini)。玻璃酒吧(Glass,参见156页)是品尝赛普鲁瓦鸡尾酒(Caipiruva,一种由巴西甜酒和捣碎的葡萄汁制成的鸡尾酒)的好地方。"坎贝尔公寓"(Campbell Apartment,参见157页)以干马丁尼酒(Dry Martini)和甜马丁尼酒(Sweet Martini)的调配而闻名。

舞蹈俱乐部

尼古拉斯·马塔(Nicolas Matar)是天空酒吧(Cielo,参见154页)的DJ兼合伙人,酒吧一直致力于为肉类加工区的舞蹈爱好者提供最佳舞蹈场所。"巴西之音"(S.O.B's,参见120页)的现场酷歌劲舞不容错过。布鲁克林区的"加拉帕戈斯"(Galapagos,参见163页)周末会有DJ带来的电子摇滚、灵魂音乐等表演。苏利文酒吧(Sullivan Room,参见152页)拥有纽约最好的极简派科技舞曲。

精选夜间活动

同性恋酒吧与俱乐部

罗克西酒吧（Roxy，参见155页）周六会举行全纽约最大型的同性恋派对。位于西村（West Village）的**石墙酒吧**（Stone wall，参见153页）里的气氛轻松愉悦。距石墙酒吧仅几个街区的**壁橱酒吧**（Cubbyhole，参见154页）是一家女同性恋酒吧。

露天酒吧

随处可见的露天酒吧是纽约夏天里的一道颇为亮丽的风景线。在**船坞酒吧**（The Boat Basin Café，参见161页），可以看到哈得孙河上的船只。**高温丝游艇俱乐部**（Gowanus Yacht Club，参见161页）为年轻的酒吧迷们提供廉价的啤酒。在**艾娃酒廊**（Ava Lounge，参见158页）的露台上，您可以一边品尝着马丁尼酒，一边欣赏时代广场的壮丽景观。

DJ酒吧

DJ酒吧为您提供现场串烧音乐。在**美丽酒吧**（Beauty Bar，参见150页），DJ会掀起朋克和后朋克音乐热潮。**翠贝卡大酒店**（Tribeca Grand Hotel，参见189页）经常有欧洲最顶尖的地下DJ逗留。**苏利文酒吧**（Sullivan Room，参见152页）拥有宁静、舒缓的氛围，无论是来这里消遣还是寻求精神慰藉，都会让您不虚此行。

酒吧与俱乐部

猫酒廊(Pussycat Lounge) 低俗与玩笑 1 D4
地址：96 Greenwich Street（at Rector St.）
>> www.pussycatlounge.com · 电话：212 349 4800
时间：周一至周五6:00pm，周六8:00pm开始营业

距离归零地（Ground Zero）不远处的安静街区内的猫酒廊，因为选择夜间营业，所以不可避免地带有几分低俗和魅惑的味道。可以直奔二楼观赏各种滑稽演出、现场乐队演奏或参加周末派对。穿着可以大胆一些！（需购门票）

温妮（Winnie's） 唐人街最活跃的卡拉OK吧 2 E1
地址：104 Bayard Street（between Baxter & Mulberry Sts）
电话：212 732 2384 · 时间：每日正午至4:00am

走进这里，或许正有人糟蹋您最心爱的歌曲。尽情开唱前，先了解一下这里的规则，这可是必须遵守的。首先，每唱一首歌的消费为1美元；其次，不允许随意摇晃麦克风；最后，如果点唱了著名的合唱曲，如尼尔·戴蒙德（Neil Dimond）的《甜蜜卡洛琳》（Sweet Caroline）之类的歌曲，就得准备好与大家一起热闹地合唱。

南极洲（Antarctica） 冰镇啤酒屋 3 C5
地址：287 Hudson Street（at Spring St.）
>> www.antarcticabar.com · 电话：212 352 1666
时间：周一至周五4:00pm，周六7:00pm开始营业

"南极洲"的老板声称自健力士黑啤酒（Guinness）于1759年发明以来，他们就开始经营这家酒吧。或许这有些夸张，但这里水渍斑斑的木质地板、磨得锃亮的黄铜水龙头和留着蓬松大胡子的典型的19世纪饮酒者的照片等，确实给人以历史悠久的陈旧味道。

虽然以"南极洲"命名，地理位置也远离苏活区，但这里可不像南极洲那般荒凉。酒吧位于高档社区内，相当讨人喜欢的外观设计为它赢得了广泛赞誉。它还获得过《纽约杂志》（NY Mag）评选的"最佳台球酒吧"（Best Bar to Shoot Pool）的称号。店内设有包厢和大壶啤酒，供客人畅饮欢庆。到这里之前，可在网上查询一下您的姓氏是否符合当天晚上免费喝酒的要求。

汤姆的酒吧
(THOM's Bar) *经典饭店酒吧*

地址：60 Thompson Street（between Broome & Spring Sts）
www.60thompson.com・电话：212 219 2000
时间：每晚5:00pm开始营业

3 C5

　　这家位于汤普森饭店（Thompson Hotel）60号大厅内的精品酒吧自1990年开业以来，其独特的魅力便席卷了整个曼哈顿地区。

　　酒吧位于引领时尚的苏活区（SoHo）。还未走进酒吧，就能感受到这里别样的气氛。身着黑色礼服的门童为您开启豪华的酒店大门，全程有人为您指引，直至来到酒吧。您会有一种宾至如归之感。这里的内部装潢以经典、奢华为主要风格。皮质的吧椅、巨大的大理石壁炉、高高的天花板、烤漆的吧台、具有优雅弧度的铬黄吊灯、几何造型的紫色沙发和软长椅，为这里增添了优雅的现代格调。周末，这里满是穿着时髦、随意的国内外宾客。招牌鸡尾酒"THOM"是由柑橘口味的伏特加酒（Skyy citrus vodka）、新鲜柠檬和薄荷调制而成，口感一流。专业的调酒员技艺高超，他们精心调制的"赛德卡"（Sidecar）、荔枝马丁尼酒（Lychee Martinis）、"汤姆・科林斯"（Tom Collins）以及各式各样的花式鸡尾酒，口味众多，任您品尝。

　　如若酒吧里人满为患的话，顾客还可以带上他们的酒去饭店大厅坐坐，这里的爵士乐比酒吧里柔和多了，而且也很容易找到座位。

酒吧与俱乐部

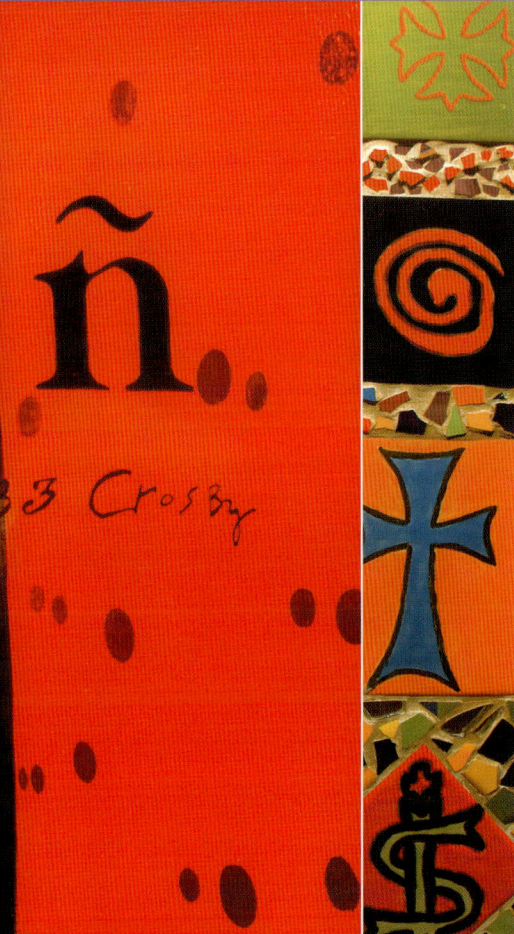

ñ 西班牙风情酒吧 3 D5

地址：33 Crosby Street（between Grand & Broome Sts）
电话：212 219 8856・时间：每日5:00pm开始营业，周五和周六营业至4:00am（现金结账）

马德里老城区宛如迷宫似的巷子，距苏活区还是有一定距离的。但一旦过了午夜，尤其是周三晚上，荒凉的克劳士贝街（Crosby Street）上就会弥漫着浓浓的马德里味道。推开ñ酒吧的门，西班牙吉卜赛人的弗拉门戈舞激情的韵律立刻就会俘虏您的心。

这是一家风格纯正的西班牙点心酒吧，拥有正宗地道的西班牙美食和亲切入微的服务。虽然这里的空间仅够供音乐家和舞者进行弗拉门戈舞表演，然而伊比利亚（Iberian）的氛围足可弥补其空间狭小的缺憾。

来自世界各地的艺术家和白领人士聚集在长长的、光洁的铜制吧台旁边，尽情享用以杯计价的20余种的雪利酒和西班牙葡萄酒。另外，这里还供应可口的食物，如烤杏仁、咸橄榄和各种奶酪等。

周末，酒吧通常会挤满了人，服务难免不尽人意，所以要尽量选择坐在吧台附近，那里可以得到较快的服务。其他时间（周三除外）则相对安静悠闲。虽然外表看起来像是家庭式的小酒吧，但这里和下东城的时尚潮流还是一脉相承的。另外，店内最令人惊奇的设计是厕所的门玻璃看起来竟然像是透明的，如厕的人可以从里面看到外面，不过，外面的人却看不见里面。

圣殿酒吧（Temple bar）情侣的悠闲时光 4 E4

地址：332 Lafayette Street（between Houston & Bleecker Sts.）・电话：212 925 4242
>> www.templebarnyc.com
时间：每日5:00pm—1:00am（周六和周日至2:00am）

墙上的艺术灯饰营造出奢华与浪漫的氛围，这里是苏活区情侣们十分喜欢的聚会地点。服务体贴周到，话音未落，所需的饮品就会送到您面前。一首接一首的著名爵士乐曲从喇叭中流淌出来，女歌手性感的低声吟唱，更为这里平添了一分诱惑。

下城区

真理报（Pravda）典型俄罗斯风格   4 E4

地址：281 Lafayette Street（between Houston & Prince Sts）·电话：212 226 4944

www.pravdany.com

时间：周一至周六5:00pm，周日6:00pm（7月和8月周日停业）

要有足够的眼力才能找到这家位于苏活区的地下室酒吧。酒吧门外，仅在地上栏杆上挂着一个红色招牌。玫瑰红色的丝绒门帘半掩在入口，进入酒吧内，映入眼帘的是主调为赭红色的酒廊。休息室里摆放着各种着色陶器，椅子大多是勃艮第式的高腿凳，鸡尾酒桌上摆放着蜡烛，铅条镶嵌玻璃壁灯十分漂亮。由印有西里尔字母（Cyrillic）的蜡纸糊成的低低的天花板，让人不由得觉得有点儿1929年莫斯科火车站的味道。

身着黑色制服，面部轮廓如同雕像一样美丽的侍者在人群中穿梭，一手托着酒盘，盘上斟满了各种地道的伏特加酒、苏格兰单一型威士忌，以及店内特制酒，如"诺利塔"（Nolita，混合了芒果伏特加、杏子利口酒和酸橙果汁）。这里还提供欧洲著名小吃，如蒜味蚝、熏鱼片和鱼子酱等。

楼上有一个小厅，只有一张沙发和一个吧台，是情侣们的首选——如果不介意去洗手间的酒客们注视的目光的话。

兰斯基酒廊（Lansky Lounge）朴素的鸡尾酒吧   4 G4

地址：104 Norfolk Street（between Delancey & Rivington Sts）·电话：212 677 9489

www.lanskylounge.com·时间：每晚6:00pm

这家酒吧以麦尔·兰斯基（Meyer Lansky）的名字来命名，在禁酒时期就存在，并一直营业至今。这家"地下酒吧"很容易找到。这里有各式鸡尾酒供客人品尝。另外，每周三和周末，这里还有DJ为您现场播放嘻哈音乐。

纽约酒吧大多在午夜停止营业，周日到周四延至凌晨1:00am，周五和周六延至凌晨2:00am—4:00am

酒吧与俱乐部

欢迎来到约翰逊家（Wellcome to the Johnson's）*真正便宜的酒吧* `4 F4`

地址：123 Rivington Street（between Norfolk & Esssex Sts）
电话：212 420 9911
时间：周一至周五3:00pm—4:00am，周六和周日1:00pm—4:00am

有些酒吧声称自己是便宜酒吧，这只不过是个幌子，如果您真正走进这些酒吧，就会发现这里的劣等装潢是刻意做出来的，自动点唱机播放的音乐迎合的是小众品位，到处都是所谓的杰出人物，一杯啤酒卖7美元。真正的美国平价酒吧，一定要有便宜的啤酒、纯粹的摇滚乐、旧的桌子和涂写得乱七八糟的洗手间。缺少这些元素，充其量也就是装模作样而已。

幸好，下东城（Lower East Side）就有这样一家拥有上述诸多元素、货真价实的平价酒吧。老顾客都亲切地称这里为"约翰逊家"。

尽管早上就开始营业，但真正的欢乐气氛从晚上6:00才开始出现。附近的年轻音乐人、专业人士和学生都是这里的常客，他们愿意坐在廉价但舒服的沙发上，享受片刻的轻松。帕布斯特蓝带啤酒（Pabst Blue Ribbon）是这里最受欢迎的啤酒，而且很便宜，顾客们可以尽情畅饮。另外，您除了能在这里喝酒外，还可以在弯曲的台球桌上打台球，在旧电视游戏机上玩《银河大战》的游戏，在自动音乐点唱机上点播音乐，欣赏热门摇滚乐等。

要提醒您的是，酒吧在每晚10:00后非常拥挤。还有一点，对于有洁癖的人来说，这里的厕所可是不太干净的。所以，在来之前做好心理准备吧。

澳洲肺鱼（Barramundi）*背包族一族* `4 F4`

地址：167 Clinton Street（between Stanton & Rivington Sts）
▸▸ www.chezessaada.com · 电话：212 529 6900
时间：每晚6:00pm—4:00am

旅行的年轻人非常喜欢这家位于下东城的澳大利亚人开的酒吧。来自世界各地的人们坐在位于后屋的沙发上，一边享用着各种价格合理的饮料，一边欣赏墙上各种风格大胆超前的雕塑，确实是一件惬意的事。每晚6:00—9:00是这里的快乐时光（happy hour）。

下城区

拖鞋酒吧（Slipper Room） *活跃的现场* 4 F4
地址：167 Orchard Street（at Stanton St.）
www.slipperroom.com・电话：212 253 7246
时间：每晚8:00pm

您只需花费5美元，就可以在这家位于下东城的小酒馆里体验各种有趣的活动。这里举办的活动有滑稽表演、经典杂耍和各种现金奖赏的小游戏。酒吧会根据每晚的不同主题，提供不同的表演节目。这里从来都不缺少老主顾的光顾。

帕克赛德酒廊（Parkside Lounge） *轻松与愉悦* 4 G4
地址：317 East Houston Street（between Aves A & B）
www.parksidelounge.com・电话：212 673 6270
时间：每日1:00pm

便宜的啤酒和大杯的鸡尾酒是这里吸引新老顾客的秘诀。从下午开始，这里就是人与音乐的海洋。入夜后，客人大多会来到后厅，在这里可以欣赏到乐队和歌舞的现场表演。

钢琴（Pianos） *时髦的避风港* 4 F4
地址：158 Ludlow St.（between Stanton & Rivington）
www.pianosnyc.com・电话：212 505 3733
时间：每日3:00pm

这里是将酒吧的共性与个性完美结合的典范，每天迎来送往一波又一波的客人。该酒吧共有两层空间：一层用于乐队现场表演；二层则是舞池和DJ的现场助兴。可以登录相关网站查询每晚的节目安排。

2A *摇滚舞池和酒吧* 4 F3
地址：25 Avenue A（between 1st & 2nd Sts）
电话：212 505 2466・时间：每日4:00pm—4:00am

"2A"是一个名人经常出没的地方。20世纪70年代开始的"新浪潮"（New Wave）和朋克音乐是这家街边酒吧的特色。楼上休息室内有舒适的沙发，略带浪漫的意味。尽管大多数顾客都喝啤酒，但这里的红酒也是一定不能错过的。

酒吧与俱乐部

KGB　伏尔加与苏维埃怀旧色彩　4 E3
地址：85 East 4th St.（between 2nd Ave. & Bowery）
www.kgbbar.com・电话：212 505 3360
时间：每晚6:00pm

这间布尔什维克酒吧墙壁上挂着列宁的海报，带着浓浓的苏维埃怀旧色彩，与周围灯红酒绿的各色酒吧截然不同。服务员为您送上大杯的伏特加（Vodka）或者中欧进口的比尔森（pilsners）啤酒。另外，这里还为客人提供阅读小说的服务。

斯威夫特（Swift）　凯尔特风格　4 E3
地址：34 East 4th Street（between Bowery & Lafayette St.）
www.swiftbarnyc.com・电话：212 260 3600
时间：每日正午至4:00am

爱尔兰讽刺作家斯威夫特（Swift）端着一品脱的健力士黑啤酒（Guinness）欢迎身在异乡的爱尔兰人同乡的画像，张扬地挂在酒吧的墙壁上。宽敞的房间，各种啤酒、小吃以及机敏的侍者是这里的特色。纽约大学的学生是这里的常客。另外，每周一次的现场爱尔兰音乐会带给人们无尽的欢乐。

麦时利酒吧（McSorley's）　历史悠久　4 E3
地址：15 East 7th Street（between 2nd & 3rd Aves）・电话：212 473 9148
时间：周一至周六11:00am，周日1:00pm开始营业

麦时利酒吧以其历史悠久而闻名，自内战时期美国总统亚伯拉罕・林肯（Abraham Lincoln）在这里举起第一杯酒开始，这里一直没有什么大的变化。来到这里，您会发现，木地板上堆着杂乱的锯屑，来自世界各地的人们挤在陈设古朴的小房间里，浓烈的黑啤酒和燕麦啤酒味道还是那么纯正。

天使的安慰（Angel's Share）　东京风味鸡尾酒　4 E2
地址：8 Stuyvesant Street（at 3rd Ave.）
电话：212 777 5415・时间：每晚7:00pm开始营业

不允许站着喝酒，一起光顾这里的人数不得超过四人，如果您愿意遵从这两项要求，"天使的安慰"的确是独一无二的品尝鸡尾酒的好地方。另外，这里还有大量的清酒和精致的日本小吃，服务也堪称典范。

内华达州的史密斯（Nevada Smith's）　球迷酒吧　4 E2
地址：74 3rd Avenue（between 11th & 12th Sts）
www.nevadasmiths.net・电话：212 982 2591
时间：每日11:00am—4:00am

这里是英式足球迷的天下，共分为楼上和楼下两部分。不论是曼哈顿老总还是富有的欧洲人，都会围坐在这里，一边喝啤酒，一边观看足球比赛。楼下灯光较暗，并设有抛光的木家具，周三这里会上演独角喜剧。

下城区

B吧与烧烤屋
(B-Bar & Grill) *东西村交融*

4 E3

地址: 40 East 4th Street (between Bowery & Lafayette St.)
>> www.bbarandgrill.net・电话: 212 475 2220
时间: 周日至周四11:30am—2:00am, 周五和周六10:30am—4:00am

可以毫不夸张地说, 除非遇到大停电, 否则经过这里的游客是不会错过这家店的。红色霓虹灯招牌赫然竖立在店前, 高耸的装饰树上挂满了多彩的装饰小灯, 这就是大名鼎鼎的"B吧与烧烤屋"。

这家店位于东村 (East Village) 与西村 (West Village) 的交界处。无与伦比的室外天井设计、舒适的桌椅和吧台, 无论是对保守的西村人还是开放的东村人来说都一样有吸引力。这种东西村融合的潮流, 也体现在内部的餐厅和酒吧上。怀旧风格的塑胶装饰的包厢、木板条装饰的天花板以及巨幅照片彰显着东村人的感性, 然而其精致与优雅的风格却是西4街 (West 4th Street) 酒馆所特有的。

除了融合上述两个社区的特色外, 这里的鸡尾酒也同时受到两个社区居民们的追捧。人们齐聚这里, 共饮他们所钟爱的鸡尾酒。前来品酒的顾客可得特别留心: 加了苹果、荔枝、西瓜的创意马丁尼酒 (Martinis) 外观看起来色泽诱人, 但后劲强烈, 一不小心就会让人醉倒。当然, 正如店名所示, 这里还为顾客提供各种各样的烧烤美食。

但是, 周末以套餐的形式呈现的早午餐才是人们的最爱。每到用餐时间, 这里总是高朋满座, 即使是在白天, 也是像晚上一样热闹。天气好的话, 人们还可以在户外就餐。此外, 这里还有一大特色, 就是无限量供应"含羞草" (Mimosas) 以及"血腥玛丽" (Bloody Marys)。

酒吧与俱乐部

威罗斯酒吧（Bar Veloce）意大利红酒 `4 E2`
地址：175 2nd Avenue（between 11th & 12th Sts）
>> www.barveloce.com・电话：212 260 3200
时间：每晚5:00pm开始营业

  酒吧虽然不大，但舒适、明亮，让人备感亲切。这里以意式快餐为主，有烘焙"帕尼尼"（panini）、"能多益"（Nutella）和各种果盘。令顾客痴迷的葡萄酒可以按杯或整瓶计算，一般每杯不超过10美元，按瓶计算的话大概要在80美元。

美丽酒吧（Beauty Bar）亲切的氛围 `4 E2`
地址：231 East 14th Street（between 2nd & 3rd Aves）
>> www.beautybar.com・电话：212 539 1389
时间：每晚5:00pm—4:00am（周六和周日7:00pm开始营业）

  这里的空间设计具有复古美容沙龙风格，东村摇滚迷和大学生们是这里的老主顾。边品尝烈性鸡尾酒边欣赏20世纪70年代的摇滚乐和朋克乐是这家酒吧的特色。请上网查询每个工作日"欢乐时光"（happy hour）的饮品打折信息（时间为晚9:00之前）。

睡莲酒吧（Lotus） `3 A2`
地址：409 West 14th Street
（between 9th & 10th Aves）
>> www.lotusnewyork.com・电话：212 243 4420
时间：周二至周日10:00pm—4:00am

  这家漂亮、性感的小酒吧开业已经有几年了，一直坐落于这片肉类批发商出没的地方，不时有垃圾车隆隆碾过。它的到来，把这个肉类加工区变成了一个夜生活活跃的地方。因为俱乐部生意兴隆，大受欢迎，纽约不少新兴的酒吧都纷纷效仿该店的设计模式，但毋庸置疑的是，睡莲酒吧的领头地位至今仍无法超越。

  酒吧内部装潢极具东方特色：金色与樱桃色的家具、红褐色的墙壁和半月形的长椅等，都给人以温暖的感觉。这里共分三个区域：二楼是休闲区，一楼是亚洲风味的餐厅，舞池则位于地下。另外，店内的招牌鸡尾酒是由黑莓调制的巴西甘蔗甜酒（Caipirinhas）。周五晚上的舞会，是舞迷们的不二选择；周六舞会则有20世纪80年代流行音乐和现代嘻哈乐，以迎合上城区主流趋势。

克罗瓦牛奶酒吧
（Korova Milk Bar） *向经典电影致敬* `4 F2`

地址：200 Avenue A（between 12th & 13th Sts）
>> www.korovamilkbar.com・电话：212 254 8838
时间：每晚7:00pm—4:00am

　　看到门上的白色的圆形手写体和入口处以立体斑马线装饰的墙壁，所有的到访者都知道，一种独特的视觉冲击正在等待他们去体验。

　　整个酒吧都在向斯坦利・库布里克（Stanley Kubrick）导演1971年创作的电影《发条橘子》致敬。这部影片在英国被视为赞扬暴力而遭禁。酒吧的名字也来自这部电影。在电影的情节里，这家店是麦尔肯・杜维尔（Malcolm Macdowell）邪恶集团经常出没的地方。

　　进入酒吧，影迷们对这里采用的大量影片中的场景一定不会感到陌生，如悬挂在墙上的全白色调的戴着假发、涂抹着口红的人体模型，以及壁挂的电视屏幕。此外，这里还有放在长长吧台对面的平台上面，坐在黑白丝绒摇椅里的性感美女。

　　这里是东村字母城（East Village/Alphabet City）酒吧区的最后一家，在午夜前一般都有位子，因为它是留恋夜店的人们的最后一站。午夜过后是20世纪70年代的朋克和摇滚乐大行其道的时间。廉价的啤酒和烈性的伏特加很受欢迎，当然，鸡尾酒也是不容错过的选择。另外，一定要尝试一下名为"莫洛"（Moloko）的鸡尾酒。"莫洛"是以冰激凌为主要原料，加以各种口味的利口酒和调味剂调制而成的，而且上桌方式也很别出心裁，即以加入冰块的迷你鱼碗盛放，然后再一一斟到顾客的酒杯里，十分有趣。

唐松草吧（Rue B）*高卢式* `4 G2`

地址：188 Avenue B・电话：212 358 1700
时间：周一至周五正午至4:00am，周六和周日11:00am—4:00am

　　富有魅力的唐松草吧对于留恋夜店的东村人来说有着无法抗拒的魅力。巴黎式的装饰风格，舒适的长椅，上等的法国葡萄酒和各种食品，让人惊叹连连的服务，以及免费提供的现场爵士乐演奏，所有的一切都如此完美，还有什么理由不来这里呢。

>> 10:00pm—11:00pm之间，DJ酒吧通常会收取入场费

酒吧与俱乐部

明叔酒吧（Uncle Ming's） 温暖热烈　　4 G2
地址：225 Avenue B, 2nd Floor（between 13th & 14th Sts）
电话：212 979 8506・>> www.uncleming.com
时间：周三至周六8:00pm—4:00am

　　这家酒吧位于一家酒铺楼上，没设自己的招牌。店内有彩色的灯光、老式的枝形吊灯、一流的烈性鸡尾酒和时髦的顾客，还有驻店DJ熟练地播放着撩人的乐曲，一切都让人感觉这似乎只是圈内人自己的派对。

苏利文酒吧　　3 C3
(Sullivan Room) 放松的氛围
地址：218 Sullivan Street（between Bleecker & W. 3rd Sts）
>> www.sullivanroom.com・电话：212 252 2151
时间：周四至周日10:00pm开始营业

　　这家位于地下室的酒吧风格优雅，犹如西村的一颗明珠。这里的氛围宁静、舒缓，无论是来消遣、随着灵魂浩室乐跳舞，还是寻求精神慰藉，是呼朋唤友还是小坐闲聊，这里都让您不虚此行。

午夜飞行酒吧　　3 C3
(Vol de Nuit) 比利时啤酒与奶酪
地址：148 West 4th Street（at 6th Ave.）
电话：212 982 3388・时间：每晚5:00pm开始营业

　　位于西4街的午夜飞行酒吧门面并不起眼，但这里供应的比利时酒共有8种之多，每种都用特别的玻璃杯盛放。此外，这里还有几十种罐装啤酒。可口的小食品有比利时炸薯条、贻贝配美味酱汁。另外，这家酒吧还有室外庭院。

沉利酒吧　　3 B3
(Chumley's) 很容易辨认
地址：86 Bedford Street（between Grove & Barrow Sts）
电话：212 675 4449・时间：每晚5:00pm开始营业

　　数字"86"是美国酒吧侍者拒绝为醉酒顾客提供服务的代号，它就源起于20世纪20年代的沉利酒吧。泛黄的著名作家画像（他们都曾是这里的座上客），加上包厢座位，为这里平添了温暖怀旧的氛围。

石墙酒吧（Stonewall） *神奇、有趣* `3 B3`

地址：53 Christopher Street（at 7th Avenue South）
电话：212 463 0950・时间：每日2:30pm开始营业

　　1969年，两位男同性恋顾客在此被拘捕，触发了一系列的纽约同性恋争取权益的活动。除了具有不可忽视的历史地位，石墙酒吧也需要人们的理解与宽容，而且这里也的确是一个有趣的地方。20世纪60年代的流行音乐和多彩的灯光是酒吧的特色。

廉价啤酒屋（Blind Tiger Ale House） *严肃酒吧* `3 B3`

地址：518 Hudson Street（at W. 10th St.）
>> www.blindtigeralehouse.com・电话：212 675 3848
时间：周一至周五正午至4:00am（周六和周日1:00pm开始营业）

　　西村的啤酒鉴赏家们在这里频频举杯。不下24种冰镇酒在酒架上一字排开，等您来品尝。这里的气氛和谐、随意，是日常轻松饮酒的好去处。另外，周三这里还免费提供乳酪佐酒。

白马酒馆（White Horse Tavern） *作家的最爱* `3 B3`

地址：567 Huston Street（between Perry & W. 11th St.）
电话：212 243 9160・时间：每日11:00am开始营业

　　这是一家文学怀旧式酒吧，也是有关文人灵魂出没的传说最多的地方。1880年，西村在成为法式餐馆聚集地和纽约大学宿舍（NYU dormitory）所在地之前，这家酒吧就是波西米亚作家喜爱的能喝上20美分的麦酒的地方。但自1953年开始，这里就开始被阴影笼罩：据传，威尔士诗人兼剧作家狄兰・托马斯（Dylan Thomas）当年就猝死在酒吧门外，具体是死于糖尿病还是威士忌酒精中毒都无法证明。该酒馆更是配合这个传说，在屋内深色的木质墙壁上挂满了他的剧作。此外，祖父的老钟、瓷质马头、锡制的天花板都为这里营造了诡异的气氛，甚至侍者的一句午后问候都会勾起人们对过去的无限遐想。如今，传说已久远，这里完全是一派20世纪的风貌，工作和休闲的人们挤满了这里的酒吧和旁边的餐厅。

酒吧与俱乐部

壁橱酒吧（Cubbyhole）女同性恋酒吧　3 B2

地址：281 West 12th Street（between W. 4th St. & Greenwich Ave.）·电话：212 243 9041·时间：周一至周五4:00pm—4:00am（周六和周日2:00pm开始营业）

这是一家女同性恋酒吧。酒吧内部悬挂的金鱼玩偶和中式灯笼，以及古怪的坐椅是这里的特色。每晚7:00前半价销售的饮料、周六晚上可供任意饮用的特制饮品和大杯的马丁尼酒一定会令您满意。此外，这里气氛也非常友好随意。

V级酒吧（Level V）地下酒吧精品　3 A2

地址：675 Hudson Street（at 14th Street）
电话：212 699 2410
时间：每晚8:00pm开始营业

这家位于意式餐厅楼下的地下室酒吧，在20世纪80年代曾一度因男同性恋交易而被清理。如今这里为时尚年轻人服务，并提供各式鸡尾酒。这里的吧员穿着性感大胆，通常是高跟鞋配短裙装束。

天空酒吧（Cielo）屡获殊荣的舞蹈俱乐部　3 A2

地址：18 Little West 12th Street（between 9th Ave. & Washington St.）·电话：212 645 5700·www.cieloclub.com·时间：周三至周六10:00pm—4:00am

拉丁风格是这里的主题。灵魂浩室乐与明快的拉丁节奏会使来到这里的顾客放弃舒适的鹿皮长椅，迫不及待地进入舞池中。在伊比扎（Ibiza）小岛舞场里出名的尼古拉斯（Nicolas）是这家店的DJ兼合伙人，所以这里吸引了世界各地的泡吧爱好者和顶尖DJ。

日间酒吧

如果您在中城区游览，口渴想喝点儿小酒，下面这几家在日间营业的酒吧将为您带来便利与愉快。位于地狱厨房（Hell's Kitchen）的鲁迪烧烤吧（Rudy's Bar & Grill）里的客人非常友善，而且这里的自动点唱机里播放的迈尔斯·戴维斯（Miles Davis）的爵士乐与邻近酒馆的传统摇滚乐有所区别，刚好可以换种口味。默里山（Murray Hill）的

松树小屋俱乐部（Cabin Club at Pinetree Lodge）

有一处巨大的庭院。另外，这里的各种水果泥值得期待。距联合国仅几个街区的云母酒吧（Mica Bar）是当地人的最爱，下午时段有不少风味颇佳的饮料供选择。位于哈得孙饭店的图书馆酒吧（Library Bar）里充满了家的味道，各种棋类、建筑艺术书籍和可自由使用的台球桌一应俱全。详细地址请见232页。

中城区

罗克西酒吧（Roxy） 流行夜酒吧　3 A1

地址：515 West 18th Street（between 10th & 11th Aves）
电话：212 645 5157・>> www.roxynyc.com
时间：周三、周五和周六晚间营业

这家酒吧位于切尔西区，是一家挤满了年轻人的酒吧。周五晚上以萨尔萨舞和嘻哈音乐为主；周三的轮滑夜为人们带来无限乐趣，令人遥想迪斯科流行末期人们共同起舞的欢乐气氛；周六夜晚，这里会举行全纽约最大的男同性恋派对。

阿瓦隆俱乐部（Avalon） 切尔西俱乐部　3 C1

地址：47 West 20th Street（at 6th Ave.）
>> www.nyavalon.com・电话：212 807 7780
登录网站查询俱乐部演出信息

阿瓦隆俱乐部因两大理由而成为众人瞩目的焦点：一是占据了一处圣洁之地，因为它坐落于一座哥特式教堂内；二是经常成为镁光灯焦点，堪称20世纪80年代的传奇俱乐部，顾客对其的痴迷几乎称得上虔诚。现在，各种人都会来到这里，共同热舞于世界顶级DJ播放的舞曲中。

尤金（Eugene） 高级聊天场所　6 E5

地址：27 West 24th Street（between 5th & 6th Aves）
>> www.eugenenyc.com・电话：212 462 0999
时间：周四至周六5:00pm—4:00am

这家俱乐部的怀旧艺术装饰风格、宽敞的空间给人以奢华的感觉。奶油色调的餐厅内，熨斗大厦（Flatiron）的专业人士们优雅地品尝着金枪鱼午餐。设有勃艮第红葡萄酒颜色的长椅和沙发的休息室就位于隔壁。另外，这里周末还举行舞蹈派对。

塞丽娜（Serena） 粉红酒廊　5 C5

地址：Chelsea Hotel，222 West 23rd Street（between 7th & 8th Aves）・电话：212 255 4646
>> www.serenanyc.com
时间：周二至周五6:00pm，周六7:00pm开始营业

这家酒廊在设计时充分考虑了防火安全准则，但也没有丢失流行文化之家的内在气质。位于地下的休息室设有舒适的丝绒沙发，墙壁是粉色的。邻近的房间则以摩洛哥风格为装饰主题。

>> 有关酒吧的小费建议，请见23页

酒吧与俱乐部

宏（Hiro）饭店酒吧风格配以日式主题　3 A1
地址：363 West 16th Street (at 9th Ave.)
www.themaritimehotel.com・电话：212 727 0212
时间：周四至周日10:00pm开始营业

位于海洋大酒店（Maritime Hotel）的"宏"酒吧，如今已是切尔西区名人静坐沉思的热门之选。时装模特儿、滚石明星会在这里品尝日本清酒。穿过米色的纸墙，就来到了"宏"舞厅，和着20年代流行音乐、摇滚乐或电子乐，尽情释放您多余的精力吧。想尝试一下吗？周日晚上见。

玻璃酒吧（Glass）与时尚达人亲密接触　5 B5
地址：287 10th Avenue (at 26th & 27th Sts.)
电话：212 904 1580
时间：周二至周六8:00pm—4:00am

这家酒吧以炫酷的设计和巴西的电子乐，成为切尔西区一颗耀眼的明珠，堪称完美。夏季，由竹子装饰的庭院是欣赏曼哈顿走秀、戏剧表演、艺术品展示和品尝"赛普鲁瓦"（Caipiruva，一种由巴西甜酒和捣碎的葡萄汁制成的鸡尾酒）的好地方。

小屋8号（Bungalow 8）西海岸的诱惑　5 B4
地址：515 West 27th Street (between 10th & 11th Sts)
电话：212 629 3333・时间：每晚10:00pm开始营业

夜生活的缔造者艾米・萨科（Amy Sacco）为切尔西区的年轻一族设计了一个温暖舒适又绝无仅有的好莱坞风格的酒吧。一杯30美元的香槟在手，壁画的倒影摇曳在泳池水波中，再加上怪异的家具和大盆栽棕榈树，是不是给您一种身在洛杉矶的感觉呢。这里还有加利福尼亚海边落日的典型景象的数字投影。

斯普林酒吧（Spirit）完美夜生活　5 B4
地址：530 West 27th Street (between 10th & 11th Sts)
www.spiritnewyork.com・电话：212 268 9427
时间：周五和周六10:00pm开始营业（周三、周四和周日偶尔营业）

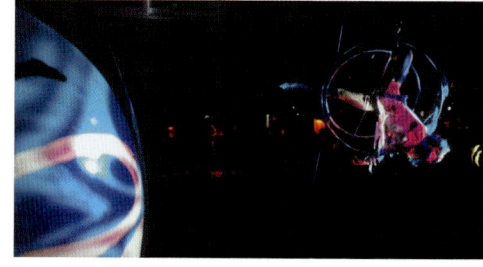

酒吧共分为三个区：心灵区（Mind）为您提供水疗及按摩等各项服务；身体区（Body）是一个可以放松感官的宽敞的舞厅，并聘请巨星级DJ驻场；灵魂区（Soul）的有机餐馆就位于舞池的上方。（需购门票）

中城区

科帕卡巴纳
(Copacabana) *萨尔萨、美瑞格和桑巴*   5 B3

地址：560 West 34th Street（between 10th & 11th Aves）
>> www.copacabanany.com・电话：212 239 2672
时间：周三和周四6:00pm，周五至周日10:00pm开始营业

丝绒长椅和艺术装饰风格的棕榈树主题仿佛把人们带到了20世纪40年代哈瓦那上流俱乐部。宽阔的舞蹈地板、足以容纳大型团体表演的舞台表演区可为更多人带来难忘的夜晚。建议着正装。

活力酒吧
(The Ginger Man) *著名的啤酒屋*   6 E3

地址：11 East 36th Street（between Madison & 5th Aves）
>> www.gingerman.ny.com・电话：212 532 3740
时间：每日11:30am开始营业

这家帅气的酒吧拥有一切经典酒吧的配置：质感温润的木质器具、舒服的坐椅和可口的食物。除健力士黑啤酒（Guinness）外，这里还有金枪鱼和填满了新老顾客杯子的各种苏格兰纯麦威士忌。

坎贝尔公寓
(Campbell Apartment) *昂贵的鸡尾酒*   6 F2

地址：15 Vanderbilt Ave., Southwest Balcony, Grand Central Terminal・电话：212 953 0409
>> www.hospitalityholdings.com・时间：周一至周六3:00pm—1:00am，周日3:00pm—11:00pm

整修过后，大中央车站恢复了原有的奢华与艺术装饰风格，但过于拥挤的空间加之班车时常误点的困扰，常常使人烦恼。对于那些赶夜车的旅客来说，还是可以从坎贝尔公寓的神奇鸡尾酒中得到慰藉的。这里曾是20世纪20年代铁路大亨约翰·坎贝尔（John W. Campbell）的办公室，所以看起来就像美国工业家的私人密室，有黑幕嵌板、巨大的石壁炉以及精致的水晶窗。

中城区（Midtown）西装革履的职场精英们悠闲、舒适地靠在舒服的沙发或坐在高脚凳上，聆听优美的节奏。这里有很有后劲的"Prohibition Punch"（一种混合了百香果汁、白兰地、柑曼怡酒和香槟的调味酒）。另外，这里还有一间露天小阳台，是老约翰晚年讨论决策并购事宜的地点。穿帆布鞋、牛仔裤和戴棒球帽的人禁止入内。

酒吧与俱乐部

麦彻泽（Métrazur）大中央车站的辉煌 `6 F2`
地址：East Balcony, Grand Central Terminal
>> www.charliepalmer.com/metrazur・电话：212 687 4600・时间：周一至周五11:30am—3:00pm，周一至周六5:00pm—10:30pm，周日2:00pm—8:00pm

　　"麦彻泽"位于中央车站东厅，风格夸张。调酒高手查理・帕尔玛（Charlie Palmer）精心调制的美妙绝伦的鸡尾酒色泽美丽，代表作品"里雅耶拉"（Riviera），是以杜博尼酒、柑曼怡酒、红橙和莱姆酒汁调配而成的。

入住单人间（Single Room Occupancy）谨慎的酒吧 `7 C5`
地址：360 West 53rd Street（between 8th & 9th Aves
电话：212 765 6299・时间：周一至周六7:30pm—4:00am

　　酒吧位于剧院区。来客在门口按下门铃，会有热情的吧员引领您进入一个黑暗的酒吧。在这里，各种潮流人士可以品尝"马尔贝克"（Malbecs）和以精致玻璃杯盛装的浓郁的布鲁克林大麦啤酒。另外，店内播放的音乐以轻松的类型为主。

艾娃酒廊（Ava Lounge）现代视觉体验 `7 D5`
地址：Top of Majestic Hotel, 210 West 55th Street（between Broadway & 7th Ave.）
>> www.avaloungenyc.com・电话：212 956 7020
时间：每晚6:00pm开始营业

　　一流的流线型设计的家具、几何图案的吧台、精心调制的马丁尼酒以及爵士乐都给人一派20世纪50年代鸡尾酒文化全盛时期的感觉。夏天的时候，庭院天井很受欢迎，您一定会沉醉于附近的时代广场（Times Square）的美景中。

笛子（Flûte）剧院区香槟酒廊 `7 D5`
地址：205 West 54th Street（between Broadway & 7th Ave.）
>> www.flutebar.com・电话：212 265 5169
时间：每晚5:00pm开始营业（周三有现场爵士乐表演）

　　丝绒沙发、电影《美好年代》（Belle Epoque）的海报、私密的小型包间和拥抱着的情侣使这里弥漫着温馨浪漫的情调。可选择的酒类多达102种，香槟口味更有18种之多。美味的佐酒食物有熏大马哈鱼、塔塔酱配金枪鱼和鹅肝酱。另外，这里周二到周六都有DJ表演。

中城区与上东城

俄罗斯伏特加酒屋
(Russian Vodka Room) 鉴赏家的品位
7 C5

地址：265 West 52nd Street（between Broadway & 8th Ave.）·电话：212 307 5835
时间：每日4:00pm开始营业

人们对曼哈顿区专营伏特加的酒馆的印象，一般是光鲜、张扬和迷人，而这家俄罗斯伏特加酒屋恰恰要努力避免给人以这样的感觉。虽位于气氛热闹的剧院街，但璀璨的灯火和拥挤的剧院人潮中，几乎很少有人会注意到它的存在。酒屋有着黑色的遮雨棚，室内很安静，没有窗子，却丝毫没有压抑之感，相反却给人带来舒适与放松的感觉。

年轻或年老的东欧人会坐在新月形的木质吧台前或壁橱桌子前，聆听钢琴师的现场演奏，或彼此亲密地交谈。

酒架上摆了50多种酒，顾客可按喜好挑选。在大衣架上方，有一个会引起您的好奇心的大玻璃酒缸，里面是自制的伏特加混合酒，配以洋山菜、蔓越橘和多汁的梨子，供客人纵情享用。当然，这里也少不了罗宋汤、鱼子酱等俄罗斯美味。

废墟 (Baraonda) 意大利拉丁节日
8 G2

地址：1439 2nd Avenue（at 75th St.）
>> www.baraondany.com·电话：212 288 8555
时间：周一至周日5:30pm营业

该店的存在，足以证明保守的上东城居民也有轻松的一面。午夜时分，这里就变成了拉美舞蹈的世界。桑巴舞曲、电子摇滚乐、西班牙摇滚乐会让人喝下一杯水果口味的冰鸡尾酒后，情不自禁地在桌子上跳起舞来。不过这里的食物口味令人不敢恭维，且收费较高。

比梅尔曼斯酒吧
(Bemelman's Bar) 歌舞与鸡尾酒
8 E1

地址：Carlyle Hotel，35 East 76th Street（at Madison Ave.）
>> www.thecarlyle.com·电话：212 744 1600
时间：正午至12:30am（周五和周六至1:30am）

由"马德琳"（Madeline）儿童系列读物的编纂者路德维希·比梅尔曼斯（Ludwig Bemelman）所创作的动物壁画就收藏在这家高级住宅区内的酒吧里。这里有一流的歌舞演出、暧昧的灯光和无可匹敌的经典鸡尾酒。建议穿着轻松随意的服装。

酒吧与俱乐部

拍卖行
(The Auction House) 上层社会的优雅
`10 G4`

地址:300 East 89th Street(between 1st & 2nd Aves)
电话:212 427 4458・时间:每晚7:30pm开始营业

想拥有更大的居住空间是一种奢求,这对于纽约人来说也毫不例外。这家舒适的酒吧为市民们提供了家外之家。红木装潢配以壁炉,营造出温暖、轻松的气氛,来到这儿的客人们都会沉醉于这种氛围当中。

弗兰克酒廊
(Frank's Lounge) DJ酒吧
`13 B4`

地址:660 Fulton Street(between Lafayette & S. Elliot Sts)
>> www.frankscocktaillounge.com・电话:718 625 9539
时间:每晚5:00pm开始营业

这里有可以播放纽约20世纪60年代经典的灵魂音乐和节奏布鲁斯(R&B)音乐的投币式自动点唱机。每个周末,DJ会播放嘻哈音乐和灵魂浩室音乐,舞池里总是挤满了布鲁克林的都会精英。

僵尸小屋(Zombie Hut) 无比精致的酒廊
`13 B4`

地址:273 Smith Street(between Sackett & Degraw Sts)・电话:718 875 3433
时间:周一至周四5:00pm—2:00am,周五和周六5:00pm—4:00am

卡通式的名字似乎暗示了这里是个充满塑胶棕榈树和草裙的世界,但这家位于餐馆林立的布鲁克林区的鸡尾酒吧更多地展现出波利尼西亚风奢华的一面,宛如梦境。年轻情侣们一边在石壁炉前分享着"迈泰"鸡尾酒(Mai Tais,用朗姆酒、库拉索酒和果汁配制的一种鸡尾酒),一边聆听电子爵士乐。这里气氛温馨浪漫,但如果想安静独饮,这里可能不太适合。

缤纷多彩的鸡尾酒,如"波利尼西亚火炬"(Tiki Torch)、"新加坡司令"(Singapore Sling)和"天蝎宫"(Scorpion Bowl),价钱合理,有时还用迷你棕榈树或小猴作为装饰。粉红色的烈性酒"冰僵尸"(Frozen Zombie)是店内招牌酒,是橘子汁、朗姆酒和石榴糖浆等调和而成的,因为后劲较强,所以酒量不佳的人还是不要轻易尝试。

上东城与布鲁克林区

高温丝游艇俱乐部
（Gowanus Yacht Club） *本地的珍宝*　`13 B4`

地址：323 Smith Street（at President St.）
电话：718 246 1321・时间：5月至10月，每日下午营业

夏天，来到卡洛公园（Carroll Garden），不仅可以散步逛花园，还可以到高温丝游艇俱乐部喝啤酒。这家袖珍室外酒吧如同自家的郊区小院一样使人欢愉，天井的桌椅、嗞嗞作响的汉堡包和节庆灯饰，使客人流连忘返。

大湖（Great Lakes） *毕业生聚会*　`13 C4`

地址：284 5th Avenue（at 1st St.）
电话：718 499 3710
时间：每晚6:00pm开始营业

位于公园坡（Park Slope）的大湖酒吧是学生们的最爱。破旧的沙发、青春洋溢的面孔和自动投币音乐播放机播放着的摇滚乐，就是这些大学学子们留恋这里的原因。学生们边喝布鲁克林啤酒，边谈论自己的论文题目。注意，屋内禁止吸烟。

观景酒吧

纽约这个"不眠之城"拥有数以千计的主题酒吧和高级休闲会所，其中，观景酒吧极具魅力。位于先锋广场（Herald Square）拉昆塔连锁旅馆（La Quinta Inn）顶层的**空中酒吧**（Sky Bar）就是一个最鲜明的例子。位于14楼的平台，设有天井的室内空间略显狭小，饮品也没有太多的新意，但是坐在这里却可以看到近在咫尺的帝国大厦的绝佳景观，因此成为邻近地区年轻人的首选。

船坞酒吧（Boat Basin Café）则为纽约人提供了一个非常少见的场所——这里可以喝啤酒配汉堡，设施新颖有创意，空间通透。户外中庭还设有一座石灰石的拱门，是否会让您想起摩尔人（Moor）居住过的房屋呢？河堤旁的餐桌前，聚集了许多上西城的情侣和家庭。人们一边畅谈，一边透过遮阳棚欣赏窗外在哈得孙河上穿梭的大大小小的帆船。

经常周游世界的年轻人一定不会错过这个曝光率极高的地方——甘斯沃尔特旅馆（Gansevoort）顶楼的**跳水酒吧**（Plunge Bar）。酒吧新开不久，色泽明亮的餐桌，绝对是您360度俯瞰美丽景观的好地方。

万豪侯爵（Marriott Marquis）旅馆47楼的**观景酒吧**（The View）于2004年重新翻修后，拆除了原来的舞池，但位于时代广场上方的吧台仍然可以缓缓移动。另外，舒适轻松的坐椅、技术一流的调酒师，使得这里成为休闲放松的好去处。

与这些精致奢华的观景酒吧相反，位于科尼岛（Coner Island）的**红宝石酒吧**（Ruby's）塑料啤酒杯里的甘露谁又能够媲美呢？另外，在咸咸的海风中和景观丰富多彩的木板路上散步，这种美好的精神享受可是免费的！详细地址请见232页。

酒吧与俱乐部

白脱牛奶酒吧
（Buttermilk Bar） *布鲁克林区的经典* 13 C5

地址：577 5th Avenue（at 16th St.）
电话：718 788 6297・时间：每晚6:00pm开始营业

与大湖酒吧（Great Lakes）隶属于同一家公司的白脱牛奶酒吧，虽然距离公园坡（Park Slope）稍微远一些，但这里时尚与年轻的氛围，值得您到此一行。这里音乐品类齐全，座位充足，且有大量布鲁克林酿造的啤酒。主顾大多是本地人。

垃圾（Trash） *男女同性恋酒吧* 13 C2

地址：256 Grand Street（between Driggs & Roebling）
>> www.thetrashbar.com・电话：718 599 1000
时间：每晚5:00pm—4:00am

酒吧原名为"拉克斯"（Luxx），后更名为"玩具盒"（Toybox），最后才改为现在的这个名称，专门为威廉斯堡的男女同性恋提供服务。这里的摇滚乐也非常有名。灯光闪烁的包厢每晚都挤满了单身男女。每逢周末，酒吧会开放小小的后厅舞池，总是人满为患。

拉里劳伦斯
（Larry Lawrence） *简单随意的酒吧* 13 C2

地址：295 Grand Street（between Roebling & Havermeyer Sts）・电话：718 218 7866
时间：每晚6:00pm开始营业

这家位于威廉斯堡的休闲中心共有两层空间，以木质装潢为主。楼下，附近的白领阶层和艺术家在此品尝着价位适中的马丁尼酒和葡萄酒。楼上是可吸烟区，还可以从花园前庭天井欣赏街边的景色。

斯普顿・迪威尔
（Spuyten Duyvil） *比利时啤酒与淘气乐趣* 13 C2

地址：359 Metropolitan Avenue・电话：718 963 4140
时间：每晚5:00pm开始营业

这家温馨的酒吧里储藏着上百瓶的瓶装啤酒和六大桶旋转麦酒，等待着啤酒鉴赏家到这里挑选品尝。酒吧大胆采用了象征欢乐的亮红色，反映出活泼欢快的酒馆精神。酒吧里最常见的热闹场面是本地人正在品尝比利时啤酒，大嚼热火腿和三明治等美味，并互相敬酒。

布莱克芭芙（Black Betty） *中东风格* 13 C2

地址：366 Metropolitan Ave（at Havermeyer St.）
电话：718 599 0243・时间：每晚6:30pm—4:00am

威廉斯堡消息灵通的人士都纷纷涌向这家中东式装修风格的酒吧。店内美食由隔壁餐厅供应，口味堪称一绝。这家平民酒吧融合了阿拉伯风情，有南瓜颜色的墙壁、红色丝绒和珠子制成的窗帘，以及各种挂毯。这里播放的音乐分为现场演奏音乐、DJ音乐和自动播放机音乐三种类型。

加拉帕戈斯（Galapagos）艺术基地 13 B2

地址：70 North 6th Street（between Wythe & Kent）
www.galapagosartspace.com・电话：718 782 5188
时间：每晚6:00pm开始营业

人们总会或多或少地赋予其周边生活环境以自己的价值观、风格和习惯等特征，纽约人自然也不例外。威廉斯堡和布鲁克林最活跃的艺术基地就是位于北6街的加拉帕戈斯酒吧。

酒吧坐落于几家设施简陋的小酒馆、前卫时装精品店和仓库之间。这里上演的歌舞都是时下最时尚的，所以常座无虚席。墙壁则让位给了电影制作人的照片和画家的画作。这些也成为吸引游客来到这里的原因。

一束柔和的深紫色光束投射在酒吧门口，旁边是一座巨大的喷水池，水池上面架着巨大的投影用的布幕。走过具备声影效果的入口进入酒吧，精巧的聚光灯照亮了这个奢华的世界。这里是布鲁克林年轻的艺术家和音乐人的聚集之地。

每晚演出的内容都不尽相同，从新锐摇滚乐队到低俗的滑稽舞台表演一应俱全，而且通常都大受欢迎。"眼观"（Ocularis）是每周一次的（国内/外）电影展播，在满足观众视觉享受之外，还会邀请导演或演员来到这里举办影迷见面会，讨论影片内容以及拍摄过程中的点点滴滴。周末会有DJ带来的电子摇滚、灵魂音乐和碎拍（breakbeats）等多种类型的音乐表演。在某些特定的夜晚，店内会收取基本消费额。可预先登录网站浏览相关演出安排。

街头即景

离开著名的旅游景点后,让我们走进纽约的街头巷尾,体验一下地地道道的纽约人生活,看看土生土长的纽约人都在哪里购物、就餐和消磨时光。在这一章,我们将从纽约人的视角出发,欣赏这座繁忙的大都市中异彩纷呈的街头文化生活剪影。

街头即景

华尔街吃午餐（Lunchtime on Wall Street） 金融区也疯狂 `1 D4`

每个工作日的正午12:00到下午2:00之间，是品味地道的华尔街韵味的最佳时间。名目繁多的熟食店或三明治商店等都供应午餐，包括**"科西"**（Cosi）、**"可立食"**（Pret a Manger）、**"绿色市场"**（Green Market）和**艾米许美食市场**（Amish Fine Food Market）。注意：在这个拥挤、高效率的金融区绝对不允许有丝毫的胆怯。所以，事先想好您所想要的食物，然后向那些侍者大声喊出您的要求。如果有略微的迟疑，不耐烦的服务员就会喊"下一位"。

有过这种体验后，您可以选择坐在**纽约证券交易所**（Stock Exchange）对面的**联邦大楼**（Federal Hall）的台阶上享用，也可以去百老汇大道最南端的**保龄球场公园**（Bowling Green Park），或**炮台公园**（Battery Park）的小河边享用您的"胜利品"。午餐过后，可以参加**三一会教堂**（Trinity Church，参见地图1D4）于每天下午2:00组织的游览活动，以及每周四下午1:00举办的音乐会。

运河街（Canal Street） 中式筷子和便宜货 `2 E1`

如果您没有去一趟位于运河街上的唐人街（Chinatown），那么这次的纽约之行就不算完整。这是一条热闹、熙熙攘攘且永远拥挤的大街。小贩用各种方言兜售印有纽约字母简写的T恤衫、假冒的劳力士表和各种各样的廉价玩具。

在这条街上淘货，需要眼力和足够的耐心。有些新奇的东西值得一看，如红豆面包，或是位于运河街邻近的僻静小街上的商店所贩售的各式中国人随身用品。位于贝厄德街（Bayard）65号的**唐人街冰激凌屋**（The Chinatown Ice Cream Factory）是夏季逛街不可错过的一站。就餐可到位于波威街（Bowery）46号的HSF，这里是品尝各种小点心的绝佳去处。**大纽约面条城**（Great NY Noodle Town）也是就餐的好去处（位于波威街28½号）。

美洲华人博物馆（Museum of Chinese in the Americas）位于贝厄德街与穆尔贝里街（Mulberry）之间，是游客深刻了解当地文化和历史的好去处。位于运河街133号的**大乘佛寺**（Buddhist Temple）也值得一游，明黄色的正门让您想错过都不容易。

了解纽约最新资讯，请登录网站 >> www.realcity.dk.com

下城区

第6大道的西4街篮球场（West 4th Street Courts on 6th Avenue） 3 C3

街头体育运动

这处位于西4街的普通的沥青铺就的运动场地，因举办篮球比赛而逐近闻名。西4街篮球赛已获纽约公园管理处（NYC Parks Department）批准。即兴的篮球赛终年不断，每年的夏季联赛更是吸引了大批来自世界各地的半职业选手。买上您最心爱的汉堡，一起加入到助威的队伍中去吧。

肉类加工区（Meatpacking District） 3 A2

中产阶级聚集区

位于西村最西面的这个历史悠久的地区，正在经历着飞快的变革。19世纪是这里的全盛时期，那时，这里共有200多家屠宰场和肉类加工厂。现在，这里只有少数肉类生意还在营业，其余已转移到布朗克斯区（Bronx）或纽约市区以外的地方。原来的仓储车间如今已蜕变成咖啡屋、小餐馆、画廊、酒吧和高级精品店等，这一地区也因此一跃成为名流出入的场所。如今这里很少能见到牛肉，取而代之的是各种加长型豪华轿车。但是，在遗留下来的为数不多的建筑中，还能依稀找到过去的肉类加工厂的影子，比如搭在马路上的怪异的金属遮棚（是原来卡车在此卸货时用来保护肉品的）。

甘斯伍尔特街（Gansevoort Street）由鹅卵石铺砌而成。1985年，"**佛洛朗**"（Florent，参见42页）在这条街开始营业，主要经营晚餐和酒吧业务。陆续开业的还有**天空酒吧**（Cielo，参见154页）和一家法式餐馆"**法国茴香**"（Pastis，参见225页）。如今，高级时尚精品店"**史黛拉·麦卡尼**"（Stella McCartney，参见77页）、"**亚历山大·麦昆**"（Alexander McQueen，参见227页）和"**杰弗瑞**"（Jeffrey，参见78页）距第14街仅几步之遥。

另外，这里还有出售和设计家具的**卡库拉画廊**（Karkula Gallery）和"**维特拉**"（Vitra）（两者均可参见228页）。原来的甘斯伍尔特船坞（Gansevoort Docks）现在已经成为**哈得孙水上公园**（Hudson River Park）的一部分。河边甬道可通往一些景观优美的码头，到处可见行人、跑步者、骑单车的人和轮滑爱好者们。

了解更多有关肉类加工区商店和餐馆的信息，请登录网站www.meatpacking-district.com

街头即景

汤普金斯广场遛狗园（Tompkins Square Park Dog Run）*犬类乐园* `4 G2`

纽约人需要为他们的狗找到一个可以散步和交友的地方，而汤普金斯广场就为这些可爱的小狗们提供了戏耍的乐园。公园门口的入口处对遛狗有明确的规定：小狗有没有穿最时髦的名牌毛衣，不是其能否进出这里的决定性因素，只要它们"举止得当"，不会戴着有尖刺的颈圈，就一切都没问题。这里禁止主人携带各种可能会造成"秩序失控"的玩具，因为这些玩具会引起小狗之间的争斗。

这里曾经是贩毒者和妓女泛滥的地方，为了改变当时的现状，公园管理者决定将其进行商业化运作。从整齐的狗道和主人遛狗时体面的服装，可以看出这里已经成为中产阶级的休闲场所。没有带狗的人不允许进入公园，反之亦然。继续前行，闲逛到第9街和A大道、B大道上，与公园的狗道相比之下，这些街道感觉上反而显得脏乱许多。附近著名的餐馆有"**艾茨肯**"（Itzocan，位于东9街438号），"**卢比**"（Rue B）和"**DT-UT**"（位于B大道，分别为188号和41号）。

切尔西跳蚤市场和联合广场市场（Chelsea Flea Market & Union Square Market）*纯粹的交易* `3 D1`

切尔西区的周末跳蚤市场和古董市场是您淘弄小物件的好去处。小到皮带扣环、老式纽扣和各种花边，大到各种装饰画、地图、葡萄酒、衣服和乐器等，一应俱全。

位于第24街与第6大道西北角的**户外市场**（Outdoor Market）是一家综合市场，商品以古董和家具为主。"**古董仓库**"（Antiques Garage）和"**古董附件**"（Antiques Annex）主要出售古董收藏品，但是要小心，假货不少。以上两地均值得一逛，但是前往"古董附件"参观得付1美金的门票。

从这里往南前行，就是**联合广场市场蔬果市场**（Union Square Green market），这里的货物以农产品为主，如水果、蔬菜、鱼、肉和一些烘焙食品。冬季，**假日市场**（Holiday Market）有大量的珠宝首饰、T恤、蜡烛、按摩油、绘画作品和各式帽子出售。

中城区与中央公园以北地区

地下通道：大中央站到时代广场
(Subway Passages：Grand Central to Times Square) 地下音乐

6 F2

在大中央车站和时代广场之间有一列直达地铁列车，在交通高峰时段，地铁两端的地下通道里总是涌动着纽约城蓬勃的生机与活力，到处都是急匆匆的上下班的人。这里不时会出现特别出色的音乐家，他们精湛的表演使得许多乘车的人宁可错过自己的列车，也要听听这些才华横溢的音乐人的演奏。当然，偶尔也会碰见流动型的表演者，他们可以在任何一个小小的空间摆开自己的阵势。绝大多数的表演都是"大都会交通局地下音乐"（MTA's Music Under New York）发展项目的一小部分。这项计划提倡，爵士乐、凯金音乐、非洲音乐、经典音乐、亚洲音乐和乡村音乐等不同的音乐类型应百花齐放。可不要小看了那些在橙色或黑色的"纽约地下音乐"标志下演奏的表演者，他们可都是经过严格的试听测试，才被允许在这里演出。

第125街
(125th Street) 进入哈莱姆的大门

11 D3

20世纪20年代，哈莱姆地区的复兴同时也给第125街带来了前所未有的机遇。从此，作为哈莱姆区的主要道路之一的第125街，就成了舞蹈与爵士乐的代名词，并跃升为黑人社区的商业中心。从某种意义上说，它还为民主权利运动和音乐、绘画、文学和戏剧的繁荣与发展提供了广阔的舞台。

这个发展进程不是一蹴而就的。经历了长期经济萧条和犯罪问题的困扰之后，这条街才重获生机与活力。如今，各种体面的精品店、主流连锁店和街头小贩等都在这里粉墨登场。虽然从某种程度上说，现在哈莱姆区的灵魂已被压缩到快无处藏身了，但第125街仍然坚守着最后的防线。到哈莱姆区旅游，可以登录www.harlemspirituals.com或www.bigapplejazz.com，查看具体事宜。看看您是否能够赶得上**雷诺克斯酒廊**（Lenox Lounge，参见135页）的活动，或在**艾米·卢斯餐厅**（Amy Ruth's，参见224页）品尝一些南方风味的美食。

» 哈莱姆区著名的阿波罗剧院的信息，参见134页

街头即景

布鲁克林徒步区（Brooklyn Heights Promenade） *鸟瞰曼哈顿*　13 A4

来到布鲁克林徒步区远眺美景，不仅能暂时忘却曼哈顿的繁忙扰攘，更可以感受幽静古街的风韵。不论是独自一人，情侣浪漫散步，还是带着亲爱的狗儿同行，这里都是您最好的选择。

您可以到位于主要商业街蒙塔古街（Montague，115号）的**康乃迪克松饼店**（Connecticut Muffin）买上一杯咖啡，然后朝着河的方向走上徒步区。徒步区的气氛十分安静（虽然它就位于布鲁克林区与皇后区之间的高速路上方），又令人激动（因为河对面就是熙熙攘攘的曼哈顿区），这种独特的对比很有感染力。当您欣赏完布鲁克林高地景观和维修得十分精美的赤褐色砂石建筑，也就结束了这段短暂的漫步之旅。

回到蒙塔古街，这里是布鲁克林高地的核心商业圈，各种琳琅满目的商店和餐馆比比皆是，如可供应正宗的波兰菜和烤奶酪汉堡等美食的**特丽莎餐馆**（Teresa's，80号）。另外，这里还有一些零售店，如以出售二手书为主的**高地书店**（Heights Book，109号）。

您也可以选择相反的路线，从徒步区沿着哥伦比亚高地（Columbia Heights）来到富尔顿渡口（Fulton Ferry Landing）。在跳上水上出租车前往曼哈顿之前，建议一定要尝一尝**布鲁克林冰激凌工厂**（Brooklyn Ice Cream Factory）的冰激凌。如果不在乎多走几步路，还可以尝试一下徒步横穿布鲁克林大桥（Brooklyn Bridge）。

红钩小吃摊档（Red Hook Food Stalls） *香辣美味与足球*　13 B5

每个周末，红钩游乐场就被装扮成各种主题场所来举办英式足球、日光浴或各种社交活动。墨西哥、洪都拉斯、危地马拉和哥伦比亚等国的各种自制拉丁美食一字排开，供人们品尝。另外，在这里您可以尝试用西班牙语交谈，相信这种体验一定令您难忘。

了解纽约最新资讯，请登录网站　>> www.realcity.dk.com

布鲁克林区

贝德福德大道
(Bedford Avenue) 威廉斯堡的核心

`13 C2`

　　威廉斯堡位于布鲁克林区南部。倘若您面前到处都是各种波希米亚式咖啡馆、时尚酒吧、装修一新的建筑、精品服饰店和咖啡馆，就说明您已经来到了贝德福德大道。

　　贝德福德大道恰好位于威廉斯堡的中心地带，在过去的10年间有着非常戏剧性的变化。人们对这里的日益时尚化持有不同的看法。有些人认为，年轻人不断涌入这一地区，他们的笔记本电脑几乎占据了每家餐馆或酒吧的吧台，从而抬高了这里的整体消费水平；有些人则十分欢迎这种蜕变——把废弃的工厂改造成各种类型的公寓、商场和俱乐部等居住和消费的场所。

　　人们最终还是会接受一些美好和轻松的事物，不过，在iPod和时髦的邮差包[在162号的**布鲁克林工厂**（Blooklyn Industries）里可以买到]的背后，您仍然可以感觉到这一地区保留下来的一些往日气息。这是一个多元文化兼收并蓄的地区，有威廉斯堡南部哈西德派社区，也住着大批的艺术家和从绿点区（Greenpoint）迁移过来的波兰人。在这里可以品尝到地道的波兰风味美食。具有代表性的波兰餐馆有"**库克尼**"（Cukiernia，波兰烘焙屋，223号）和**S＆B波兰餐馆**（S＆B Polish Restaurant，194号）。

　　北6街（North 6th）和第10街之间是贝德福德大道最繁华的地段。如果想找一家很酷的咖啡店，可以去**动作咖啡店**（Verb Café，218号），与当地人并肩而坐，一边品尝爪哇咖啡，一边下棋和听音乐。其他可供消费的场所还有**贝德福德乳酪店**（Bedford Cheese Shop）、**琵鹭书社**（Spoonbill & Sugartown，参见92页）、**布利斯咖啡店**（Bliss Café，191号）和"**安娜·玛利亚**"（Anna Maria's，179号，比萨一流）。另外，喜欢购物的女士们一定不要错过**麦特弗女士时装店**（Metaphors，195号）和**迷你屋**（Mini Minimarket，参见92页）两家女性用品专卖店。游客不妨查查**布鲁克林啤酒厂**（Brooklyn Lager Brewery）的相关资料，加入这里周六举办的免费参观团（1:00pm—4:00pm）或周五晚间举办的欢乐时光派对（6:00pm—11:00pm）。

» 了解威廉斯堡的艺术景观，参见114页

街头即景

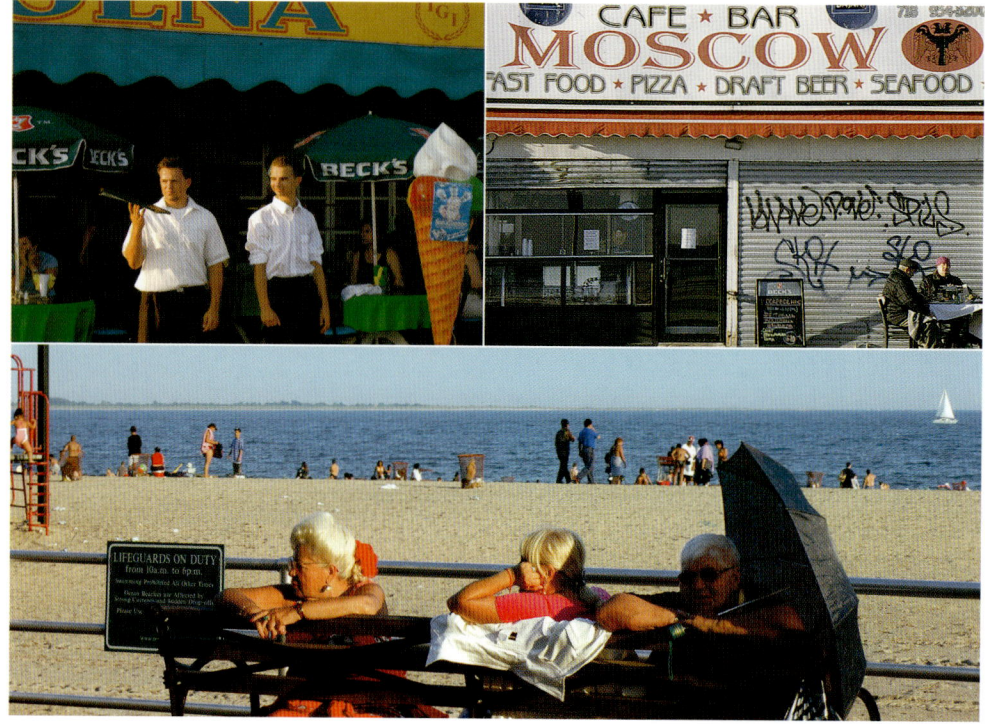

布莱顿海滨木板路（Brighton Beach Boardwalk）海浪、沙滩和美食

位于布鲁克林南端的俄罗斯人聚集区域的布莱顿海滨木板路有"小敖德萨"（Little Odessa）之称。从曼哈顿来到这里，可以惬意地玩上一天，绝对是个好地方。

混迹于说斯拉夫语的人群之中，下下棋或者听听大海的声音绝对是一件惬意的事。从木板道旁的咖啡馆里飘来阵阵俄罗斯罗宋汤的味道，叫人垂涎三尺。除了选择在此用餐外，您还可以离开木板道，到**格莱克咖啡馆**（Café Glechik，3159 Coney Island Avenue）或**阿尔巴特咖啡馆**（Café Arbat，306 Brighton Beach Avenue）品尝本地最物美价廉的食物，如尝尝包有肉馅的"瓦伦尼基"（vareniki，类似于饺子），别忘了再点杯综合果汁。如果您想把美食带回海边，可以到M & I国际食品市场（M & I International Food Market，249 Brighton Beach Avenue），那里有多种多样的东欧美食。

此外，木板路还是观海的好地方。沿着木板路前行就可以到达科尼岛（Coney Island），这里有**纽约水族馆**（New York Aquarium，www.nyaquarium.com）和**星际游乐园**（Astroland，www.astroland.com）。游乐园里有著名的旋风云霄车（Cyclone）。

如果想体验地道的布莱顿海滨与科尼岛风情，建议游客到瑟伏大道（Surf）和史迪威尔大道（Stillwell）交会处，去原本为哨亭的**那森热狗摊**（Nathan's Hotdog）买份美味的热狗。每年7月4日，这里都会举办著名的热狗冠军赛（Hotdog Eating Championships）。如果游客选择6月中旬或下旬造访的话，可以事先登录www.coneyisland.com，查询瑟伏大道举行的一年一度的美人鱼大游行（Mermaid Parade）的举办日期。

布鲁克林区、皇后区与布朗克斯区

罗斯福大道
（Roosevelt Avenue） 充满活力与辛辣的味道

M 乘坐7线、E线、F线、V线、G线和R线地铁到达Roosevelt Avenue站

罗斯福大道是皇后区和杰克逊高地（Jackson Heights）的一条主干道，近年来逐渐成为亚裔移民的主要聚居地——特别是来自哥伦比亚、中国和印度的移民，并继而发展为具有浓厚东亚风情的商圈。走出地铁站，浓郁的异域香料的味道扑面而来。各种民族风味的餐馆遍布街道两旁。整体而言，这里给人的印象并不美轮美奂，但却充满多元文化的活力。

沿着邻近的第74街继续前行，各种售卖电话卡、玩具、食品和甜点的摊位比比皆是。如就餐的话，可选择到**杰克逊餐厅**（Jackson Diner，37号）或**帕特尔兄弟市场**（Patel Brothers Market，27–37号）享用咖喱、蔬菜卷饼等新鲜美食。吃完饭，您可以在附近走走，这里的**珠宝纱丽店**（Sahil Sari Palace，37–55号）销售各种各样来自印度的产品，如精致的珠宝，以及印度妇女鲜艳的纱丽和美丽的丝质服装。

阿瑟大道（Arthur Avenue） 小意大利

M 乘坐4线或D线地铁到Fordham Rd，然后搭乘12路巴士东行；2线或5线地铁到Pelham Parkway，然后搭乘12路巴士西行

>> www.arthuravenuebronx.com

这里是纽约又一个多民族聚居区。阿瑟大道位于布朗克斯区（Bronx）北，到处可见南意大利风俗和传统的影响。住在阿瑟大道的居民大多数是来自意大利南部的移民，所以在这里是寻找意大利产品的最佳去处。在第187街一直延伸至克里森大道（Crescent Avenue）的这一带，有最新鲜、最美味的意大利食品。**埃吉迪奥饼店**（Egidio Pastry Shop，187街东622号）提供精致的巧克力蛋糕和绝妙的奶油甜馅煎饼卷（cannoli），还有超级美味的意大利咖啡。在**包格提餐厅**（Borgatti's，187街东632号），您可以买到最棒的自制面条和馄饨（ravioli，在您面前现场制作）。另外，这里到处都是售卖"萨拉米"（salami，意式香肠）、帕尔马干酪（parmigiano）、馅饼和海鲜的店铺。街上的人大多说意大利语，来到这里，您会完全沉浸在轻松和温暖的异国氛围中。

>> 游览阿瑟大道之余，可以顺路前往植物园（Botanical Gardens）和波浪丘（Wave Hill，参见181页）

偷闲取静

　　对于幸运的纽约人来说，无须远行就可偷闲取静，摆脱世俗的纷扰。这里不仅有美丽的公园和花园，还有各种瑜伽中心、水疗馆、神圣的教堂和充满禅意的茶馆。登上摩天大楼，俯瞰美丽的景观，心灵也会为之震撼。再远一些，无论是布朗克斯区（Bronx）的波浪丘（Wave Hill）还是牙买加湾（Jamaica Bay）的沼泽地，都能让您惊喜地发现纽约原生态的一面。

偷闲取静

运河工程（The River Project） 水趣 1 B1
地址：Pier 26, off West St.（at N. Moore St.）
>> www.riverproject.org・电话：212 233 3030
时间：每日11:00am—5:00pm

位于河海交界的研究中心"运河工程"距翠贝卡（Tribeca）仅有几步之遥。那些无法抗拒"信幸"（Nobu）餐厅的美味诱惑的人们，可以在这里向海神祷告，祈求他的原谅。看船来船往的同时，还可以通过"资讯板"或是认真诚恳的服务志愿者的解说，顺便了解一下当地人们的海上生活。

苏活布里斯（Bliss SoHo） 一流的水疗馆 3 D4
地址：568 Broadway, 2nd Floor（at Prince St.）
>> www.blissworld.com・电话：212 219 8970
时间：周一至周五9:30am—8:30pm（隔周周三12:30am—8:30pm），周六9:30am—6:30pm

在这里，您可以忘记外界的纷繁困扰，慵懒地披上柔软的长袍，穿上舒适的拖鞋，在等待选择好的服务项目的时候，还可以纵情享用这里自制的果仁巧克力、苹果和鲜榨果汁等。

"布里斯"在纽约共有三家分店，而这家位于苏活区的店是它的旗舰店，名气最大，服务也是最无可挑剔的。内部装潢极其特别，以船舱作为装饰主题。在这里，男女宾客都可以享受完美的服务。这里有从头到脚的全身保养服务，不过最拿手的服务项目是脸部美容。已注册商标的三重活氧疗程（Triple Oxygen Treatment）和全套脸部保养，很受纽约爱美人士的欢迎。

此外，您还可预约基本脸部护理，再从神奇的附加项目单中选择一些服务项目，如面膜、丰唇和活肤等。更衣室配有桑拿房、蒸汽室和淋浴设备，可为男女宾客提供服务，让身心得到进一步的放松。

天使之足（Angel Feet） 神奇的脚部护理 3 B3
地址：77 Perry Street（between Bleecker & W.4th Sts）
>> www.angelfeet.com・电话：212 924 3576
时间：周一至周五10:00am—9:00pm，周六和周日10:00am—8:00pm

店如其名，躺在仅有的两张丝绒躺椅上，沉浸在舒缓的音乐、温暖的烛光和泡脚水芬芳的雾气中，慢慢舒缓脚部疲劳，的确给人以天堂般的享受。相信这家位于地下室的袖珍小屋一定会给您留下美好的回忆。

了解纽约最新资讯，请登录网站 >> www.realcity.dk.com

下城区与中城区

吉瓦木克提瑜伽中心
(Jivamukti Yoga Center) *身心的和谐*

`4 E3`

地址：404 Lafayette Street, 3rd floor (between Astor Pl. & E. 4th St.) ·电话：212 353 0214
>> www.jivamuktiyoga.com
时间：周一至周五11:30am—8:00pm，周六和周日9:00am—6:30pm

　　该瑜伽中心全天教授有益身心调节的瑜伽课程。建议在内容五花八门的瑜伽课程中仔细选择，以能够安抚情绪又在身体承受范围之内的为佳。该中心在纽约共设有两家分店。在吉瓦木克提的努力推动下，瑜伽开始走进纽约普通民众的生活当中。您可以一个人来这里上一堂课或者参加公众课程，不过最好先打个电话，问问是否还有空位。

　　飘散着的精油香味、温和流淌的音乐、柔和的光线和潺潺的流水非常有助于您的放松。这里共有两种练习方式，一种是跟班练习全套动作，另一种是只练习瑜伽冥想部分。另外，这里还经常举办各种按摩、论坛、讲座和瑜伽观摩课等活动。

　　特别提醒：在进入干净、宽敞的练习室或是更衣间之前，一定要脱鞋，这是这里的基本礼节。

野百合茶馆
(Wild Lily Tea room) *禅宗放松*

`5 B5`

地址：511a West 22nd Street (between 10th & 11th Aves)
>> www.wildlilytearoom.com ·电话：212 691 2258
时间：周二至周日11:00am—10:00pm

　　在购物、参观画展或在某处观光的紧凑行程中，可以抽点儿时间到这家充满茶文化特色的茶馆小坐一下。您大可不必在各种分门别类的茶名面前不知所措，如果不想喝简便茶包所泡的茶，服务员会耐心地为您介绍。您只需从红茶、茉莉花茶、人参茶、绿茶、大麦茶和浆果茶中挑选您所喜欢的即可。

　　这家小茶馆最多可容纳32人。高高的吊顶和门口的金鱼池塘营造出清新、充满禅意的氛围。您可以一边喝茶，一边欣赏店内简约的日式装潢，以及令人目不暇接的各种日式便当盒、托盘和茶具。除了自制的新鲜美食外，这里还有英国传统食品，如松糕配块状奶油，以及较费时费力的创意食品，如豌豆酸奶汤和绿茶饼。这里也供应日本清酒。

>> 了解更多相关茶馆信息，请见35页

偷闲取静

东方文华酒店水疗馆（The Spa at the Mandarin Oriental） *奢华的休息会所* `7 C4`

地址：80 Columbus Circle（at 60th St.），35th Floor
>> www.mandarinoriental.com・电话：212 805 8800
时间：周一至周日9:00am—9:00pm

　　这家水疗馆虽然价格不菲，但绝对是物有所值。这里有各种身体护理服务和以奇异手法命名的按摩方式，试试"生命的舞蹈"（Life Dance）和"巴厘岛之身"（Balinese Body）吧。

　　店里每天都有专家专门调制的各种草本汤免费供应。在休息室里，杏仁等各种干果都是免费的。这里的地理位置也相当棒，宾客可以欣赏哈得孙河的迷人景致，远眺曼哈顿西区。这里的装潢深受亚洲风格的影响，小蜡烛精心地摆放在玄关处，兰花蓓蕾点缀着桌面，简单中体现优雅，流露品位。

　　除疗室外，也别忘了多多利用这里的许多其他设施，如"活力之池"（Vitality Pool）、紫水晶蒸汽房（这里提供的尤加利树精油可以软化皮肤）和"雨林体验"浴室等。最后，记得留点儿时间在休息室，享受高水准的服务。

比克曼饭店阁楼（Top of the Tower @Beekman Tower Hotel） *26层的从容与淡定* `6 G1`

地址：3 Mitchell Place（at 49th St. & 1st Ave.）
>> www.topofthetowernyc.com・电话：212 355 7300
时间：每日5:00pm—1:00am

　　这里有绝佳的视野景观和丰富的鸡尾酒酒单。精致的空间里气氛宁静，服务周到。坐在临窗的餐桌旁，眺望美丽的风景和让人眼花缭乱的建筑物群，一定能让您从街头的喧闹中挣脱出来。

艾瑞斯和B. 杰拉尔德・康托屋顶花园（The Iris and B.Gerald Cantor Roof Garden） *艺术与休闲* `8 E1`

地址：The Metropolitan Museum of Art, 1000 5th Avenue（at 82nd St.）・电话：212 535 7710
>> www.metmuseum.org・时间：5月至深秋，周二至周四和周日10:00am—4:30pm，周五和周六10:00am—8:30pm

　　来体会视觉盛宴的震撼吧。在此可以俯瞰整个中央公园的美景，与大都会博物馆的艺术藏品可谓相得益彰。这里还有提神的卡布基诺和红酒。

>> www.realcity.dk.com

中城区与上东城

温室公园(Conservatory Gardens at Central Park)鲜花避难所

`10 E2`

地址：Entrance on 5th Avenue and 105th Street
>> www.centralparknyc.org・电话：212 360 2766
时间：每日8:00am至黄昏

　　这个位于遐迩闻名的中央公园内的6英亩（约2.4公顷）的温室花园，到处是各种不知名的野花和修剪过的稀有玫瑰，树木茂盛，芳草如茵，闹中取静，是大都市中难得的"世外桃源"。徜徉于这座漂亮精致的园中园，浓浓的田野风情令人陶醉，闹市的喧嚣也尽抛脑后。难怪纽约的新人们都抢着在这里举办自己的婚礼庆典仪式，老师和孩子们也热衷于来这里度过他们快乐的"讲故事时间"。

　　中央喷泉的周围会随季节变化而栽种不同的花草。春天，环绕在四周的紫藤开满紫色、紫罗兰色、粉红色和白色小花，显得格外浪漫。靠近第5大道的地方还有两座喷泉，其中一座喷泉也有群花环绕。温室公园自4月到10月份的每个周六（无论阴晴）向游客提供免费导览服务，中午11:00在第5大道和第105街的入口处集合。

中央公园的蓝布区(The Ramble at Central Park)绿色的海洋

`7 D2`

地址：Enter via 5th Avenue or Central Park W. between 72nd & 80th Sts
>> www.centralparknyc.org

　　这片37英亩的丘陵地到处是茂密的树林、水塘、小桥和裸露的矿脉，蜿蜒的小径遍布整个区域，一不小心就会迷失方向。

　　由于这里的野生环境得到了很好的保护，国家奥杜邦协会（National Audubon Society）已将蓝布区列为全美15个最佳观鸟基地之一，使得这里和优胜美地国家公园（Yosemite）以及大沼泽国家公园（Everglades）等地齐名。

　　来得早的话，还可以看到观鸟人。他们通常站在固定的位置，一边喝着咖啡或热巧克力，一边拿着望远镜瞭望。稍晚一些，很多人也会来到这里，午餐时段散散步，或跟朋友约会。注意，在中央公园网站上，蓝布区被认为是公园的大草坪（Great Lawn）的一部分。

>> 逛完大都会博物馆后，蓝布区绝对是您漫步的好地方

偷闲取静

皮埃尔圆形大厅（The Rotunda at the Pierre） *传统的茶文化* `8 E4`

地址：The Pierre Hotel, 2 East 61st Street
电话：212 838 8000
时间：每日3:00pm—5:30pm提供下午茶

优雅、热情的气氛，高高的穹顶，麻质桌布和鲜花装饰，一切都意味着这里是纽约享用下午茶的最佳地点。选好三道至五道茶点的套餐之后，还可以根据自己的喜好品尝一下可口的三明治小蛋糕。

圣约翰大教堂（The Cathedral Church of St. John the Divine） *光荣与平和* `9 B1`

地址：1047 Amsterdam Avenue at 112th Street
>> www.stjohndivine.org · 电话：212 316 7490
时间：每日7:00am—6:00pm（周日至7:00pm）

圣约翰大教堂于1892年破土动工，至今尚未彻底完工（完成后将成为世界上最大的教堂）。不过，教堂宏伟的圆形穹顶并不会给人以压迫感，反而会给人们带来一种包容和感动。

用于祈祷的小礼拜堂每日开放。每周日的上午11:00到下午6:00，教堂正厅会举行礼拜仪式，大教堂唱诗班在此吟唱诗歌。在2001年的一场大火中，风琴被损坏了，目前正在募集资金以便维修。

彩色玻璃、雕刻复杂的祭坛和石头装饰品遍布整个大教堂，令人叹为观止。另外，这里还有对宗教圣像进行现代诠释的艺术品，包括由已经过世的艺术家凯斯·哈林（Keith Haring）所设计的作品——镶金箔的白色三板祭坛饰品。当您在教堂中央甬道上漫步的时候，可以仰望非常美丽的大玫瑰窗（Great Rose Window），它由1万片蓝色和靛青色的彩色玻璃拼贴而成，给人以生机勃勃和宁静的感觉。

紧邻大教堂的是**儿童雕塑公园**（Children's Sculpture），这里展出的是5岁至18岁的青少年创作的黄铜动物肖像雕塑作品。

教堂参观结束后，可直奔位于阿姆斯特丹大道（Amsterdam Avenue）1030号的**匈牙利点心店**（Hungarian Pastry Shop），混迹于博学的哥伦比亚大学学生当中吃些点心。

上西城、布朗克斯区与布鲁克林区

波浪丘（Wave Hill）城市绿洲

地址：Independence Ave. at 249th St · Ⓜ地铁Riverdale站
» www.wavehill.org · 电话：718 549 3200
时间：春季和夏季，周二至周日9:00am—5:30pm（周三至9:00pm）；秋季和冬季，周二至周日9:00am—4:30pm

来到景观错落有致的美丽的波浪丘花园和文化中心，您很难相信自己仍身处纽约城内，甚至还没离开布朗克斯区（Bronx）。波浪丘的使命之一就是为纽约市民提供与自然亲密接触的机会。此外，这里还举办令人印象深刻的园艺展和艺术展，一系列环境研讨会，以及音乐和文学方面的表演活动。定期节目还有故事会、诗歌朗诵、室内音乐和爵士乐音乐会，以及教授中国太极拳的课程。

波浪丘的小咖啡馆是个很棒的地方，来这里除了品尝美味的食物外，最重要的理由是这里的景观十分美丽。如果游客想要欣赏另外一处美景，沿着小径而下，沿着爬满绿藤的长廊，向河下游望去，可以看到乔治·华盛顿大桥（George Washington Bridge）悬吊的巨缆。

展望公园（Prospect Park）布鲁克林的肺

13 D5

沃尔曼场电话：718 287 6215 · 风景公园动物园电话：718 399 7339 · 肯辛顿马场电话：718 972 4588
» www.prospectpark.org

景观建筑大师瓦克斯（Vaux，中央公园的设计者之一）和欧姆斯德（Olmstead）携手打造的展望公园，虽不及中央公园有名，但对纽约人，尤其是布鲁克林人来说，称得上是一处很棒的放松身心的绿地。

公园常年举办各种活动，如骑自行车、散步、慢跑、野餐、赏鸟、滑冰等，每个季节各不相同。冬天，可在沃尔曼场（Wollman Rink）里溜冰；夏天，户外音乐台（Bandshell）举办多姿多彩的当地庆典活动和音乐会。风景公园内附设的动物园是全家人都喜欢去的地方。在肯辛顿马场（Kensington Stables）骑马和在美丽的杜邦中心（Audubon Center，www.prospectparkaudubon.org）赏鸟也是很有吸引力的活动。当地人经常在公园里骑单车、溜冰和跑步。游客可网上查询相关的季节性活动详情。

偷闲取静

布鲁克林植物园（Brooklyn Botanic Garden）天堂
13 D4

地址：1000 Washington Avenue
>> www.bbg.org・电话：718 623 7800
时间：周二至周五8:00am—6:00pm，周六和周日或假日10:00am—6:00pm，10月至3月闭园时间为4:30pm

来到布鲁克林植物园，无论是视觉和嗅觉都会变得敏感起来。春末能欣赏美丽的风信子，夏天可以陶醉在玫瑰的芳香之中，而5月的樱花节会让您感觉来到了遥远的亚洲（参见16页）。

牙买加湾野生动物保护区（Jamaica Bay Wildlife Refuge）对都市生活的背叛

地址：Crossbay Boulevard，Broad Channel
电话：718 318 4340・时间：每日8:30am—5:30pm

这片野生动物栖息地位于肯尼迪机场（JFK）南的一大片海湾地带。游客在此可以观鸟或者散步，远离尘世的喧嚣，享受难得的宁静。

自曼哈顿乘火车来到这里大约需要1小时时间，这段时间足可让您做好准备，面对另一个世界。乘车的旅程也是非常愉快的：抵达Broad Channel站之前，火车要穿过一片沼泽地带，路两旁都是沼泽和海水，给人一种荒芜的感觉。

下车后，一路向前步行，沿着诺尔路（Noel Road）走，走到克罗斯贝林荫大道（Crossbay Boulevard）后向右转，10~15分钟就可到达保护区的入口。途中会经过一些水上人家，这些屋子是建在木制的平台上的。

游客中心有一个面积不大但信息丰富的解说区，介绍了保护区的历史和特色，以及种类繁多的野生植物的情况。牙买加湾是迁徙鸟类必经之地，所以，约有320种、上万只的飞鸟停留在岸边，短暂停留后飞向它们下一个目的地。

沿途还设有坐椅供游客休息，欣赏美景，或聆听鸟儿的叫声。最令人叫绝的是，在这里依稀可以看到天边曼哈顿区的轮廓，与面前的水塘、沼泽地和原生态形成鲜明的对比。

布鲁克林区与皇后区

野口勇雕塑博物馆
(Noguchi Sculpture Museum) 亲切、肃穆、设计感

地址:32-7 Vernon Boulevard, Long Island City (entrance on 33rd Rd)

>> www.noguchi.org・电话:718 204 7088
Ⓜ 乘坐N&W线地铁到百老汇(Broadway)下
时间:全年周三至周五10:00am—5:00pm,周六和周日11:00am—6:00pm

  野口勇雕塑博物馆耗费数百万美元,耗时近两年半的时间进行重新整修,终于在2004年重新开放,继续给游客们带来新的灵感。博物馆在整修的过程中,始终秉承着难能可贵的"亲切感"理念,并没有像其他博物馆一样,为了博取所谓的"轰动"效应而使自己面目全非,只是试图让这个木头与混凝土构成的展览空间变得更加精致罢了。

  这座博物馆主要是为了向日裔美籍雕塑家、庭院设计师野口勇致敬而成立的。1961年,野口勇在皇后区(Queens)建立了自己的工作室。野口勇的作品选材广泛,他可以用木头、大理石、玄武岩和金属等各种材料制作出不同形状和质感的精美雕塑。

  这座博物馆的整体设计规划就是极力避免不必要的装饰,以免喧宾夺主,影响人们观赏雕塑作品的注意力。野口勇的作品成为唯一的重点。这座深具现代主义美感的雕塑博物馆包括几个不同的展示区,有些位于户外,有的位于室内。这里还有多家画廊和一座小花园。花园里面有苍天古树、一个深不见底的水和装饰性的喷泉雕塑。

  这里没有拥挤的人群,是个沉思、放松或体悟艺术的好地方。这里有个小咖啡馆,可以去吃点儿零食;还有一家书店,里面有大量的设计书和野口勇的品牌米纸灯出售。

  如果已经来到这一地区,再往北走上一小段路程,就会来到位于东河(East River)附近的维侬大道(Vernon Boulevard)上的**苏格拉底雕塑公园(Socrates Sculpture Park)**,园内展示国际现代艺术家创造的作品,值得一游。

183

住宿

纽约独立运营的酒店比其他大城市更多、更完备。全市有过半数的酒店独立于国内或国际连锁机构之外,虽然费用略高,但运营模式涵盖了豪华、中档和经济型的细分市场,因此在强调个性的同时,也能够满足不同客户的需求。事先安排与规划,可以帮助您节约不少的旅行开销。所以,前往纽约前,可登录相关酒店预订网站,挑选一家最适合您的酒店。

住宿

众所周知,纽约堪称寸土寸金,因此住宿部分的开销可能是您的纽约之行中最昂贵的一部分。如果在出行前,登录相关住宿预订网站仔细查询,精心安排,还是可以节省不少的费用的。纽约有良好的公共交通设施,您去哪里都会畅通无阻。建议您最好徒步或乘坐地铁出行,那样既节省开支,又可以欣赏纽约的万般风情。

雷切尔·F.弗里曼(Rachel F.Freeman)

世外桃源

在"1871之家"(1871 House,参见194页),您可以与自己的同伴亲密相依在温暖的壁炉前。在"展望公园民宿"(Bed & Breakfast on the Park,参见197页),您可以躺在四柱床上欣赏曼哈顿的城市风景。**纽约苏活大厦**(Soho House New York,参见190页)的屋顶游泳池,虽然无法令您尽兴,但对于一个游泳爱好者来说仍不失为一个好地方。

美食酒店

除了一次意外的美食发现会让您惊喜以外,所住的酒店为您提供的美食体验也是不应错过的。**威尔士酒店**(Hotel Wales,参见196页)的沙拉贝丝厨房(Sarabeth's Kitchen)为您提供整套的早餐服务。**印记酒店**(The Mark,参见195页)为您奉上精致晚餐。供应微辣的泰国料理的苏活区后起之秀"吉滴差"(Kittichai)就在"**汤普森60号**"(60 Thompson,参见188页)里。

家庭旅馆

在好的家庭旅馆(B&B),您可以体验纽约本地人的生活。**哈莱姆招待所**(Harlem Flophouse,参见196页)壁炉台上的收音机播放的爵士乐在耳边流淌,勾起人们对往昔岁月无尽的联想。**联合街家庭旅馆**(Union St B&B,参见197页)有家的感觉。**白薇苏活阁楼**(Bevy's SoHo Loft,参见188页)是您在苏活区闹市的"避难所"。**柯瓦巴府邸**(Akwaaba Mansion,参见197页)绝对是布鲁克林区的"大都市里的小城镇"。

精选饭店

经济实惠的小旅馆

这些小旅馆大多干净、舒适,拥有便捷的地理位置,还能为游客带来最实惠的价格。**切尔西旅馆**(Chelsea Lodge,参见191页)价格便宜,虽没有独立的卫生间,但房间舒适、典雅,可提前预订。**切尔西旅店**(Chelsea Inn,参见191页)每个房间内均配有小厨房和电视。**艾冰顿招待所**(Abingdon Guest House,参见189页)为您提供西村风格的个性装饰房间。

特色酒店

如果您对潮流和设计都很挑剔的话,去伊恩·施拉格(Ian Schrager)和菲利浦·斯塔克(Philippe Starck)联合打造的**哈得孙饭店**(Hudson Hotel,参见193页),肯定没错。**摩根斯饭店**(Morgans,参见193页)是纽约早期著名的精品饭店,房间内还悬挂着梅普尔索普(Mapplethorpe)的作品。**摩瑟酒店**(Mercer Hotel,参见188页)则为您阐述优雅和审美的真正内涵。

绝佳的地理位置

有些酒店的地理位置相当优越,如位于格林威治村(Greenwich Village)的**华盛顿广场旅馆**(Washington Square Hotel,参见189页)。"**W纽约(联合广场分店)**"(W New York,Union Square,参见191页)距离切尔西、东村和西村仅几步之遥。**四季宾馆**(Four Seasons,参见194页)与上东城购物区近在咫尺。

住宿

白薇苏活阁楼（Bevy's SoHo Loft）*三间伟大的房间* `3 D5`

地址：70 Mercer Street（between Spring & Brooms Sts）·电话：212 431 8214
>> www.sohobevy.com

"白薇"（Bevy）是这家店主人的名字，她喜欢与客人高谈阔论，所以人们都亲切地称呼她为"苏活妈妈"。阁楼改装后变得流行且时尚，并装饰有画作和色彩鲜艳的纺织品。虽然只有三间客房，但宽敞、明亮。地理位置也很不错。（低价位）

苏活大酒店（SoHo Grand Hotel）*善待您的宠物* `3 D5`

地址：310 Broadway（between Grand & Canal Sts）·电话：800 965 3000·>> www.sohogrand.com

苏活大酒店共有客房367间。虽然有些房间较小，但床足够大，而且很舒服。这里允许主人带自己的宠物入住。如果没有带宠物，这里会为您准备一条金鱼作为您的同伴。每个房间都有大量CD可供自由选择。当然，如果您既喜欢CD又喜欢金鱼，可以将二者都买下。（中等价位）

摩瑟酒店（Mercer Hotel）*小巧精致* `3 D4`

地址：147 Mercer Street（at Prince St.）
>> www.mercerhotel.com·电话：212 966 6060

摩瑟酒店位于一栋1890年建造的结实建筑物内，离格林尼治村很近，十分重视服务和格调。62间客房间间阳光充足，采用中等装修，浴室配有大号浴缸和瑞典斯德哥尔摩生产的化妆品。另外，这里的厨房餐厅也值得尝试一下，此处可是与名人不期而遇的比例极高的地方啊！（高价位）

汤普森60号（60 Thompson）*苏活品位* `3 C5`

地址：60 Thompson Street（between Spring & Broome Sts）·电话：877 431 0400
>> www.60thompson.com

装潢现代的"汤普森60号"有标准间和套房共计100间。室内设计线条流畅，并配有柔软舒适的床和大理石浴室。另外，每个房间都配有音响和DVD系统。尤其值得一提的是，这里的高靠背椅是由航空工作室（Aero Studio）的汤姆森·欧布莱恩（Thomas O'Brien）专门设计的。（高价位）

超值标记　　　了解纽约最新资讯，请登录网站　>> www.realcity.dk.com

下城区

翠贝卡大酒店（Tribeca Grand Hotel） 时尚 3 C5
地址：2 Avenue of the Americas（at Canal St.）
>> www.tribecagrand.com · 电话：800 965 3000

翠贝卡大酒店自2000年开业至今，对于追求时尚和独特品位的顾客来说，仍具有无以言表的吸引力。酒店为中庭式建筑，所有的房间设计都是由正厅引出，房间采用现代设计并配以一流的音响系统和高速上网装置。与自己的姐妹店苏活大酒店一样（SoHo Grand），这里也派送CD和金鱼。当然，喜欢的话也可购买。（高价位）

华盛顿广场旅馆（Washington Square Hotel） 位置，还是位置 3 C3

地址：103 Waverly Place（at Macdougal St.）
>> www.wshotel.com · 电话：800 222 0418

这家饭店价位较低，而且您只需步行或搭地铁就可以轻松到达众多旅游热点目的地。客房装修虽稍显俗套，让人有点儿眼花缭乱，但以艺术手法装饰的接待大厅还是不错的。毫不夸张地说，这里提供的大陆式早餐要比城里的还要美味。（低价位）

艾冰顿招待所（Abingdon Guest House） 田园式的舒适氛围 3 B2

地址：13 8th Ave.（bet. W. 12th & Jane Sts）
电话：212 243 5384
>> www.abingdonguesthouse.com

这是由西村两家地标式的别墅改造而成的饭店，共有客房9间。每个房间都设计得很别致，风格独特。房间标价依据大小和装修程度而各不相同。附设的布鲁巴咖啡馆（Brewbar café）供应早餐和午餐。（低价位）

著名的老建筑

"凯雷"（Carlyle）位于麦迪孙大道（Madison Avenue），有着无以言表的优雅、一流的服务和令人震撼的装饰艺术风格的装潢，自1930年营业以来就一直受到人们的喜爱。另外，"凯雷"的咖啡吧也很受上东城的时尚人士的欢迎。**切尔西酒店**（Hotel Chelsea）是一个拥有很多故事的饭店，每一个房间都独一无二，而且大部分都被老客户长期居住。由于充满波西米亚的自由气氛，很多著名作家和音乐家都曾经在这里下榻，如马克·吐温（Mark Twain）、丁尼森·威廉姆（Tennessee Williams）、鲍勃·迪伦（Bob Dylan）和席德·维瑟斯（Sid Vicious）等。位于中央公园一角的**广场饭店**（Plaza Hotel）以提供一流的服务和舒适的环境而闻名，但已于最近转手，成为一座公寓楼。如需旅馆的详细信息可参见233页。

>> 双人间低于200美元为低价位，200美元至350美元为中等价位，超过350美元为高价位

住宿

纽约苏活大厦（Soho House New York）肉类加工区的潮流酒店

3 A2

地址：29–35 9th Avenue（at W. 13th St.）
www.sohohouse.com · 电话：212 627 9800

　　店面的外观设计酷似私人会馆，不仔细看的话，您可能会与它擦肩而过。酒店采用折中主义的装修风格，简约中略带一丝奢华，更像是私人会员俱乐部。

　　住在这里，您可以使用各种俱乐部设施，包括健身房、私人影院、餐馆、酒吧、绘画区、图书馆、游戏室（内有台球桌和弹球游戏）和优雅舒适的俱乐部厅。此外，这里还有一间名为"Cowshed Spa"的水疗中心为您提供健康保养服务和舒缓放松的环境。水疗中心最特别之处是这里的各类护肤品都是来自英国的手工制作的产品，这是因为这家旅馆的母公司——"伦敦苏活之家"（London Soho House）也在英国。不过，这里最重要的设施还是屋顶的游泳池。虽然它可能无法令您尽兴，但对于一个游泳爱好者来说仍不失为一个好地方。泳池旁设有长躺椅、遮阳伞、桌子、椅子，迷你酒吧里摆满了各种诱人的食物，提供饮品、便餐等服务。屋顶泳池全年开放，冬天则会使用帐篷等将其遮住，以便保暖。

　　舒适的客房根据房间大小可划分为"playpen"、"playroom"、"playhouse"、"playground"等级别。房间的迷你吧里储藏了各种各样的美味，如"Ben & Jerry"冰激凌和冰马丁尼酒。室内装潢是混合风格的，配有各种豪华设施，如独立式蛋形浴盆。卧室配有一流的环绕音效娱乐系统。另外，值得一提的是，整栋酒店范围内都可以无线上网。

（高价位）

下城区与中城区

海洋大酒店 `3 A1`
（Maritime Hotel） *海洋气息*
地址：363 West 16th Street（at 9th Ave.）
➢ www.themaritimehotel.com・电话：212 242 4300

　　房间装饰以海洋为主题，每个房间都配有旋窗和以主色调为白色和蓝色的床上用品，充分营造了海洋的清爽气息。价格合理，临近切尔西区和肉类加工区。酒店提供24小时客服，设有阁楼露台和寿司吧。（中等价位）

切尔西旅馆 `3 B1`
（Chelsea Lodge） *新鲜、干净和友好的氛围*
地址：318 W. 20th St.（between 8th & 9th Aves.）
➢ www.chelsealodge.com・电话：800 373 1116

　　这家旅馆位于安静的街道旁边，采光好，价格便宜，共有22间客房。每间客房都有着高高的天花板，房内配有淋浴、洗手台、电视和双人床，但没有独立的卫生间。如果条件允许的话，您可以换成则配置较齐全但房费较贵的套房。（低价位）

切尔西旅店（Chelsea Inn） *实惠、舒适* `3 C1`
地址：46 West 17th St.（bet. 5th & 6th Aves）
➢ www.chelseainn.com・电话：800 640 6469

　　由19世纪村舍改装而成的切尔西小旅馆，位于市区繁华地段，地理位置十分优越，是很好的旅馆选择。房间安静，每间房屋内均配有小厨房和电视。公用卫生间以漂亮、多彩的壁画装饰。住宿费中含早餐。（低价位）

W纽约（联合广场分店） `3 D1`
（W New York，Union Square） *时尚*
地址：201 Park Avenue South（at E. 17th St.）
➢ www.whotels.com・电话：212 253 9119

　　简约风格的白色基调，配上紫色和柔和的黄色的灯光，是这里的特色风格。房间装饰线条流畅，有着舒适的羽绒床榻以及无可挑剔的服务。酒店大厅陡峭的楼梯和由沙子、草和大理石装饰的休闲区都给人以深刻的印象。（中等价位）

➢ 房间价格分类基于酒店公布的门市价格，但有时也会有折扣

住宿

艾菲尼亚·谢尔
(Affinia Shelburne) *历久弥新*
地址：303 Lexington Avenue（at 37th Street）
www.affinia.com · 电话：212 689 5200

　　1920年开始营业的艾菲尼亚·谢尔旅馆，保留了往昔的简单与优雅。夏天，屋顶的花园可以鸟瞰中城区的帝国大厦和克莱斯勒大厦。位于一层的酒吧和烧烤屋里有美味可口的汉堡。（中等价位）

罗伊顿大酒店（Royalton）*剧院风格*
地址：44 West 44th Street（between 5th & 6th Aves）
www.royaltonhotel.com · 电话：800 606 6090

　　位于剧院区中心的罗伊顿大酒店拥有令人耳目一新的接待大厅。准确地说，大厅更像是一条机场长长的跑道。您可以在"跑道"旁边的椅子上坐下，随便聊聊，或者干脆到"圆吧"（Round Bar）里喝上一杯鸡尾酒，欣赏人生百态。如想欣赏美景，可以选择豪华间或套房。（中等价位）

吉斯（St. Regis）*艺术之美*
地址：2 East 55th Street（at 5th Ave.）
www.stregis.com · 电话：800 625 5144

　　建于1904年的吉斯旅馆，是由约翰·雅各布·阿斯特四世（John Jacob Astor IV）捐资筹建的。这家豪华旅馆设立的主旨，就是要成为投宿者的第二个家。住在这里，客人要像回家一样习惯地按门铃。客房内空气清新，光线明亮，还配有高速上网的网线端口。浴室装有平面电视。（高价位）

半岛饭店
(The Peninsula) *无可挑剔的现代感*
地址：700 5th Avenue（at 55th St.）
www.peninsula.com · 电话：800 262 9467

　　半岛饭店始建于1905年，是这里的地标式建筑。奢华宽敞的房间，配以同样具有吸引力的现代设施，现代感十足。所有的色彩鲜艳的房间都配有网络设施、静音传真机。浴室配有遥控器，可以遥控扬声器电话、电视或收音机。（高价位）

中城区

摩根斯饭店（Morgans） *不可言表的老练* 6 E3
地址：237 Madison Avenue（at E. 37th St.）
>> www.ianschragerhotels.com · 电话：800 606 6090

现代旅馆所追求的"精品旅馆"（boutique hotel）概念，就缘于这家饭店。在这种理念下，旅馆的评价标准不再以旅馆的大小来衡量，而是以打造精品、追求品位和风格独特的经营理念来作为衡量的标准。摩根斯饭店就是一家这样的旅馆。

设计于20世纪80年代晚期的摩根斯饭店，现正着力打造公寓式酒店的氛围。饭店大厅设计了一间小问询室，为顾客提供所需要的各种服务，从而更加凸显了功能性。黑白棋盘图案是这里的装饰主题，让人联想到了纽约早年的出租车。这个主题贯穿到诸如电梯、中厅、地毯、光滑明亮的不锈钢和玻璃浴室（浴室还装饰有鲜花）的设计当中。

房间内部装饰由著名设计师安德鲁·普特曼（Andrée Putman）设计完成。设计师大量采用了生丝、灯芯绒、枫木和强力合成树脂等材料，并以灰黑和灰棕色为主色调。特别值得一提的是马车式靠背椅，以及摄影名家罗伯特·梅波索普（Robert Mapplethorpe）的原版作品——当然，这些作品是不会给人顺手牵羊的机会的，它们都被牢牢地固定在墙上。饭店的公共区域包括可以免费上网的起居室，以及可供玩拼字游戏、阅读和写作的接待室。

著名的亚洲古巴餐馆（Asia de Cuba）是吃早餐的地方（早餐已包含在住宿费中）。摩根斯酒吧不仅夜景令人着迷，气氛轻松，还可为您提供一流的鸡尾酒。饭店的主人伊恩·施拉格（Ian Schrager）也将"精品旅馆"概念带到了另外两家纽约旅馆中，分别是哈得孙饭店（Hudson，见下）和罗伊顿大酒店（参见192页）。（中等价位）

哈得孙饭店（Hudson） *都市情调* 7 C4
地址：356 W. 58th St.（bet. 8th & 9th Aves.）
>> www.hudsonhotel.com · 电话：212 554 600

哈得孙饭店共有客房1000套，每间房间价格都不尽相同。冲浪爱好者可能与电影制作人等不同阶层人士在旅馆时髦的酒吧里联谊。这家旅馆房间设计都较小，因为经营者伊恩·施拉格的理念是希望客人在漂亮、巧妙的公共活动区域度过大部分的时间。（中等价位）

住宿

四季宾馆
(Four Seasons) *现代与奢华*

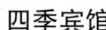

地址：57 East 57th Street（between Park & Madison Aves）·电话：212 758 5700
>> www.fourseasons.com

想要了解四季宾馆，只需要看看它有着教堂式穹顶的赏心悦目的中厅、大理石铺就的地面和几乎如同冰箱般大小的插花装饰，就可知一二了。"从顾客角度出发"是四季宾馆秉承的经营理念，所以即使是中等客房，面积也大约有500平方尺（约47平方米，差不多是许多纽约单间公寓的大小）。

顶层房间可将中央公园的美景尽收眼底，并配有可遥控开启的窗子。所有的浴室里都配有"宝格丽"（Bulgari）的精品产品，玻璃浴房配以60秒就可以注满水的大浴缸。房内还配有平面电视、一流CD音响和收音机。另外，宾馆内还设有水疗馆和健身馆，让您在舒缓时差疲劳的同时，放松身心。（高价位）

1871之家
(1871 House) *乡村般的宁静感*

地址：130 East 62nd St.（between Park & Lexington Aves）·电话：212 756 8823
>> www.1871house.com

重新整修过的这家美轮美奂的旅馆拥有赤砂石建筑外观，位于绿树掩映的街道旁边，虽然紧邻中央公园和商业区，但很快就会使人忘记正身处闹市。这家宾馆不设公共区域，但客房都比较宽敞，拥有高高的屋顶，配有整套家具、工作室、壁炉和古董装饰，且所有房间都可通向可爱的花园。只要您不奢求24小时的服务，这里舒适、放松的环境对您而言还是不错的选择。

如果同行的旅客在4人以上，可以住在有漂亮花园的大房间或是小木屋套房。虽然有些客房内配了小厨房，但旅馆邻近就有许多餐厅供选择。

在这里住宿，一般的情况是接受至少四晚的预订。（低价位）

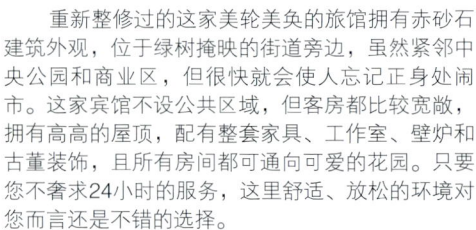

中城区与上东城

洛威尔宾馆（The Lowell）低调的亲密感 8 F4

地址：28 East 63rd Street（between Madison & Park Aves）・电话：212 838 1400
>> www.lowellhotel.com

比起入住率来，洛威尔宾馆更为看重舒适程度。那些高曝光率的客人更愿意在此下榻，就是为了免除被狗仔队跟踪的困扰。这里共有标准间21间和套房41间。客人可以在配有壁炉、露台或小厨房的三种套间类型中选择。设有健身房。（高价位）

萨里酒店（Hotel Surrey）宾至如归 8 E1

地址：20 East 76th Street（at Madison）
>> www.affinia.com・电话：212 288 3700

坐落于著名的麦迪孙大道的萨里酒店为客人提供长期或短期的住宿服务。客人可在带有厨房的套间，以及带有小厨房和餐桌的套间中进行选择。另外，令人备感亲切的是客人可选择自己喜欢的枕头。（中等价位）

皮埃尔饭店（The Pierre）纽约的地标 8 E4

地址：5th Avenue（at 61st St.）
>> www.fourseasons.com・电话：212 838 8000

自20世纪30年代以来，皮埃尔饭店就一直位于顶尖级饭店行列。这里也是在附近的波道夫百货公司（Bergdorf's）大肆采购后回来休息的好地方。在枝形水晶吊灯和艺术装饰风格装潢的背景下，敬业的演奏家为您现场演奏。皮埃尔圆形大厅（参见180页）就在附近。提供下午茶服务。皮埃尔咖啡吧可以满足客人所有的餐饮需求。（高价位）

印记酒店（The Mark）上东城的优雅 8 E1

地址：25 East 77th Street（between Madison & 5th Aves）・电话：212 744 4300
>> www.themarkhotel.com

这家酒店是文华酒店（Mandarin）集团的成员之一，接待大厅和宽敞的客房均洋溢着豪华、典雅的气息。19世纪新古典主义风格的室内装潢据说受到了英国建筑师约翰・索恩爵士（Sir John Soane）作品的影响。另外，这里的服务专业而且到位。（高价位）

住宿

威尔士酒店
(Hotel Wales) *经典与鲜活*   10 E4

地址：1295 Madison Avenue（at 92nd St.）
>> www.waleshotel.com・电话：866 925 3746

　　这间位于上东城的精品酒店给人以亲切的感觉。舒适的房间配有"艾凡达"（Aveda）卫浴保养品和装饰用的鲜花。这里24小时免费提供咖啡。另外，千万不要错过屋顶观景露台。附近的沙拉贝丝厨房（Sarabeth's Kitchen）为您提供美味的煎蛋和各种汤品。（**中等价位**）

哈莱姆招待所
(Harlem Flophouse) *爵士乐般的快乐*   11 D4

地址：242 W. 123rd St.（bet. 7th & 8th Aves）
>> www.harlemflophouse.com・电话：212 662 0678

　　在这条安静、绿树成荫、赤褐色砂岩建筑林立的街道上，一块铜制招牌足以使哈莱姆招待所显得与众不同。进门后，您马上会注意到，优美的爵士乐正从壁炉架上的收音机里轻柔地飘进您的耳朵里。自2000年以来，这里一直是以家庭旅馆（B&B）的形式运营。从锡制图案的天花板、木制缘材和一间用于派对的餐厅当中，都可以看出主人竭尽全力保持这里的原貌的苦心。

　　这里的四间客房看得出原有的豪华气息和新鲜的整修痕迹，而这些也为其添加了无穷的魅力。每个房间均以与爵士乐、哈莱姆区相关的名人名字来命名。房间内使用的床架品质上乘，并配以优质的床垫。屋内没有电视，但配有闹钟。地下室设有吸烟室。住宿的旅客可以免费使用这里的花园，夏季可以到花园烤肉、休闲和放松。这里的早餐包括鸡蛋、玉米粥、香肠，以及需要另外付费的酸奶。

　　这里距公交车站和地铁都很近（从拉瓜迪亚机场乘坐M60路公交车可直达这里）。此外，这里距阿波罗剧院（Apollo Theater，参见134页）、雷诺克斯酒廊（Lenox Lounge，参见135页）和哈莱姆画室博物馆（Studio Museum in Harlem，参见113页）也都仅有几步之遥。旅馆的大厅偶尔也会举办各种类型的展出。（**低价位**）

上东城至布鲁克林区

柯瓦巴府邸（Akwaaba Mansion）
地址：347 MacDonough St.・Ⓜ乘地铁A线最后一节车厢至Utica Ave.站，然后沿着斯塔伊弗桑特大道（Stuyvesant Ave.）步行四个街区・电话：718 455 5958
▶▶ www.akwaaba.com

　　饭店位于历史悠久的斯蒂文森高地绿树成荫的街道旁边，是一座意大利式别墅，非洲主题和古董为这里营造了独特的氛围。一些客房配有水力按摩池。在这里，您还可以慵懒地躺在下午的花园里，或在阳光下大口地喝着柠檬汁。（低价位）

联合街家庭旅馆
（Union St B&B）*波希米亚的魅力*　　13 B4
地址：405 Union St.（at Hoyt），Blooklyn
▶▶ www.unionstbrooklynbandb.com
电话：718 852 8406

　　碎花壁纸、木质地板和音乐盒是这里的6个房间共有的特色。这里气氛温馨如家，而且充满魅力。大陆风格的早餐包括一杯上好的浓咖啡。另外，主人还为您准备了各种有关当地历史的藏书，客人可随意翻阅。（低价位）

展望公园民宿
（Bed & Breakfast on the Park）　　13 C5
地址：113 Prospect Park West（between 6th & 7th Sts）
▶▶ www.bbnyc.com・电话：718 499 6115

　　这里到处都流露出一种维多利亚式的宁静。您可以指定"自由女神"（Liberty Room）房间，因为这里有四柱大床和一流的城市风景，并有走上屋顶花园的专用通道。早餐有自制的各种馅饼。（中等价位）

住宿机构
　　旅馆的房价可能有时候让人捉磨不透。依据出行时间的不同，官方发布的价格信息可能是最高价，但某些特定的旅程、某个特定的时段和网上的折扣活动可能会带来完全不同的价格。如果时间安排得巧的话，您可以大大缩小住宿开销。比如在淡季的周末，旅馆通常会以折扣价招揽旅客。可以登录网站www.simply-newyork.com、www.a1-discount-hotels.com和www.hotels.com查询住宿机构的相关信息。此外，如果您需要长住（7天或者以上），或想找人合租公寓，不妨试试下列网站：www.subletinthecity.com、www.citysublets.com和www.newyorkhabitat.com。

▶▶ 感恩节和圣诞节是客房预订高峰期，如需这段时间出行，请提前预订房间。

街道地图

　几乎书中列出的每一个地方都有对应的地图标记（小长方形色块，指出地图页数和方格数），很容易就能够找到相应的位置。少数几个地方位于地图涵盖的区域之外，本书也提供了详细的交通路线。地图1-12覆盖了整个曼哈顿区，地图13则为布鲁克林区。街道名称索引请参见213~215页。

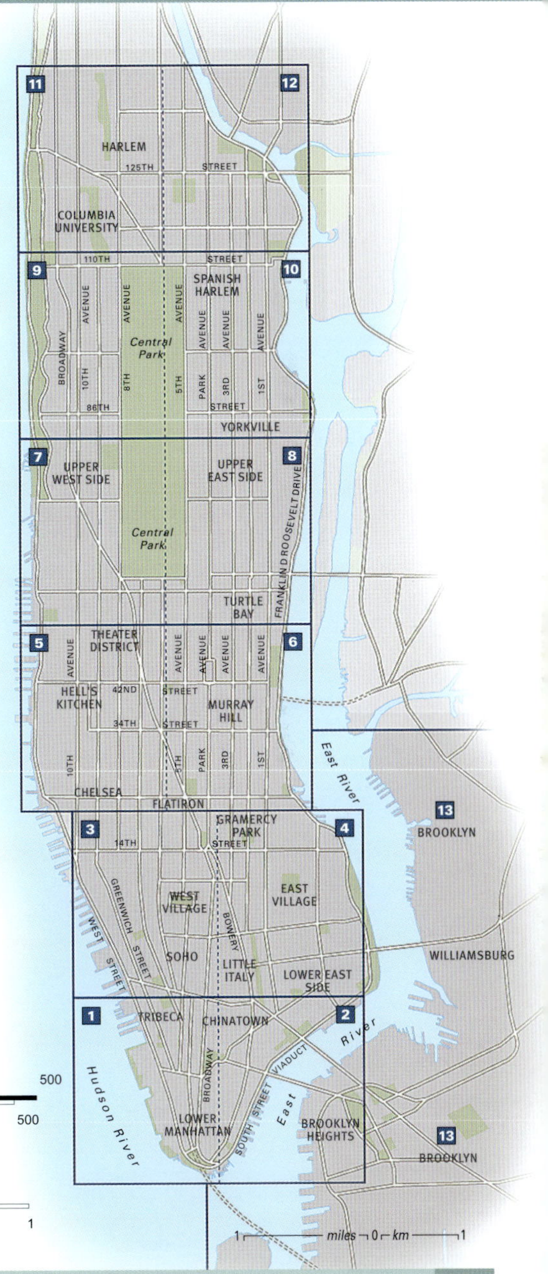

街道地图关键词

- 景点/公共建筑
- Ⓜ 地铁站
- 铁路站
- 渡轮终点站
- 巴士终点站
- 直升机停机坪
- 电车线
- 游客信息中心
- 医院（设有急诊）
- 警察局
- 教堂
- 犹太教堂
- 邮局
- Ⓟ 铁路线
- 步行街
- 快车道
- 高速公路

地图1-12比例尺：

地图13比例尺：

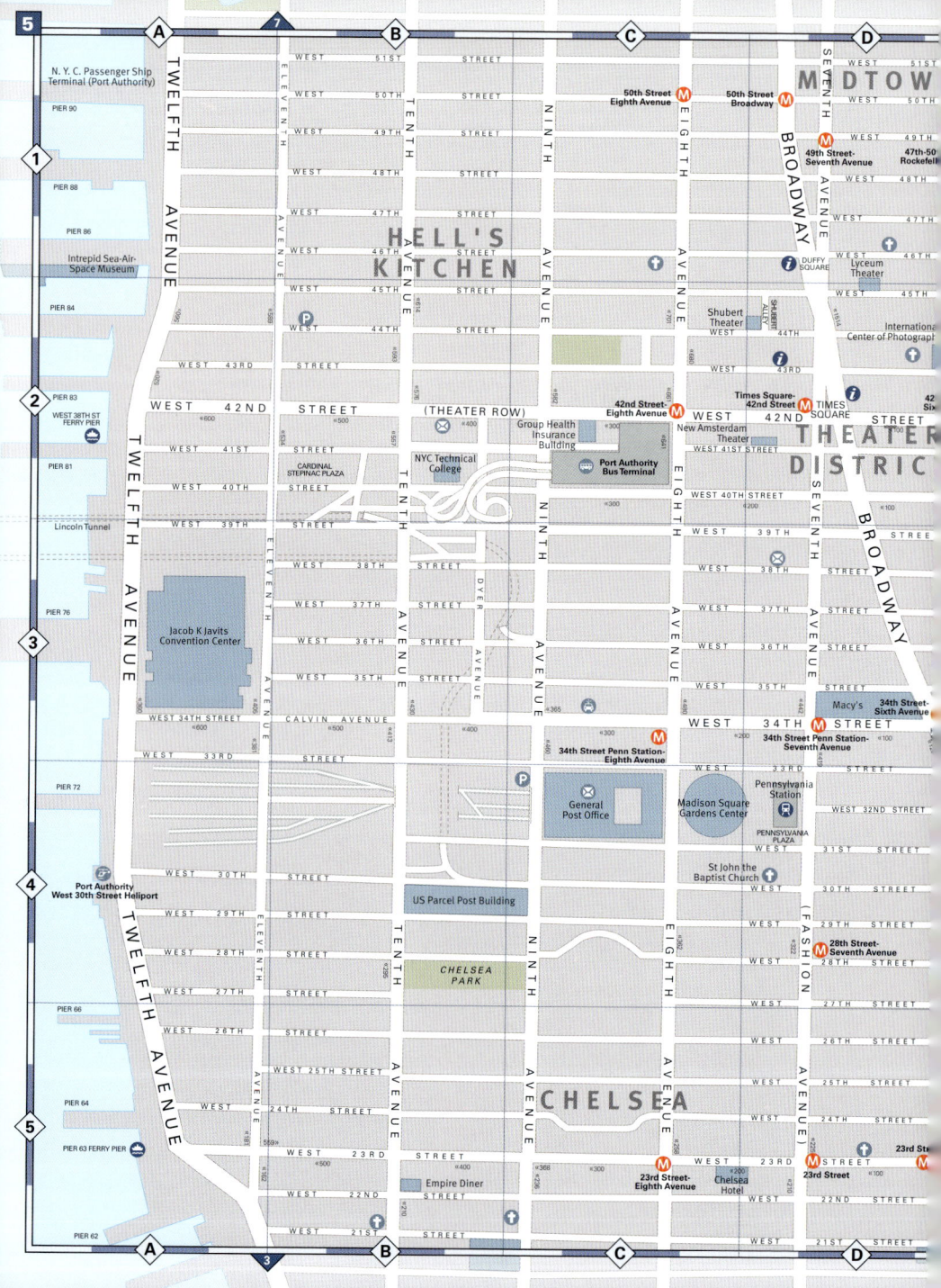

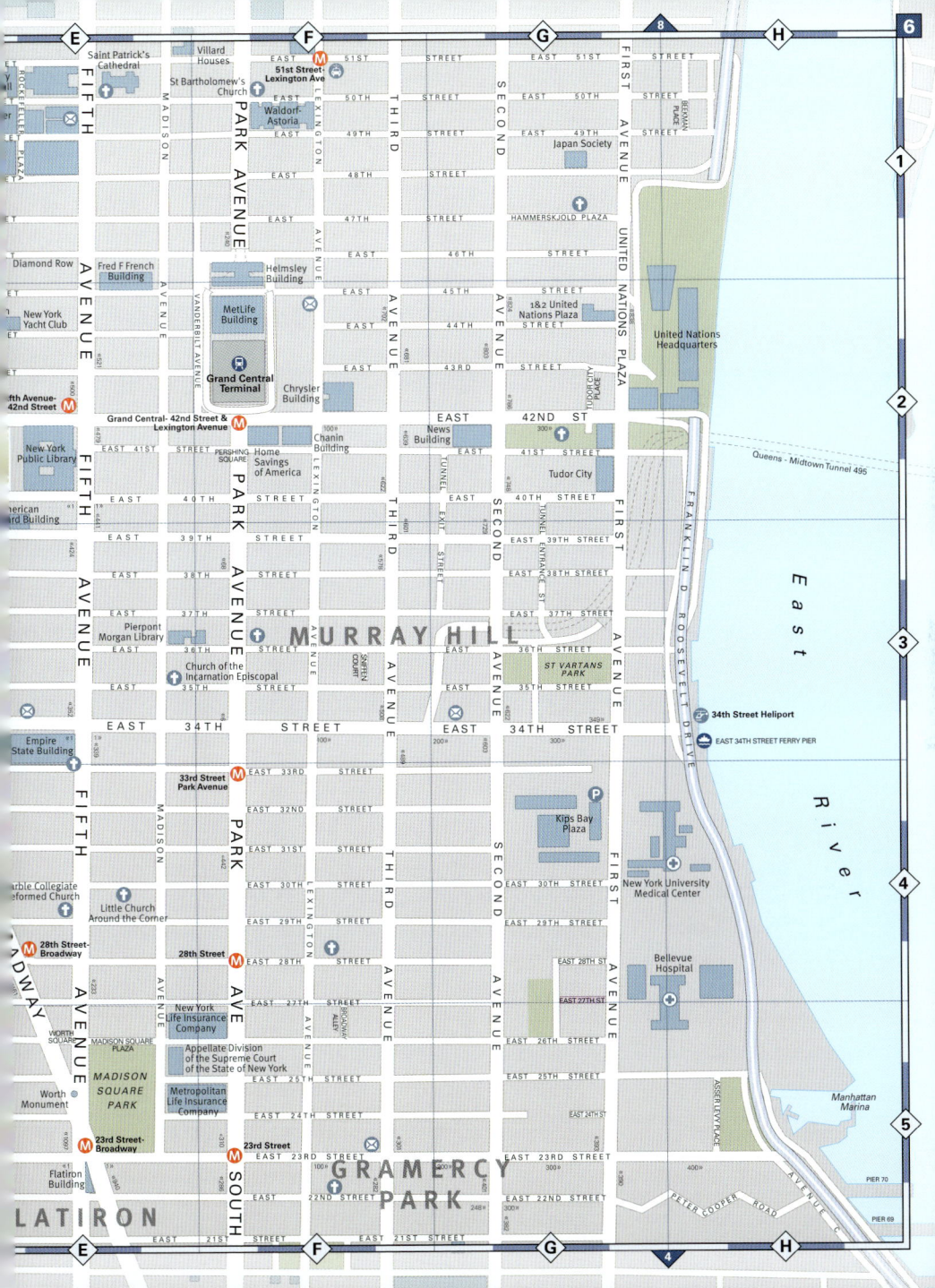

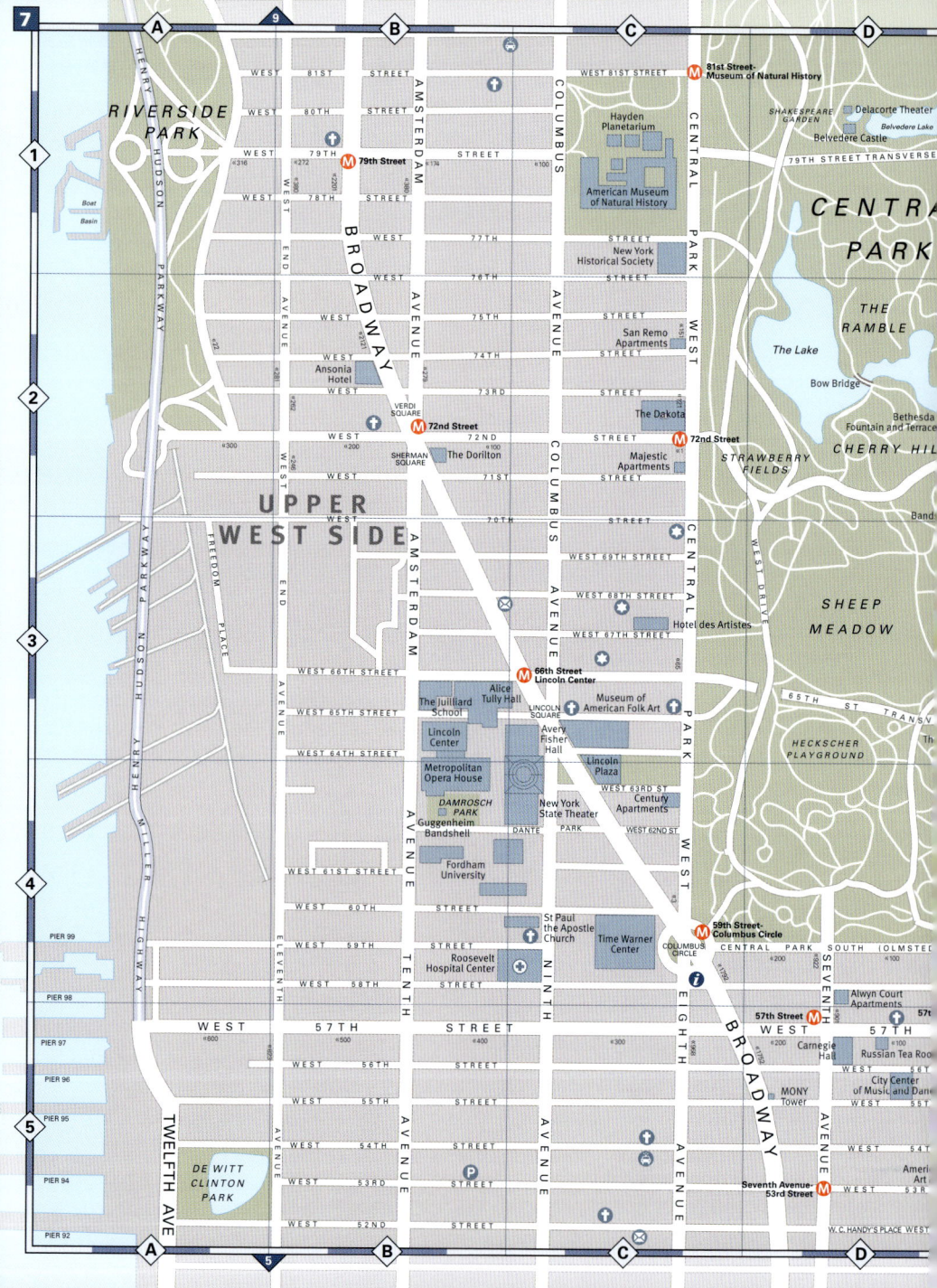

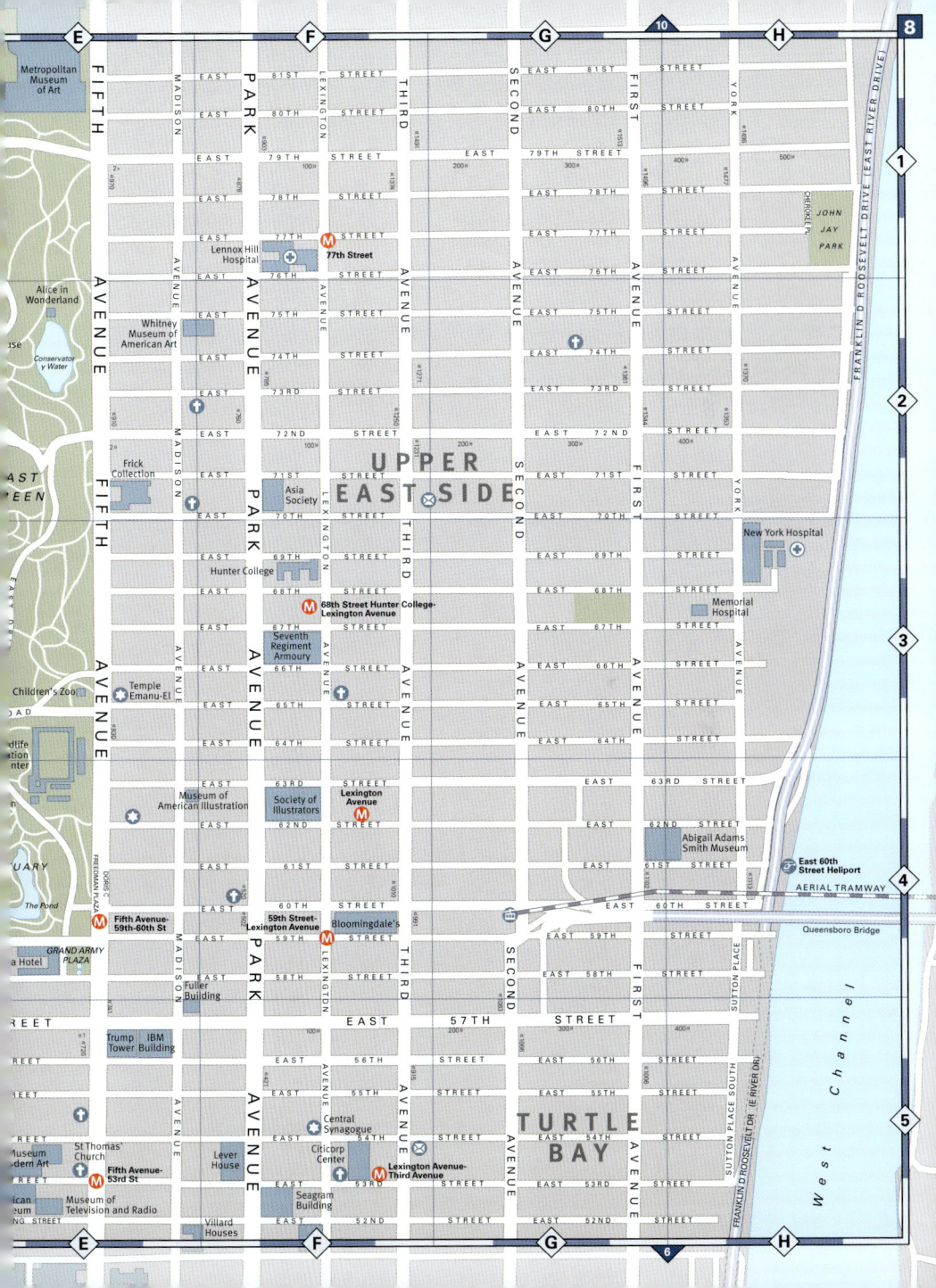

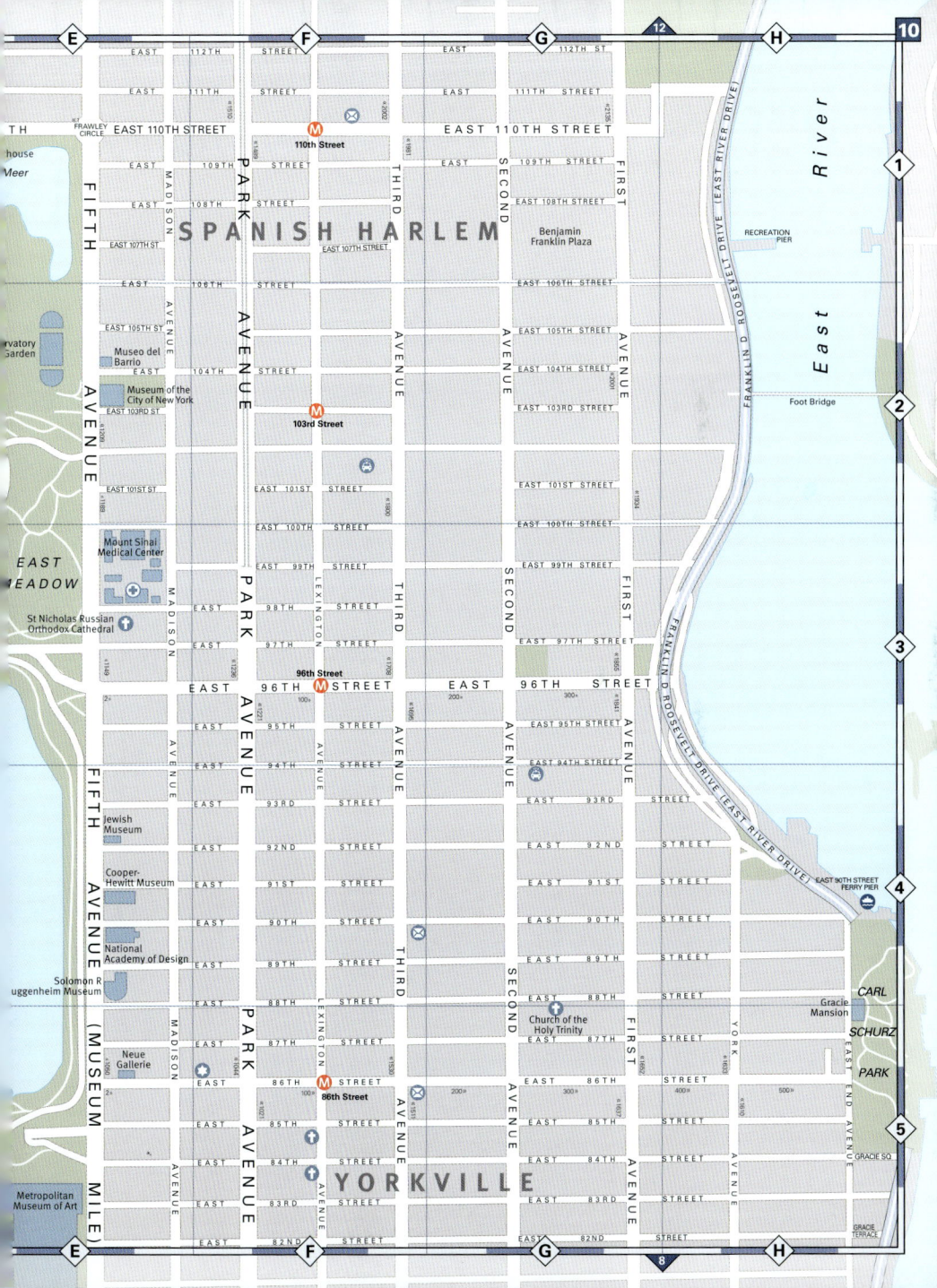

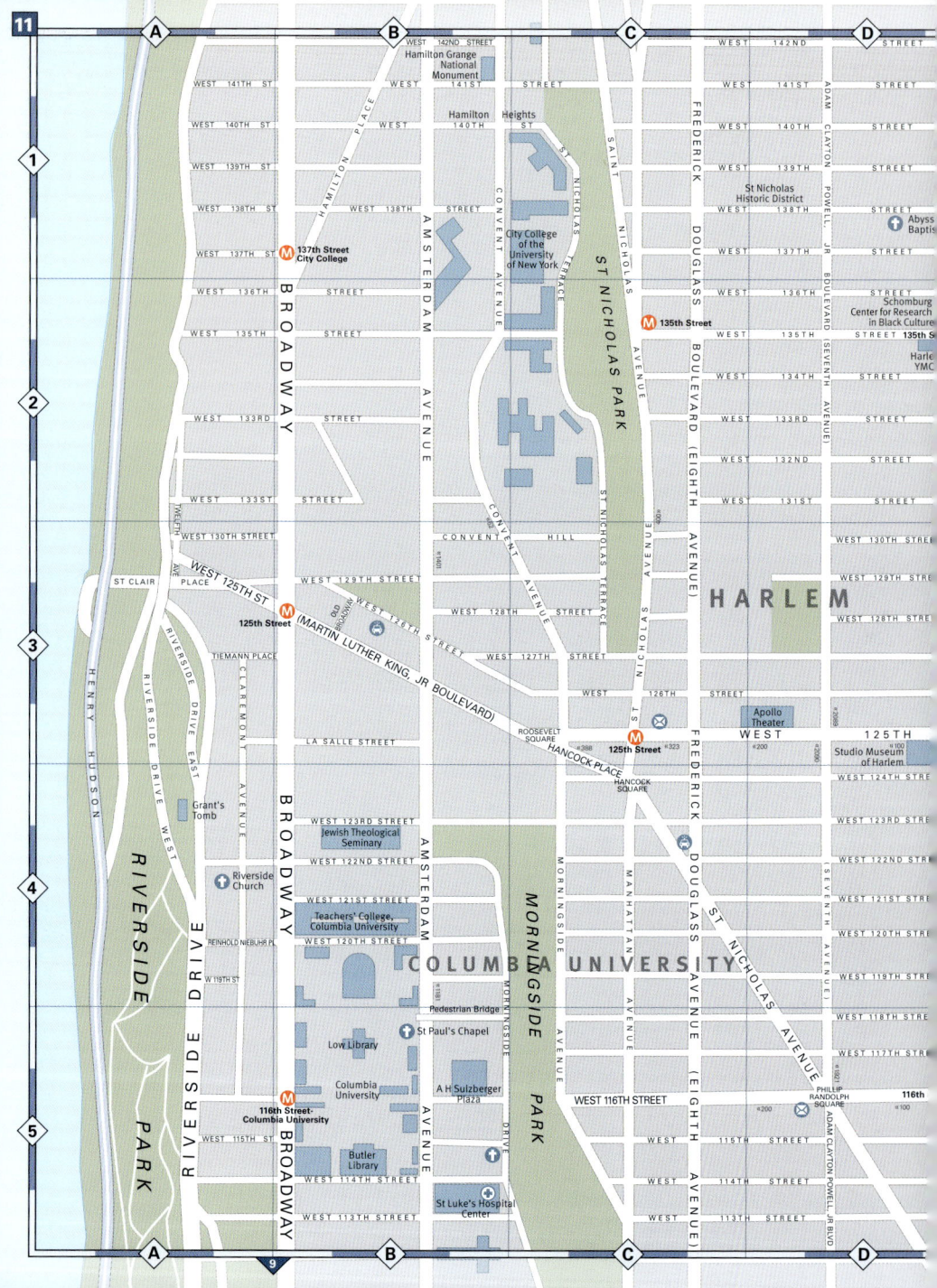

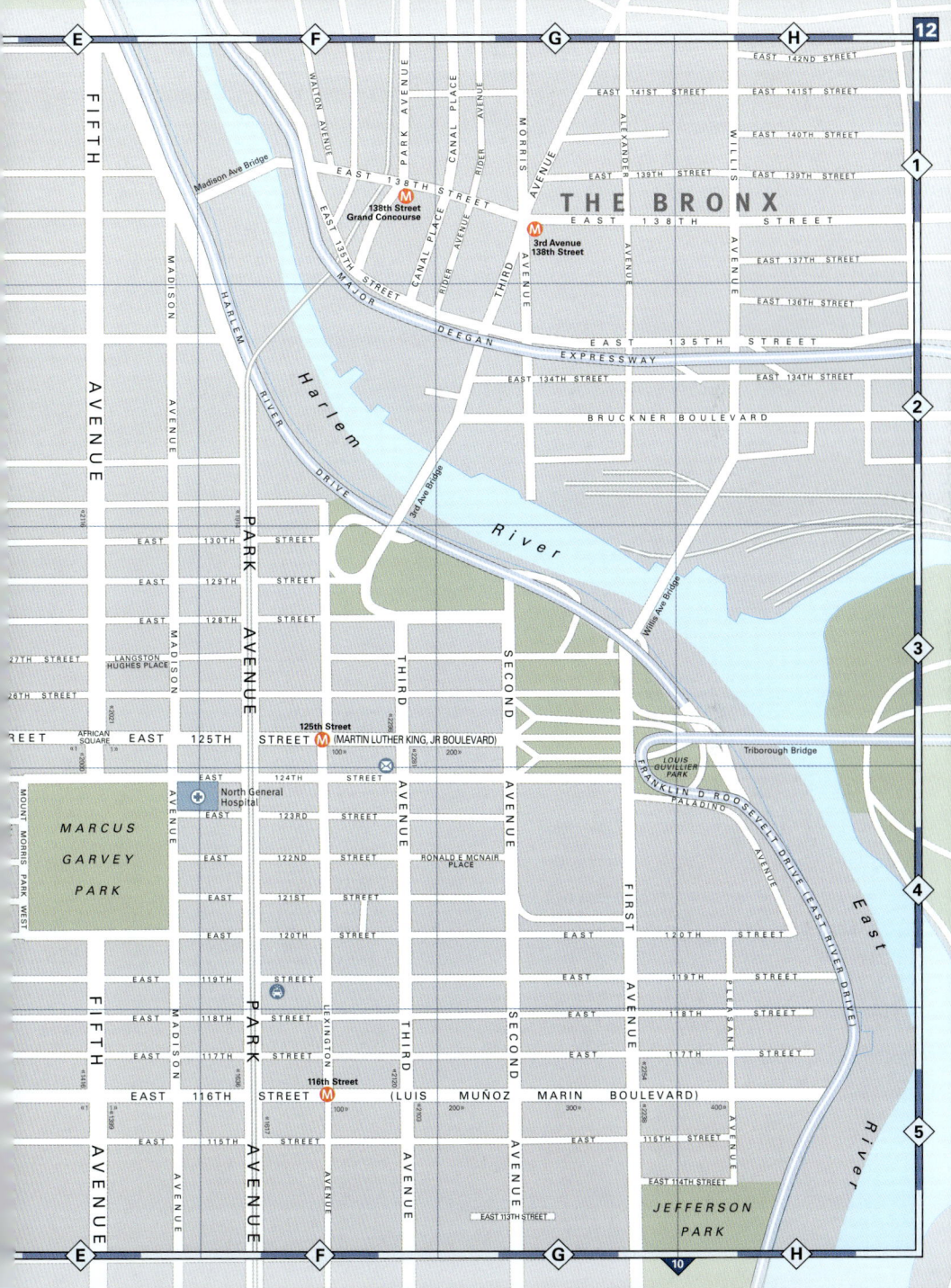

街道索引

1st–15th Streets (Brooklyn)	13 C5
3rd Avenue (Brooklyn)	13 B5
4th Avenue (Brooklyn)	13 C4
5th Avenue (Brooklyn)	13 C5
6th Avenue (Brooklyn)	13 C5
7th Avenue (Brooklyn)	13 C5
8th Avenue (Brooklyn)	13 C5

A

Abingdon Square	3 B2
Abraham E. Kazan Street	4 H5
Adam Clayton Powell Jr. Boulevard	11 D1
Adams Street (Brooklyn)	2 H3
African Square	12 E3
Albany Street	1 C4
Alexander Avenue (Bronx)	12 G1
Allen Street	4 F4
Amsterdam Avenue	
1–459	7 B4–B1
460–1059	9 B5–B1
1060–1660	11 B5–B1
Andrew's Plaza	2 E2
Ann Street	1 D3
Asserlevy Place	6 H5
Astor Place	4 E3
Atlantic Avenue (Brooklyn)	13 C4
Attorney Street	4 G4
Avenue A	4 F2
Avenue B	4 G2
Avenue C	4 G1
Avenue D	4 H2
Avenue of the Americas	5 D4
Avenue of The Finest	2 E2

B

Bank Street	3 A3
Barclay Street	1 C2
Barrow Street	3 B4
Baruch Place	4 H4
Battery Place	1 D5
Baxter Street	2 E1
Bayard Street	2 E1
Beach Street	1 C1
Beaver Street	1 D4
Bedford Avenue (Brooklyn)	13 C3
Bedford Street	3 B3
Beekman Place	6 H1
Beekman Street	2 E3
Benson Street	1 D1
Bethune Street	3 A3
Bialystoker Place	4 H5
Bleecker Street	3 C3
Bond Alley	3 D3
Bowery	4 E4
Bridge 3rd Avenue	12 F2
Bridge Street	1 D5
Bridge Street (Brooklyn)	2 H2
Bridge Willis Avenue	12 G3
Broad Street	1 D4
Broadway	
1–419	1 D4–D1
420–914	3 D5–D1
915–1279	6 E5–E4
Broadway continued	
1280–1659	5 D4–D1
1660–2279	7 D5–B1
2280–2874	9 B5–B1
2875–3480	11 B5–B1
Broadway Alley	6 F5
Broadway Avenue	6 F5
Brooklyn Bridge	2 F3
Brooklyn Heights Promenade	2 G4
Brooklyn Queens Expressway	2 G3
Broome Street	4 E5
Bruckner Boulevard (Bronx)	12 G2
Bushwick Avenue (Brooklyn)	13 C2

C

Cadman Plaza West (Brooklyn)	2 H4
Calvin Avenue	5 B3
Canal Place (Bronx)	12 G1
Canal Street	2 E1
Cannon Street	4 H4
Cardinal Street	2 E2
Carlisle Street	1 C4
Carlton Street (Brooklyn)	13 C3
Carmine Street	3 C4
Cathedral Parkway	9 B1
Catherine Lane	1 D1
Catherine Slip	2 F2
Catherine Street	2 F2
Cedar Street	1 C3
Central Avenue	9 D1
Central Park West	
1–211	7 C4–C1
212–500	9 C5–C1
Centre Market Place	4 E5
Centre Street	2 E2
Chambers Street	1 C2
Charles Lane	3 A3
Charles Street	3 A3
Charlton Street	3 B4
Cherokee Place	8 H1
Cherry Street	2 F2
Christopher Park	3 C3
Christopher Street	3 A4
Chrystie Street	4 F5
Church Street	1 D3
Claremont Avenue	11 A3
Clark Street (Brooklyn)	2 G4
Clarkson Street	3 B4
Cleveland Place	4 E5
Cliff Street	2 E3
Clinton Street	2 G1
Clinton Street (Brooklyn)	2 H5
Coenties Alley	2 E4
Collister Street	1 C1
Columbia Heights (Brooklyn)	2 G4
Columbia Street	4 H4
Columbia Street (Brooklyn)	13 A4
Columbus Avenue	
1–459	7 C3–C1
460–1100	9 C5–C1
Columbus Circle	7 C4
Commerce Street	3 B3
Convent Avenue	11 B1
Convent Hill	11 B2
Cooper Square	4 E3
Cornelia Street	3 C3
Cortlandt Alley	1 D1
Cortlandt Street	1 D1
Court Street (Brooklyn)	13 B4
Cranberry Street (Brooklyn)	2 G4
Crosby Street	3 D5

D

Dante Park	7 C4
Dean Street (Brooklyn)	13 D4
Dekalb Avenue (Brooklyn)	13 D3
Delancey Street	4 F5
Delancey Street South	4 H4
Desbrosses Street	3 B5
Dey Street	1 D3
Division Avenue	13 B2
Division Street	2 F1
Dock Street (Brooklyn)	2 G3
Dominick Street	3 C5
Doris C. Freedman Plaza	8 E4
Doughty Street (Brooklyn)	2 G3
Dover Street	2 E2
Downing Street	3 C4
Driggs Avenue (Brooklyn)	13 C2
Duane Park	1 C2
Duane Street	1 D2
Duffy Square	5 D1
Dutch Street	1 D3
Dyer Street	5 D3

E

East 1st Street	4 F4
East 2nd–8th Street	4 F3
East 9th–14th Street	4 F2
East 15th–20th Street	4 F1
East 21st–26th Street	6 F5
East 27th–33rd Street	6 F4
East 34th–39th Street	6 G3
East 40th–45th Street	6 G2
East 46th–51st Street	6 F1
East 52nd–57th Street	8 F5
East 58th–63rd Street	8 F4
East 64th–69th Street	8 F3
East 70th–75th Street	8 F2
East 76th–81st Street	8 F1
East 82nd–87th Street	10 F5
East 88th–94th Street	10 F4
East 95th–100th Street	10 F3
East 101st–106th Street	10 G2
East 107th–112th Street	10 F1
East 113th–118th Street	12 G5
East 119th–124th Street	12 F4
East 125th–130th Street	12 F3
East 134th–136th Street	12 H2
East 137th–142nd Street	12 H1
East Broadway	2 F1
East Drive	8 E3
East End Avenue	10 H5
East Houston Street	4 F4
East River Drive	10 H2
Eastern Parkway	13 D4
Edgar Allan Poe Street	9 A5
Eighth Avenue	
1–209	3 B2–B1
210–849	5 C5–C1
850–992	7 C5–C4
Eldridge Street	4 F5
Eleventh Avenue	
1–729	5 A5–A1
730–854	7 B5–B4
Elizabeth Street	4 E4
Elk Street	1 D2
Empire Boulevard	13 D 5
Ericsson Place	1 C1
Essex Street	4 F4
Exchange Alley	1 D4
Exchange Place	1 D4
Extra Place	4 E4

F

Father Demo Square	3 C3
Father Fagan Square	3 C4
Fifth Avenue	
1–144	3 D3–D1
145–644	6 E5–E1
645–1008	8 E5–E1
1009–1339	10 E5–E1
1340–2360	12 E5–E1
Fifth Avenue (Museum Mile)	10 E1
Finn Square	1 C1
First Avenue	
1–349	4 F4–F1
350–929	6 G5–G1
930–1574	8 G5–G1
1575–2179	10 G5–G1
2180–2116	12 G5–G3
First Place	1 C4
Flatbush Avenue (Brooklyn)	13 C4
Fletcher Street	2 E3
Flushing Avenue (Brooklyn)	13 D2
Foot Bridge	10 H2
Forsyth Street	4 F4
Fourth Avenue	4 E3
Frankfort Street	2 E2
Franklin D. Roosevelt Drive	6 H3
Franklin Place	1 D1
Franklin Street	1 D1
Franklin Street (Brooklyn)	13 B1
Frawley Circle	10 E1
Frederick Douglass Blvd.	11 C1
Frederick Douglass Circle	9 C1
Freedom Place	7 A3
Freeman Alley	4 E4
Front Street	2 E4
Front Street (Brooklyn)	2 H3
Fulton Street	1 D3
Fulton Street (Brooklyn)	13 C4
Furman Street (Brooklyn)	2 G3

G

Gansevoort Street	3 A2
Gates Avenue (Brooklyn)	13 C3
Gay Street	3C3
Gold Street	2 E3
Gouverneur Slip East	2 H1
Gouverneur Slip West	2 H1

213

街道索引

G continued

Gouverneur Street	4	H5
Gowanus Expressway	3	B5
Grace Court (Brooklyn)	2	H5
Gracie Square	10	H5
Gracie Terrace	10	H5
Gramercy Park East	4	E1
Gramercy Park West	3	D1
Grand Army Plaza (Brooklyn)	13	C4
Grand Street	4	E5
Grand Street (Brooklyn)	13	D1
Great Jones Street	4	E3
Greeley Square	5	D4
Greene Avenue (Brooklyn)	13	C3
Greene Street	3	D5
Greenpoint Avenue	13	B1
Greenwich Avenue	3	B2
Greenwich Street	1	C2
Grove Place	3	B3
Grove Street	3	B3
Gustave Hartman Square	4	G3

H

Hamilton Place	11	B1
Hammerskjold Plaza	6	G1
Hancock Place	11	C3
Hancock Square	11	C4
Hanover Square	2	E4
Hanover Street	2	E4
Harlem River Drive	12	F2
Harrison Street	1	C1
Harry Howard Square	2	E1
Henry Hudson Parkway	7	A1
Henry Street	4	H5
Henry Street (Brooklyn)	2	H4
Herald Square	5	D3
Hester Street	4	F5
Hicks Street (Brooklyn)	2	H4
Hogan Place	2	E1
Holland Tunnel	3	A5
Horatio Street	3	A2
Howard Street	3	D5
Hubert Street	1	B1
Hudson Street	1	C1
Humboldt Street (Brooklyn)	13	C2

I

Independence Plaza	1	C1
Irving Place	4	E1

J

J. P. Ward Street	1	C4
Jackson Street	4	H5
James Street	2	E2
Jane Street	3	A2
Jay Street	1	C1
Jay Street (Brooklyn)	2	H2
Jefferson Street	2	G1
Jersey Street	4	E4
John Street	1	D3
John Street (Brooklyn)	2	H2
Jones Alley	3	C3
Jones Street	3	C3
Joralemon Street (Brooklyn)	2	H5

K

Kenmare Street	4	E5
Kent Avenue (Brooklyn)	13	B2
King Street	3	B4

L

La Guardia Place	3	D4
La Salle Street	11	B3
Lafayette Avenue (Brooklyn)	13	D3
Lafayette Street	4	E3
Laight Street	1	B1
Langstons Hughes Place	12	E3
Legion Square	2	E3
Leonard Street	1	C1
Leroy Street	3	B4
Lewis Avenue (Brooklyn)	13	D3
Lewis Street	4	H4
Lexington Avenue		
1–579	6	F5–F1
580–1204	8	F5–F1
1205–1609	10	F5–F1
1610–2120	12	F5–F2
Liberty Place	1	D3
Liberty Street	1	D3
Lincoln Place (Brooklyn)	13	C4
Lincoln Square	7	C3
Lincoln Tunnel	5	A3
Lispenard Street	1	D1
Little West 12th Street	3	A2
Ludlow Street	4	F4
Luis Muñoz Marin Boulevard	10	G5

M

Macdougal Alley	3	C3
Macdougal Street	3	C4
Madison Avenue	12	E1
Madison Avenue Bridge	12	F1
Madison Square Plaza	6	E5
Madison Street	2	E2
Maiden Lane	1	D3
Major Deegan Expressway	12	F1
Mangin Street	4	H4
Manhattan Avenue	9	C1
Manhattan Avenue	13	B1
Manhattan Bridge	2	G2
Marcy Avenue (Brooklyn)	13	D3
Market Slip	2	F2
Market Street	2	F1
Marketfield Street	1	D4
Martin Luther King Jr. Boulevard	11	B3
McCarthy Square	3	B2
McGuinness Boulevard	13	B1
Mercer Street	3	D4
Metropolitan Avenue	13	D1
Middagh Street (Brooklyn)	2	G4
Milligan Place	3	C2
Minetta Lane	3	C3
Minetta Street	3	C3
Montague Street (Brooklyn)	2	H5
Montgomery Street	2	H1
Moore Street	1	D5
Morningside Avenue	11	C4
Morningside Drive	11	B4

Morris Avenue (the Bronx)	12	G1
Morris Street	1	C4
Mosco Street	2	E1
Mott Street	2	E1
Mount Morris Park West	12	E4
Mulberry Street	2	E1
Mulry Square	3	B2
Murray Street	1	C2
Myrtle Avenue (Brooklyn)	13	D2

N

N. D. Perlman Place	4	F1
Nassau Street	1	D3
Navy Street (Brooklyn)	13	B3
New Street	1	D4
Ninth Avenue		
1–174	3	A1
175–769	5	C5–C1
770–907	7	C5–C4
Norfolk Street	4	F4
North 4th–8th Street	13	B2
North 9th–15th Street	13	B1
North End Avenue	1	B3
North Moore Street	1	C1
Nostrand Avenue (Brooklyn)	13	D3

O

Old Broadway	11	B3
Old Fulton Street (Brooklyn)	2	G3
Old Slip	2	E4
Oliver Street	2	E1
Orange Street (Brooklyn)	2	G4
Orchard Street	4	F4

P

Paladino Avenue	12	H4
Park Avenue		
1–339	6	F3–F1
340–954	8	F5–F1
955–1559	10	F5–F1
1560–2300	12	F5–F2
Park Avenue (the Bronx)	12	F1
Park Avenue (Brooklyn)	13	C3
Park Avenue South	3	D1
Park Place	1	C2
Park Place (Brooklyn)	13	D4
Park Row	1	E2
Park Street	2	E2
Parkside Avenue (Brooklyn)	13	D5
Patchin Place	3	C2
Pearl Street	2	E3
Pearl Street (Brooklyn)	2	H2
Peck Slip	2	E3
Pell Street	2	E1
Peretz Square	4	F4
Perry Street	3	A3
Pershing Square	6	F2
Peter Cooper Road	6	H5
Peter Minuit Plaza	1	D5
Phillip Randolph Square	11	D5
Pierrepont Street (Brooklyn)	2	H5
Pike Street	2	F1
Pine Street	1	D4
Pineapple Street (Brooklyn)	2	H4

Pitt Street	4	G4
Platt Street	2	E3
Pleasant Avenue	12	H4
Plymouth Street (Brooklyn)	2	H2
Pomander Walk	9	B3
Prince Street	4	E4
Prospect Expressway	13	C5
Prospect Park West	13	C5
Putnam Avenue (Brooklyn)	13	C3

Q

Queens–Midtown Tunnel	6	H2
Queensboro Bridge	8	H4

R

R. F. Wagner Sr. Place	2	E2
Reade Street	1	D2
Rector Place	1	C4
Rector Street	1	D4
Reinhold Niebuhr Place	11	A4
Remsen Street (Brooklyn)	2	H5
Renwick Street	3	B5
Rider Avenue (the Bronx)	12	G1
Ridge Street	4	G4
River Terrace	1	B2
Riverside Drive	9	A1
Riverside Drive East	11	A3
Riverside Drive West	11	A3
Rivington Street	4	F4
Rockefeller Plaza	6	E1
Ronald E. McNair Place	12	F4
Roosevelt Square	11	C3
Rose Street	2	E2
Rutgers Street	2	G1
Rutherford Place	4	E1
Ryders Alley	2	E3

S

St. Clair Place	11	A3
St. James Place	2	E2
St. John's Place (Brooklyn)	13	D4
St. Luke's Place	3	B4
St. Mark's Avenue	13	D4
St. Mark's Place	4	F3
St. Nicholas Avenue	11	C1
St. Nicholas Terrace	11	C1
St. Peter's Street	1	D2
Samuel A. Spiegel Square	4	H5
Samuel Dickstein Plaza	4	G5
Samuel Street	4	E1
Sands Street (Brooklyn)	2	H3
Second Avenue		
1–354	4	E4–E1
355–969	6	G5–G1
970–1579	8	G5–G1
1580–2189	10	G5–G1
2190–2485	12	G5–G3
Second Place	1	C4
Seventh Avenue		
1–164	3	B2–B1
165–784	5	D5–D1
785–921	7	D5–D4
Seventh Avenue South	3	B2
Sheridan Square	3	B3

214

街道索引

Sheriff Street	4 H4	Thames Street	1 D4	Vesey Street	1 C3	West 70th–75th Street	7 B2
Sherman Square	7 C2	Theatre Alley	1 D3	Vestry Street	1 B1	West 76th–82nd Street	7 B1
Shinbone Alley	3 D3	Third Avenue		Village Square	3 C2	West 83rd–88th Street	9 C5
Shubert Alley	5 D3	1–254	4 E4–E1	Vine Street (Brooklyn)	2 G3	West 89th–94th Street	9 C4
Sixth Avenue		255–844	6 F5–F1			West 95th–100th Street	9 B3
1–59	1 D1	845–1444	8 F5–F1	**W**		West 101st–106th Street	9 B2
60–669	3 C5–C1	1445–2049	10 F5–F1	W. C. Handy's Place	7 D5	West 107th–112th Street	9 B1
670–1289	5 C5–C1	2050–2340	12 F5–F3	Walker Street	1 D1	West 113th–116th Street	11 D5
1290–1419	7 D5–D4	Third Avenue (the Bronx)	12 G2	Wall Street	1 D4	West 119th–124th Street	11 D4
Smith Street (Brooklyn)	13 B4	Third Place	1 C4	Walton Avenue (the Bronx)	12 F1	West 125th–130th Street	11 D3
Sniffen Court	6 F3	Thompson Street	3 C4	Wanamaker Place	4 E2	West 131st–136th Street	11 D2
South Bowery	3 A3	Throop Avenue		Warren Street	1 C2	West 137th–142nd Street	11 D1
South Central Park	7 D4	(Brooklyn)	13 D3	Washington Alley	4 E2	West Broadway	1 C2
South End Avenue	1 C4	Tiemann Place	11 A3	Washington Avenue	13 C4	West Central Park	9 C1
South Ferry Plaza	1 D5	Tillary Street (Brooklyn)	13 B3	Washington Mews	3 D3	West Drive	9 D3
South Street	2 E3	Times Square	5 D2	Washington Place	3 D3	West End Avenue	
South Street Viaduct	2 F2	Tompkins Avenue	13 D3	Washington Square	3 C3	1–459	7 B4–B1
South Sutton Place	8 H5	Transverse Road	9 D3	Washington Square North	3 C3	460–960	9 B5–B2
South William Street	1 D4	Triborough Bridge	12 H3	Washington Square South	3 C3	West Houston Street	3 C4
South 2nd–6th Street	13 B2	Trimble Place	1 D2	Washington Street	1 C3	West MacDougal Street	3 C3
Spring Street	3 B5	Trinity Place	1 D4	Washington Street		West Street	1 B1
Spruce Street	2 E2	Tudor City Place	6 G2	(Brooklyn)	2 H4	West Thames Street	1 C4
Stable Court	4 E3	Tunnel Entrance Street	6 G3	Water Street	4 H5	West Washington Place	3 C3
Stanton Street	4 F4	Twelfth Avenue		Water Street (Brooklyn)	2 H3	West Washington Square	3 A3
Staple Street	1 C1	1–704	5 A5–A1	Watts Street	3 C5	Westside Highway	
Stone Street	1 D4	705–900	7 A5	Waverly Lane	3 C5	(West Street)	1 C3
Straus Park	9 A2			Waverly Place	3 D3	White Street	1 D1
Stuyvesant Alley	4 E2	**U**		Waverly Street	3 D3	Whitehall Street	1 D4
Stuyvesant Avenue	13 D2	Union Avenue		West 3rd Street	3 D3	Willett Street	4 H5
Stuyvesant Street	4 E2	(Brooklyn)	13 C2	West 4th Street	3 C3	William Street	1 D3
Suffolk Street	4 G4	Union Square East	3 D1	West 8th Street	3 C3	Williamsburg Bridge	13 B2
Sullivan Street	3 C4	Union Square West	3 D1	West 9th–14th Street	3 C2	Willis Avenue	
Sumner Avenue (Brooklyn)	13 D3	Union Street (Brooklyn)	13 C4	West 15th–20th Street	3 B1	(the Bronx)	12 H1
Sutton Place	8 H4	University Place	3 D2	West 21st–26th Street	5 D5	Willoughby Avenue	13 C3
Swing Street	8 E5			West 27th–33rd Street	5 D4	Willow Street (Brooklyn)	2 G4
Szold Place	4 G2	**V**		West 34th–39th Street	5 D3	Wooster Street	3 D5
		Vandam Street	3 D5	West 40th–45th Street	5 D2	Worth Square	6 E5
T		Vanderbilt Avenue	6 F2	West 46th–51st Street	5 D1	Worth Street	2 E1
Taras Shevchenko Place	4 E3	Vanderbilt Avenue		West 52nd–57th Street	7 B5	Wyckoff Street (Brooklyn)	13 B4
Tenth Avenue		(Brooklyn)	13 C3	West 58th–61st Street	7 B4		
1–184	3 A1	Vandervoort Avenue	13 C1	West 62nd–63rd Street	7 C4	**Y**	
185–759	5 B5–B1	Varick Street	1 C1	West 64th–66th Street	7 B3	York Avenue	8 H1
760–889	7 B5–B4	Verdi Square	7 B2	West 67th–69th Street	7 C3	York Street (Brooklyn)	13 B3

分区索引

下城区

餐厅

唐人街（Chinatown）

Golden Unicorn (p29) $
18 East Broadway (Map 2 F1)
Chinese

Peking Duck House (p29) $$
28 Mott Street (Map 2 E1)
Chinese

HSF (p166) $$
46 Bowery (Map 2 E1)
Chinese

Chinatown Ice Cream Factory (p166) $
65 Bayard Street (Map 2 E1)
Ice Cream Parlor

Great NY Noodle Town (p166) $
28½ Bowery at Bayard Street (Map 2 E1)
Chinese

东村（East Village）

Angelica Kitchen (p36) $
300 East 12th St (Map 4 E2)
Vegetarian

Bao111 (p33) $
111 Avenue C (Map 4 G3)
Vietnamese

Crif Dogs (p40) $
113 St. Mark's Place (Map 4 F3)
American

DT–UT (p168) $
41 Avenue B (Map 4 G2)
Café

The Elephant (p31) $$
58 East 1st Street (Map 4 F4)
French/Thai

Freemans (p34) $$
Freeman Alley (Map 4 E4)
American

Mermaid Inn (p35) $$
96 2nd Avenue (Map 4 E3)
Seafood

Mud Spot (p35) $
307 East 9th Street (Map 4 E2)
www.themudtruck.com
Café

Paul's Palace (p35) $
131 2nd Avenue (Map 4 E3)
American

Pommes Frites (p40) $
123 2nd Avenue (Map 4 E3)
Belgian

Pylos (p34) $$
128 East 7th Street (Map 4 F3)
Greek

Rue B (p168) $
188 Avenue B (Map 4 G2)
Café

Sobara (p36) $
229 East 9th St. (Map 4 E2)
Japanese

Le Souk (p33) $$
47 Avenue B (Map 4 G3)
North African

Le Tableau (p33) $$
511 East 5th Street (Map 4 F3)
French

Yaffa Café (p34) $
97 St. Mark's Place (Map 4 F3)
Middle Eastern

下东城（Lower East Side）

Alias (p32) $$
76 Clinton Street (Map 4 G4)
American

Bereket (p31) $
187 East Houston St (Map 4 F4)
Turkish

Cube 63 (p32) $$
63 Clinton Street (Map 4 G4)
Japanese

Fried Dumpling (p40) $
99 Allen Street (Map 4 F4)
Chinese

'inoteca (p32) $$
98 Rivington Street (Map 4 F4)
Italian

WD-50 (p32) $$$
50 Clinton Street (Map 4 G4)
American

下曼哈顿（Lower Manhattan）

Amish Fine Food Market (p166) $
17 Battery Place (Map 1 D5)
Deli

Cosi Downtown (p166) $
55 Broad Street (Map 1 D4)
Deli/Sandwich Shop

Pret a Manger (p166) $
60 Broad Street (Map 1 D4)
Deli/Sandwich Shop

肉类加工区（Meatpacking District）

Bonsignour (p76) $
35 Jane Street (Map 3 B2)
Bakery

Florent (pp42 & 167) $$
69 Gansevoort Street (Map 3 A2)
American/European

Pastis (p167) $$
9 Ninth Avenue (Map 3 A2)
French

诺利塔（Nolita）

Cafe Gitane (p31) $
242 Mott Street (Map 4 E4)
North African

Cafe Habana (p31) $
17 Prince St (Map 4 E4)
Cuban/Mexican

苏活（SoHo）

Balthazar (p29) $$
80 Spring Street (Map 3 D5)
French

Blue Ribbon Sushi (p37) $$$
119 Sullivan Street (Map 3 C4)
Japanese

Dean & DeLuca (p69) $
560 Broadway (Map 3 D4)
Bakery/Deli

L'Ecole (p30) $$
462 Broadway (Map 3 D5)
French

Mercer Kitchen (p28) $$
99 Prince Street (Map 3 D5)
French/American

The Spotted Pig (p37) $$
314 West 11th St. (Map 3 C2)
British

翠贝卡（Tribeca）

66 (p28) $$$
241 Church Street (Map 1 D1)
Chinese

Acappella (p28) $$$
1 Hudson Street (Map 1 C2)
Italian

Chanterelle (p42) $$$
2 Harrison Street (Map 1 C1)
www.chanterellenyc.com
French

Montrachet (p28) $$$
239 West Broadway (Map 1 D1)
European

Nobu (p42) $$$
105 Hudson Street (Map 1 C1)
212 219 0500, www.myriadrestaurantgroup.com
Japanese

西村（West Village）

Babbo (p38) $$$
110 Waverly Place (Map 3 C3)
Northern Italian

BB Sandwich Bar (p40) $
120 West 3rd Street (Map 3 C3)
Deli

Blue Ribbon Bakery (p37) $$$
33 Downing Street (Map 3 C4)
European

Cones (p40) $
272 Bleecker St. (Map 3 C3)
Ice Cream Parlor

Jane (p30) $$
100 W. Houston St. (Map 3 D4)
American

Joe (p35) $
141 Waverly Place
212 924 6750 (Map 3 C3)
Café

John's of Bleecker Street (p39) $$
278 Bleecker Street (Map 3 C3)
Pizzeria

Magnolia Bakery (p75) $
401 Bleeker Street (Map 3 B3)
Downtown/West Village

Mamoun's (p40) $
119 MacDougal St. (Map 3 C3)
Middle Eastern

Mary's Fish Camp (p41) $$
64 Charles Street (Map 3 B3)
Seafood

下城区

Mud Truck (p35) $
14th Street and Broadway (Map 3 D2)
www.themudtruck.com
Café

NY Dosas (p41) $
West 4th Street & Sullivan Street (Map 3 C3)
Vegetarian

Otto Enoteca & Pizzeria (p38)$
15th Avenue (Map 3 D3)
Italian

La Palapa Rockola (p38) $$
359 6th Avenue (Map 3 C3)
Mexican

Pepe Rosso's (p40) $
149 Sullivan Street (Map 3 C4)
Italian

Sumile (p42) $$$
154 West 13th Street (Map 3 C2)
Japanese

Tartine (p42) $
253 West 11th Street (Map 3 B2)
French

Tea & Sympathy (p35) $
108 Greenwich Avenue (Map 3 C2)
British

Tomoe Sushi (p37) $$
172 Thompson Street (Map 3 C4)
Japanese

Wallsé (p41) $$$
344 West 11th Street (Map 3 A3)
Austrian

购物

东村

Kiehl's (p81)
109 3rd Avenue (Map 4 E2)
Health & Beauty

St. Mark's Sounds (p82)
16 St. Mark's Place (Map 4 E3)
Music

The Strand (p81)
828 Broadway (Map 3 D2)
Books

小意大利（Little Italy）

The Apartment (p70)
101 Crosby Street (Map 3 D4)
Interiors

Calypso (p71)
280 Mott Street (Map 4 E4)
Fashion

Hable Construction (p68)
230 Elizabeth St. (Map 4 E4)
Interiors

INA (p71)
21 Prince Street (Map 4 E4)
Fashion

Malia Mills (p65)
199 Mulberry St. (Map 4 E5)
Fashion

Mayle (p72)
242 Elizabeth St. (Map 4 E4)
Fashion

Rescue Beauty Lounge (p70)
21 Cleveland Place (Map 4 E5)
Health & Beauty

下东城（Lower East Side）

ALife Rivington Club (p73)
158 Rivington St. (Map 4 F4)
Shoes & Accessories

Shop (p74)
105 Stanton Street (Map 4 F4)
Fashion

Teany (p74)
90 Rivington St. (Map 4 F4)
Food

TG-170 (p73)
170 Ludlow St. (Map 4 F4)
Fashion

下曼哈顿

Century 21 (p64)
22 Cortlandt Street (Map 1 D3)
Fashion

Green Market (p166)
Farmer's market at Bowling Green Park (Map 1 D4)
Food Market

Amish Market Downtown (p166)
17 Battery Place (Map 1 D4)
Food Market

肉类加工区

Alexander McQueen (p167)
417 West 14th St. (Map 3 A2)
Fashion

Bonsignour (p76)
35 Jane Street (Map 3 B2)
Food

Jeffrey (pp78 & 167)
449 West 14th St. (Map 3 A2)
Department Store

MXYPLYZYK (p77)
125 Greenwich Ave. (Map 3 B2)
Interiors

Stella McCartney (p77)
429 West 14th Street (Map 3 A2)
Fashion

Vitra (p167)
29 9th Avenue (Map 3 A2)
Interiors

诺利塔

Bond 07 by Selima (p72)
7 Bond Street (Map 3 D3)
Shoes & Accessories

LAFCO (p73)
285 Lafayette St. (Map 4 E4)
Health & Beauty

Rafe (p72)
1 Bleecker Street (Map 4 E4)
Shoes & Accessories

苏活

A.P.C. (p66)
131 Mercer Street (Map 3 D4)
Fashion

Barney's Co-Op (p66)
116 Wooster Street (Map 3 D4)
Fashion

Clio (p67)
92 Thompson Street (Map 3 C4)
Interiors

Le Corset by Selima (p66)
80 Thompson Street (Map 3 C5)
Lingerie

Costume National (p67)
108 Wooster Street (Map 3 D4)
Fashion

Dean & DeLuca (p69)
560 Broadway (Map 3 D4)
Food

Hotel Venus by Patricia Field (p64)
382 West Broadway (Map 3 D5)
Fashion

Kate Spade Travel (p64)
59 Thompson Street (Map 3 C5)
Shoes & Accessories

Kate's Paperie (p70)
561 Broadway (Map 3 D4)
Stationery

Kirna Zabete (p67)
96 Greene St. (Map 3 D4)
Fashion

Miu Miu (p63)
100 Prince St. (Map 3 D4)
Fashion

Moss (p68)
146 Greene St. (Map 3 D4)
Interiors

Pearl River Mart (p65)
477 Broadway (Map 3 D5)
Department Store

Prada (p68)
575 Broadway (Map 3 D4)
Fashion

SCO (p71)
584 Broadway (Map 3 D4)
Health and Beauty

Scoop (p69)
532 Broadway (Map 3 D4)
Fashion

西村

Fat Beats (p75)
406 6th Avenue (Map 3 C2)
Music

Flight 001 (p76)
96 Greenwich Ave. (Map 3 B2)
Shoes & Accessories

Fresh (p75)
388 Bleecker Street (Map 3 B3)
Health & Beauty

$：低价位 $$：中等价位 $$$：高价位（价格范围：餐厅见29页，饭店见189页）

分区索引

下城区

购物（接上页）

Magnolia Bakery (p75)
401 Bleecker St. (Map 3 B3)
Food

Marc by Marc Jacobs (p76)
403–5 Bleecker St. (Map 3 B4)
Fashion

Marc Jacobs (p68)
163 Mercer Street (Map 3 B4)
Fashion

Subterranean Records (p155)
5 Cornelia Street (Map 3 C3)
Music

艺术与建筑

唐人街

Leo Koenig (p102)
249 Centre Street (Map 2 E2)
212 334 9255
Art Gallery

Mahayana Buddhist Temple (p166)
133 Canal Street (Map 2 E1)
Temple

Museum of Chinese in the Americas (p166)
70 Mulberry Street, 2nd Floor
(Map 2 E1)
Museum

下曼哈顿

Federal Hall (p166)
26 Wall Street (Map 1 D4)
Historic Building

Ground Zero (p101)
(Map 1 C3)
Modern Architecture

Skyscraper Museum (p101)
39 Battery Place (Map 1 D5)
Museum

St. Paul's Chapel (p100)
209 Broadway between Fulton & Vesey streets (Map 1 D3)
Church

Trinity Church (p166)
Broadway at Wall Street
(Map 1 D4)
Church

U.S. Custom House (p100)
1 Bowling Green (Map 1 D5)
Historic Building

Woolworth Building (p102)
233 Broadway at Barclay Street
(Map 1 D2)
Historic Building

下东城

Lower East Side Tenement Museum (p103)
90 Orchard Street (Map 4 F5)
Museum

肉类加工区

Karkula Gallery (p167)
68 Gansevoort St. (Map 3 A2)
Interiors

诺利塔

Merchant's House Museum (p103)
29 East 4th Street
(Map 4 E3)
Museum

苏活

Broken Kilometer (p102)
393 West Broadway (Map 3 D5)
Installation

Deitch Projects (p102)
18 Wooster Street (Map 3 D5)
Art Gallery

Earth Room (p102)
141 Wooster Street
(Map 3 D4)
Installation

西村

Forbes Magazine Gallery (p104)
60 5th Avenue at West 12th Street (Map 3 D2)
Art Gallery

Jefferson Market Courthouse (p104)
425 6th Avenue (Map 3 C2)
Historic Building

表演

东村

Bowery Poetry Club (p124)
308 Bowery (Map 4 E4)
Music/Poetry Venue

Landmark's Sunshine Theater (p124)
143 East Houston Street
(Map 4 E4)
Film Theater

Lit (p125)
93 2nd Ave. (Map 4 E3)
Music Venue

Nuyorican Poet's Café (p125)
236 East 3rd Street (Map 4 G3)
Poetry

P.S.122 (p126)
150 1st Avenue (Map 4 F2)
Combined Arts Center

下东城

Arlene's Grocery (p123)
95 Stanton Street (Map 4 F4)
Music Venue

Bowery Ballroom (p123)
6 Delancey Street (Map 4 E5)
Music Venue

Mercury Lounge (p122)
217 East Houston Street
(Map 4 F4)
Music Venue

Tonic (p123)
107 Norfolk Street (Map 4 G4)
Music Venue

诺利塔

The Public Theater (p125)
425 Lafayette Street
(Map 4 E3)
Theater

苏活

Film Forum (p120)
209 West Houston Street
(Map 3 C4)
Film Theater

S.O.B's (p120)
204 Varick Street (Map 3 C4)
Music Venue

翠贝卡

Knitting Factory (p120)
74 Leonard Street (Map 1 D1)
Music Venue

Union Square (p124)
17 Irving Place (Map 4 E1)
Music Venue

西村

55 Bar (p122)
55 Christopher St. (Map 3 C3)
Jazz Venue

Blue Note (p121)
131 West 3rd Street (Map 3 C3)
Jazz Venue

The Comedy Cellar (p121)
117 MacDougal St. (Map 3 C3)
Comedy

Cornelia Street Cafe (p121)
29 Cornelia St. (Map 3 C3)
Music/Poetry Venue

Duplex (p122)
61 Christopher St. (Map 3 B3)
Cabaret

Village Vanguard (p122)
178 7th Ave. South (Map 3 B2)
Jazz Venue

酒吧与俱乐部

唐人街

Winnie's (p142)
104 Bayard Street (Map 2 E1)
Bar

东村

2A (p147)
25 Avenue A (Map 4 F3)
Bar

Angel's Share (p148)
8 Stuyvesant St. (Map 4 E2)
Cocktail Lounge

Bar Veloce (p150)
175 2nd Avenue (Map 4 E2)
Bar

Beauty Bar (p150)
231 East 14th St. (Map 4 E2)
DJ Bar

KGB (p148)
85 East 4th Street (Map 4 E3)
Bar

Korova Milk Bar (p151)
200 Avenue A (Map 4 F2)
Bar

Lansky Lounge (p145)
104 Norfolk Street
(Map 4 G4)
Cocktail Lounge/DJ Bar

218

www.realcity.dk.com

下城区—中城区

McSorley's (p148)
15 East 7th Street (Map 4 E3)
Ale House

Nevada Smith's (p148)
74 3rd Avenue (Map 4 E2)
Bar

Parkside Lounge (p147)
317 East Houston St. (Map 4 G4)
Bar

Rue B (p151)
188 Avenue B (Map 4 G2)
Bar

Swift (p148)
34 East 4th St. (Map 4 E3)
Ale House

Uncle Ming's (p152)
225 Ave. B, 2nd Flr. (Map 4 G2)
DJ Bar

小意大利

ñ (p144)
33 Crosby Street (Map 3 D5)
Bar

下东城

Arlene's Grocery (p123)
95 Stanton Street (Map 4 F4)
Bar & Music Venue

Barramundi (p146)
67 Clinton Street (Map 4 F4)
Bar

Pianos (p147)
158 Ludlow Street (Map 4 F4)
Bar

Slipper Room (p147)
167 Orchard Street (Map 4 F4)
Bar

Welcome to the Johnson's (p146)
123 Rivington Street (Map 4 F4)
Bar

下曼哈顿

Pussycat Lounge (p142)
96 Greenwich St. (Map 1 D4)
Bar

肉类加工区

Cielo (pp154 & 167)
18 Little W. 12th St. (Map 3 A2)
Club

Cubbyhole (p154)
281 West 12th Street (Map 3 B2)
Bar

Level V (p154)
675 Hudson Street (Map 3 A2)
Cocktail Lounge

诺利塔

B-Bar & Grill (p149)
40 East 4th Street (Map 4 E3)
Bar

Pravda (p145)
281 Lafayette Street (Map 4 E4)
Cocktail Lounge

Temple Bar (p144)
332 Lafayette Street (Map 4 E4)
Cocktail Lounge

苏活

Antarctica (p142)
287 Hudson Street (Map 3 C5)
Bar

THOM's Bar (p140)
60 Thompson Street
(Map 3 C5)
Cocktail Lounge

西村

Blind Tiger Ale House (p153)
518 Hudson Street
(Map 3 B3)
Ale House

Chumley's (p152)
86 Bedford Street (Map 3 B3)
Bar

Lotus (p150)
409 West 14th Street
(Map 3 A2)
DJ Bar

Stonewall (p153)
53 Christopher St. (Map 3 B3)
Bar

Sullivan Room (p152)
218 Sullivan Street (Map 3 C3)
DJ Bar

Vol de Nuit (p152)
148 West 4th Street (Map 3 C3)
Ale House

White Horse Tavern (p153)
567 Hudson Street (Map 3 B3)
Ale House

偷闲取静:
公园与花园

下曼哈顿

Battery Park (p166)
Battery Place & State Street
(Map 1 D4) www.bpcparks.org

偷闲取静:
Spa与保养

苏活

Angel Feet (p176)
77 Perry Street (Map 3 B3)

Bliss SoHo (p176)
568 Broadway (Map 3 D4)

Jivamukti Yoga Center (p177)
404 Lafayette Street
(Map 4 E3)

住宿

肉类加工区

Abingdon $
Guest House (p189)
13 8th Avenue (Map 3 B2)

Soho House $$$
New York (p190)
29–35 9th Avenue (Map 3 A2)

苏活

Bevy's SoHo Loft (p188) $
70 Mercer Street
(Map 3 D5)

60 Thompson (p188) $$
60 Thompson Street (3 C5)

Mercer Hotel (p188) $$$
147 Mercer Street (Map 3 D4)

SoHo Grand $$
Hotel (p188)
310 West Broadway
(Map 3 D5)

翠贝卡

Tribeca Grand Hotel (p189) $$$
Two Avenue of the Americas
(Map 3 C5)

西村

Washington Square $
Hotel (p189)
103 Waverly Place (Map 3 C3)

中城区

餐厅

切尔西（Chelsea）

Biltmore Room (p44) $$$
290 8th Avenue (Map 5 C5)
International

City Bakery (p43) $
3 West 18th Street (Map 3 C1)
Bakery

Grand Sichuan $
International (p43)
229 9th Avenue (Map 5 C5)
Chinese

Red Cat (p43) $$
227 10th Avenue (Map 5 B5)
International

Wild Lily Tea Room (p177) $
511a West 22nd Street
(Map 5 B5)
Tea Room

熨斗区（Flatiron）

Tamarind (p45) $$
41–3 East 22nd St. (Map 6 F5)
Indian

Bolo (p44) $$$
23 East 22nd Street
(Map 6 E5)
Spanish

Tabla (p44) $$$
11 Madison Avenue
(Map 6 E5)
Indian

Mandoo Bar (p46) $
2 West 32nd Street
(Map 6 E4)
Korean

格拉默西（Gramercy）

Artisanal (p46) $$
2 Park Avenue (Map 6 F4)
European

Blue Smoke (p45) $$
116 East 27th Street (Map 6 F4)
American

Dos Caminos (p45) $$
373 Park Avenue South
(Map 6 F5)
Mexican

$: 低价位 $$: 中等价位 $$$: 高价位（价格范围: 餐厅见29页，饭店见189页）

219

分区索引

中城区

餐厅（接上页）

Gramercy Tavern (p42)
42 East 20th Street
(Map 4 E1) 212 477 0777
American

i Trulli (p46) $$$
122 East 27th Street
(Map 6 F4)
Italian

Lady Mendl's Tea Room (p35)
56 Irving Place (Map 4 E1)
Tea Room

Union Square Café (p43) $$$
21 East 16th Street (Map 3 D1)
American

地狱厨房（Hell's Kitchen）

Sandwich Planet (p47) $
534 9th Avenue (Map 5 C2)
Deli

默里山（Murray Hill）

Cho Dang Gol (p47) $
55 West 35th Street (Map 6 E3)
Korean

Ess-a-Bagel (p48) $
831 3rd Avenue (Map 6 F1)
Bagel Shop

剧院区（Theater District）

Acqua Pazza (p49) $$$
36 West 52nd St. (Map 8 E5)
Italian

Aquavit (p49) $$$
65 East 55th Street (Map 8 E5)
Swedish

**Churrascaria
Plataforma** (p48) $$$
316 West 49th Street
(Map 5 C1)
South American

Four Seasons (p42) $$$
99 East 52nd Street
(Map 7 D5)
American

Genki Sushi (p48) $
9 East 46th Street (Map 6 E1)
Japanese

Mi Nidito (p47) $$
852 8th Avenue (Map 5 C1)
Mexican

Norma's (p50) $$
Le Parker Meridien Hotel, 118
W. 57th Street (Map 7 D5)
Breakfast/Brunch

Palm Court Tea Room (p35)
Plaza Hotel, 5th Ave. (Map 8 E4)
Tea Room

Town (p50) $$$
Chambers Hotel, 15 West 56th
Street (Map 8 E5)
International

购物

切尔西

La Cafetiere (p78)
160 9th Avenue (Map 3 A1)
Interiors

Chelsea Flea Market (p168)
North West corner of 24th St. &
6th Ave. (Map 5 D5)
Market

Gap (p74)
60 West 34th Street (Map 5 D3)
Music

Jazz Record Center (p82)
236 West 26th Street,
8th floor (Map 5 C5)
Music

Macy's (p80)
151 West 34th St. (Map 5 D3)
Department Store

格拉默西

ABC Carpet and Home (p79)
888 Broadway (Map 3 D1)
Interiors

Paragon Sporting Goods (p80)
867 Broadway (Map 3 D1)
Sporting Goods

**Union Square
Green Market** (p168)
Union Square (Map 3 D1)
Market

剧院区（Theater District）

Bergdorf Goodman (p85)
754 5th Avenue (Map 8 E4)
Department Store

Felissimo (p84)
10 West 56th Street (Map 8 E5)
Interiors

Henri Bendel (p80)
712 West 5th Ave. (Map 8 E5)
Department Store

Jimmy Choo (p82)
645 5th Avenue (Map 8 E5)
Shoes & Accessories

Manolo Blahnik (p82)
31 West 54th St. (Map 8 E5)
Shoes & Accessories

Niketown (p84)
6 East 57th Street (Map 8 E5)
Shoes & Accessories

Sak's Fifth Avenue (p80)
611 5th Avenue (Map 5 C5)
Department Store

Takashimaya (p83)
693 5th Avenue (Map 8 E5)
Department Store

表演

切尔西

Gagosian (p99)
555 West 24th Street (Map 5 B5)
www.gagosian.com
Art Gallery

Mary Boone (p102)
541 West 24th Street (Map 5 B5)
www.maryboone.com
Art Gallery

**Museum at the Fashion Institute
of Technology** (p104)
7th Ave. at 27th St. (Map 5 D4)
Museum

Pace Wildenstein (p102)
534 West 25th Street (Map 5 B5)
Art Gallery

熨斗区

Flatiron Building (p106)
23rd St., 5th Ave. & Broadway
(Map 6 E5)
Historic Building

格拉默西

Block Beautiful (p102)
East 19th St., between Irving
Place & 3rd Ave. (Map 4 E1)
Historic Building

默里山

Chanin Building (p105)
122 East 42nd Street at
Lexington Avenue (Map 6 F2)
Modern Architecture

Chrysler Building (p105)
405 Lexington Avenue (Map 6 F2)
Modern Architecture

Daily News Building (p105)
220 East 42nd Street (Map 6 G2)
Modern Architecture

Empire State Bldg (pp12 & 105)
350 5th Avenue (Map 6 E3)
Modern Architecture

General Electric Bldg. (p105)
570 Lexington Avenue at 51st
Street (Map 6 F1)
Modern Architecture

Grand Central Terminal (p105)
42nd St. & Park Ave. (Map 6 F2)
Historic Building

**Whitney Museum of American
Art at Altria** (p106)
120 Park Avenue at 42nd Street
(Map 6 F2)
Museum

剧院区

**International Center of
Photography** (p106)
1133 Ave. of the Americas (Map 5 D2)
Art Gallery

Museum of Modern Art (p107)
11 West 53rd Street (Map 8 E5)
Museum

**Museum of Television
and Radio** (p109)
25 West 52nd Street (Map 8 E5)
Museum

**Rose Museum at
Carnegie Hall** (p106)
154 West 57th Street, 2nd Floor
(Map 7 D5)
Museum

表演

切尔西

Hammerstein Ballroom (p127)
311 West 34th Street (Map 5 C3)
Music Venue

中城区

The Joyce Theater (p126)
175 8th Avenue (Map 3 B1)
Dance

The Kitchen (p126)
512 West 19th Street (Map 3 A1)
Combined Arts Center

Upright Citizen's Brigade (p127)
307 West 26th Street (Map 5 C5)
Comedy

熨斗区

Gotham Comedy Club (p127)
208 West 23rd Street (Map 6 E5)
Comedy

Madison Square Garden (p137)
(Map 6 E5)
Sports Arena

格拉默西

Jazz Standard (p127)
116 East 27th St. (Map 6 F4)
Jazz Club

Rodeo Bar (p128)
375 3rd Avenue (Map 6 F5)
Music Venue

剧院区

B.B. King Blues Club (p128)
237 West 42nd St. (Map 5 C2)
Jazz & Blues Venue

Carnegie Hall (p131)
881 7th Avenue at 57th Street
(Map 7 D5)
Concert Hall

City Center (p129)
131 West 55th Street (Map 7 D5)
Combined Arts Center

Don't Tell Mama (p129)
343 West 46th Street (Map 5 C1)
Cabaret

Ed Sullivan Theater (p130)
51 West 52nd Street (Map 7 D5)
TV Studio

Iridium (p128)
1650 Broadway (Map 5 D1)
Jazz & Blues Venue

NBC Studios (p130)
Main Lobby, 49th St. between
5th and 7th Aves (Map 6 E1)
TV Studio

Rainbow Room (p129)
30 Rockefeller Plaza,
65th Floor (Map 6 E1)
Ballroom

**Roundabout/
AA Theatre** (p128)
227 West 42nd St.
(Map 5 D2)
Theater

Swing 46 (p129)
349 West 46th Street (Map 5 C1)
Ballroom

酒吧与俱乐部

切尔西

Avalon (p155)
47 West 20th Street (Map 3 C1)
DJ Bar

Bungalow 8 (p156)
515 West 27th Street (Map 5 B4)
Bar

Copacabana (p157)
560 West 34th Street (Map 5 B3)
Ball Room

Glass (p156)
287 10th Avenue (Map 5 B5)
Bar

Hiro (p156)
366 West 17th Street
(Map 3 A1)
Bar

Plunge Bar (p161)
18 9th Avenue (Map 3 A1)
Bar

Roxy (p155)
515 West 18th Street
(Map 3 A1)
Club

Serena (p155)
Chelsea Hotel, 222 West 23rd
Street (Map 5 C5)
Bar

Spirit (p156)
530 West 27th Street (Map 5 B4)
Bar

熨斗区

Eugene (p155)
27 West 24th Street
(Map 6 E5)
Club

Sky Bar (p161)
27 West 24th St. (Map 6 E5)
Club

地狱厨房

Rudy's Bar & Grill (p154)
627 9th Avenue (Map 5 C1)
Bar

默里山

Campbell Apartment (p157)
15 Vanderbilt Ave., SW Balcony,
Grand Central Terminal
(Map 6 F2)
Bar

The Ginger Man (p157)
11 East 36th Street (Map 6 E3)
Bar

Métrazur (p158)
East Balcony, Grand Central
Station (Map 6 F2)
Cocktail Lounge

剧院区

Ava Lounge (p158)
210 West 55th Street (Map 7 D5)
Bar

Flûte (p158)
205 West 54th Street (Map 7 D5)
DJ Bar

Russian Vodka Room (p159)
265 West 52nd Street (Map 7 D5)
Bar

Single Room Occupancy (p158)
360 West 53rd Street (Map 7 C5)
Bar

海龟湾（Turtle Bay）

Mica Bar (p154)
252 East 51st Street (Map 6 F1)
Bar

**Top of the Tower @
Beekman Tower Hotel** (p178)
3 Mitchell Place at 49th Street &
First Avenue (Map 6 G1)
Bar

偷闲取静：
温泉与游泳池

熨斗区

Oasis Day Spa (p79)
108 East 16th St. (Map 3 C1)

剧院区

**The Spa at the Mandarin
Oriental** (p172)
80 Columbus Circle
at 60th Street, 35th Floor (Map 7 C4)

住宿

切尔西

Chelsea Inn (p191) $
46 West 17th Street
(Map 3 C1)

Chelsea Lodge (p191) $
318 West 20th Street
(Map 3 B1)

Hotel Chelsea (p189) $$
222 West 23rd Street
(Map 5 C5)

Maritime Hotel (p191) $$
363 West 16th Street
(Map 3 A1)

格拉默西

W Union Square (p191) $$
201 Park Avenue S (Map 3D1)

默里山

Affinia Shelburne (p192) $$
303 Lexington Ave.
(Map 6 F3)

Morgans (p187) $$
237 Madison Avenue
(Map 6 E3)

剧院区

Four Seasons (p194) $$$
57 East 57th Street
(Map 8 E5)

The Peninsula (p192) $$$
700 5th Avenue at 55th Street
(Map 8 E5)

The Plaza (p189) $$$
5th Avenue at Central Park
South (Map 8 E4)

Royalton (p192) $$
44 West 44th Street
(Map 6 E2)

St. Regis (p192) $$$
2 East 55th Street
(Map 8 E5)

$**：低价位   **$$**：中等价位   **$$$：高价位（价格范围：餐厅见29页，饭店见189页）

分区索引

上东城

餐厅

Annie's (p51) $
1381 3rd Avenue (Map 8 F1)
American

Atlantic Grill (p52) $$
1341 3rd Avenue (Map 8 F1)
Seafood

Candle 79 (p52) $$
154 East 79th Street (Map 8 F1)
Vegetarian/Vegan

Geisha (p50) $$
33 East 61st Street (Map 8 E4)
Japanese

March (p51) $$$
405 East 58th Street (Map 8 H4)
Asian

Mezzaluna (p51) $$
1295 3rd Avenue (Map 8 H4)
Italian

Rotunda at the Pierre (p180)
The Pierre Hotel, 2 East 61st Street (Map 8 E4)
Tea Room

Serendipity 3 (p51) $$$
225 East 60th Street (Map 8 F4)
American

Sushi of Gari (p53) $$$
402 East 78th Street (Map 8 G1)
Japanese

Via Quadronno (p35) $
25 East 73rd Street (Map 8 F2)
www.viaquadronno.com
Italian

购物

ABH Designs (p88)
401 East 76th Street (Map 8 H1)
Interiors

Anik (p87)
1122 Madison Ave. (Map 8 E2)
Fashion

Barney's New York (p86)
660 Madison Avenue
(Map 8 E4)
Department Store

Bloomingdale's (p80)
1000 3rd Avenue (Map 8 F4)
Department Store

Bra Smyth (p86)
905 Madison Avenue
(Map 8 E2)
Lingerie

Christian Louboutin (p87)
941 Madison Avenue
(Map 8 E2)
Shoes & Accessories

Clyde's (p87)
926 Madison Avenue
(Map 8 E2)
Heath & Beauty

Diane B (p87)
1414 3rd Avenue
(Map 8 F2)
Fashion

Dylan's Candy Bar (p8)
1011 3rd Avenue
(Map 8 F4)
Food

La Perla (p8)
803 Madison Avenue
(Map 8 E3)
Lingerie

Searle (p8)
1124 Madison Avenue
(Map 10 E5)
Fashion

艺术与建筑

Asia Society (p10)
725 Park Avenue
at 70th Street (Map 8 F2)
Gallery

Cooper-Hewitt National Design Museum (p111)
2 East 91st Street (Map 10 E4)
Museum

Frick Collection (p10)
1 East 70th St. (Map 8 E2)
Museum

Guggenheim Museum (p1)
1071 5th Avenue at 89th Street
(Map 10 E4)
Museum

The Jewish Museum (p111)
1109 5th Avenue at 92nd Street
(Map 10 E4)
Museum

Metropolitan Museum of Art (p109)
1000 5th Avenue
(Map 8 E1)
Museum

El Museo del Barrio (p113)
1230 5th Ave. at 104th St. (Map 10 E2)
Museum

Whitney Museum of American Art (p107)
945 Madison Avenue
(Map 8 E2)
Museum

表演

92nd Street Y (p131)
1395 Lexington Avenue
(Map 10 F4)
Combined Arts Center

The Comic Strip (p131)
1568 2nd Avenue
(Map 8 G1)
Comedy

Florence Gould Hall (p130)
55 East 59th Street
(Map 8 F4)
Combined Arts Center

酒吧

The Auction House (p160)
300 East 89th St.
(Map 10 G4)
Bar

Baraonda (p159)
1439 2nd Avenue
(Map 8 G2)
Bar

Bemelmans Bar (p159)
Carlyle Hotel, 35 East 76th Street (Map 8 E1)
Bar

偷闲取静：公园与花园

Conservatory Gardens at Central Park (p179)
5th Avenue at 105th Street (Map 10 E2)

The Iris and B. Gerald Cantor Roof Garden (p178)
Metropolitan Museum of Art, 1000 5th Avenue
(Map 8 E1)

Ramble at Central Park (p179)
5th Avenue between 72nd and 80th streets (Map 7 D2)

住宿

1871 House (p194) $
130 East 62nd St. (Map 8 F4)

The Carlyle (p189) $$$
Madison Avenue at 76th Street
www.thecarlyle.com
(Map 8 E1)

Hotel Surrey (p195)
20 East 76th St. (Map 8 E1)

Hotel Wales (p196)
1295 Madison Ave. (Map 10 E4)

The Lowell (p195) $$$
28 East 63rd St. (Map 8 F4)

The Mark (p195) $$$
25 East 77th St. (Map 8 E1)

The Pierre (p195) $$$
5th Avenue at 61st Street (Map 8 E4)

上西城

餐厅

Aix (p55) $$$
2398 Broadway (Map 9 B5)
French

El Malecón II (p54) $
764 Amsterdam Avenue (9 B3)
Caribbean

Ouest (p53) $$$
2315 Broadway (Map 9 B5)
American

Pasha (p54) $$
70 West 71st Street (Map 7 C2)
Turkish

Picholine (p54) $$$
35 West 64th St. (Map 7 C3)
European

Tavern on the Green (p42)
Central Park West between 66th and 67th Sts. (Map 7 C3) 212 873 3200
www.tavernonthegreen.com
American

上东城—布鲁克林区

购物

Blades Board & Skate (p88)
120 West 72nd St. (Map 7 B2)
Sporting Goods

Housing Works Thrift Shop (p89)
306 Columbus Ave. (Map 7 C2)
Thrift Store

Intermix (p88)
210 Columbus Ave. (Map 7 C3)
Fashion

Super Runners (p89)
360 Amsterdam Ave. (Map 7 B1)
Sporting Goods

Zabar's (p89)
2245 Broadway (Map 7 B1)
Food

艺术与建筑

Cathedral Church of St. John Divine (p180)
1047 Amsterdam Ave. (Map 9 B1)
Church

表演

Lincoln Center for the Performing Arts (p132)
Broadway & Amsterdam btwn 62d & 66th Sts (Map 7 B3)
Performing Arts Center

Makor (p133)
35 West 67th Street (Map 7 C3)
Combined Arts Center

Merkin Concert Hall (p131)
129 West 67th Street (Map 7 B3)
Concert Hall

Smoke (p133)
2751 Broadway (Map 9 B2)
Jazz Venue

Stand-Up NY (p133)
236 West 78th Ave. (Map 7 B2)
Comedy

Symphony Space (p133)
2537 Broadway (Map 9 B3)
Combined Arts Center

酒吧与俱乐部

Boat Basin Café (p161)
West 79th St. at Henry Hudson Parkway (Map 7 A1)
Bar

Library Bar (p154)
Hudson Hotel, 356 West 58th Street (Map 7 B4)
Bar

住宿

Hudson Hotel (p193) $$
356 West 58th Street (Map 7 C4)

中央公园以北地区

餐厅

哥伦比亚大学（Columbia University）

Symposium (p55) $$
544 West 113th St. (Map 11 B5)
Greek

特莱恩堡（Fort Tryon）

New Leaf Café (p55) $$
Fort Tryon Park
American

哈莱姆区（Harlem）

Amy Ruth's (p169) $
113 West 116th St.
(Map 11 D5) 212 280 8779
American

购物

哈莱姆区

Demolition Depot (p90)
216 East 125th St.
(Map 12 G3)
Interiors

Xukuma (p90)
183 Lenox Avenue (11 D4)
Fashion/Interiors

艺术与建筑

特莱恩堡

The Cloisters (p112)
Fort Tryon Park
Museum

哈莱姆区

Studio Museum in Harlem (p113)
144 West 125th St. (Map 11 D3)
Museum

表演

哈莱姆区

Apollo Theater (p134)
253 West 125th. St. (Map 11 D3)
Music/Combined Arts Venue

Lenox Lounge (p135)
288 Lenox Avenue between 124th & 125th (Map 11 D3)
Jazz Venue

住宿

哈莱姆区

Harlem Flophouse (p196) $
242 West 123rd St. (Map 11 D4)

布鲁克林区

餐厅

波恩兰姆小丘（Boerum Hill）

Stan's Place (p58) $
411 Avenue (Map 13 C3)
American

布鲁克林高地（Brooklyn Heights）

Brooklyn Ice Cream Factory (p170) $
Fulton Ferry Landing
(Map 13 A4)
Ice Cream Parlor

Connecticut Muffin (p170) $
115 Montague Street
(Map 13 A4)
Bakery

Noodle Pudding (p55) $$
38 Henry Street
(Map 13 A3)
Italian

The River Café (p56) $$$
1 Water Street (Map 13 A3)
International

Teresa's (p170) $$
80 Montague St. (Map 13 A4)
Polish

卡洛公园（Carroll Gardens）

The Grocery (p56) $$
288 Smith Street
(Map 13 B4)
American

Joya (p56) $
215 Court Street
(Map 13 B4)
Thai

科尼岛（Coney Island）

Café Arbat (p172) $
306 Brighton Beach Avenue
Eastern European

Café Glechik (p172) $
3159 Coney Island Avenue
Eastern European

Nathan's Famous Hotdogs (p172) $
Corner of Surf & Stillwell Aves
American

葛雷尼堡（Fort Green）

i-Shebeen Madiba (p58) $$
195 DeKalb Avenue
(Map 13 C3)
South African

LouLou (p57) $$
222 DeKalb Avenue
(Map 13 C3)
French

公园坡（Park Slope）

Convivium Osteria (p57) $$
68 5th Avenue
(Map 13 C4)
Italian

Park Slope Chip Shop (p57) $
383 5th Avenue
(Map 13 C5)
British

购物

Calliope (p94)
135 Grand St. (Map 13 B2)
Fashion

Darr (p93)
369 Atlantic Ave.
(Map 13 B4)
Interiors

Nom de Guerre (p93)
88 North 6th St. (Map 13 B2)
Fashion

住宿

Akwaaba Mansion (p197)
347 McDonough St.
(Utica Ave. Stn.)

$: 低价位 $$: 中等价位 $$$: 高价位 (价格范围: 餐厅见29页，饭店见189页)

分类索引

餐厅

推荐餐饮场所，包括咖啡店、茶馆和熟食店

美国菜

Alias (p32) $$
76 Clinton Street (Map 4 G4)
Downtown/Lower East Side

Amy Ruth's (p169) $
113 West 116th Street
(Map 11 D5) 212 280 8779
Above Central Park/Harlem

Annie's (p51) $
1381 3rd Avenue (Map 8 F1)
Upper East Side

Blue Smoke (p45) $$
116 East 27th Street (Map 6 F4)
Midtown/Gramercy

Butta'Cup Lounge (p58) $$
271 Adelphi Street (Map 13 C3)
Brooklyn/Fort Greene

Crif Dogs (p40) $
113 St. Mark's Place (Map 4 F3)
Downtown/East Village

Florent (p42) $$
69 Gansevoort Street
(Map 3 A2)
Downtown/Meatpacking District

Four Seasons (p42) $$$
99 East 52nd Street
(Map 7 D5) www.fourseasons
restaurant.com
Midtown/Theater District

Freemans (p34) $$
Freeman Alley (Map 4 E4)
Downtown/East Village

Gramercy Tavern (p42) $$
42 East 20th Street (Map 4 E1)
212 477 0777
Midtown/Gramercy

The Grocery (p56) $$
288 Smith Street (Map 13 B4)
Brooklyn/Carroll Gardens

Jackson Diner (p173) $
37 74th Street
Queens/Jackson Heights

Jane (p30) $$
100 West Houston Street
(Map 3 D4)
Downtown/West Village

Mercer Kitchen (p29) $$
99 Prince Street (Map 3 D5)
Downtown/SoHo

Nathan's Famous Hotdogs (p172) $
Corner of Surf &
Stillwell Aves
Brooklyn/Coney Island

New Leaf Café (p55) $$
Fort Tryon Park, One Margaret
Corbin Drive (off map)
*Above Central Park/Fort Tryon
& Inwood*

Ouest (p53) $$$
2315 Broadway (Map 9 B5)
Upper West Side

Paul's Palace (p35) $
131 2nd Avenue (Map 4 E3)
Downtown/East Village

Peter Luger Steak House (p59) $$$
178 Broadway (Map 13 C2)
Brooklyn/Williamsburg

Relish (p59) $
225 Wythe Avenue (Map 13 B2)
Brooklyn/Williamsburg

Serendipity 3 (p51) $
225 East 60th Street
(Map 8 F4)
Upper East Side

Stan's Place (p58) $
411 Atlantic Ave (Map 13 C3)
Brooklyn

Tavern on the Green (p42) $
Central Park West between 66th
and 67th Streets (Map 7 C3)
212 873 3200
www.tavernonthegreen.com
Upper West Side

**Top of the Tower
@ Beekman Tower Hotel** (p178) $$
3 Mitchell Place at 49th Street &
1st Avenue (Map 6 G1)
Midtown/Turtle Bay

Union Square Café (p43) $$$
21 East 16th Street (Map 3 D1)
Midtown/Gramercy

WD-50 (p32) $$$
50 Clinton Street (Map 4 G4)
Downtown/Lower East Side

亚洲菜

March (p51) $$$
405 East 58th Street (Map 8 H4)
Upper East Side

奥地利菜

Wallsé (p41) $$$
344 West 11th Street (Map 3 A3)
Downtown/West Village

糕饼店

可亦见咖啡店、熟食店和茶馆

Bonsignour (p76) $
35 Jane Street (Map 3 B2)
Downtown/Meatpacking District

City Bakery (p43) $
3 West 18th Street (Map 3 C1)
Midtown/Chelsea

Cukiernia (p171) $
223 Bedford Avenue
(Map 13 B2)
Brooklyn/Williamsburg

Dean & DeLuca (p69) $
560 Broadway (Map 3 D4)
Downtown/SoHo

Egidio Pastry Shop (p173) $
622 East 187th Street
Bronx

Ess-a-Bagel (p48) $
831 3rd Avenue (Map 6 F1)
Midtown/Murray Hill

Magnolia Bakery (p75) $
401 Bleeker Street (Map 3 B3)
Downtown/West Village

比利时菜

Pommes Frites (p40) $
123 2nd Avenue (Map 4 E3)
Downtown/East Village

早餐/早午餐

Florent (p42) $
69 Gansevoort Street
(Map 3 A2)
Downtown/West Village

英国菜

Norma's (p50) $$
Le Parker Meridien Hotel, 118
West 57th Street (Map 7 D5)
Midtown/Theater District

Park Slope Chip Shop (p57) $
383 5th Avenue (Map 13 C5)
Brooklyn/Park Slope

The Spotted Pig (p37) $$
314 West 11th Street
(Map 3 C2)
Downtown/SoHo

Tea & Sympathy (p35) $
108 Greenwich Ave. (Map 3 C2)
www.teaandsympathy
newyork.com
Downtown/West Village

咖啡店

也可见糕饼店、熟食店和茶馆

Bonsignour (p76) $
35 Jane Street (Map 3 B2)
Downtown/Meatpacking District

Connecticut Muffin (p170) $
115 Montague Street
(Map 13 A4)
Brooklyn/Brooklyn Heights

DT-UT (p168) $
41 Avenue B (Map 4 G2)
Downtown/East Village

Egidio Pastry Shop (p173) $
622 East 187th Street
Bronx

Joe (p35) $
141 Waverly Place (Map 3 C3)
Downtown/West Village

Mud Spot (p35) $
307 East 9th Street (Map 4 E2)
www.themudtruck.com
Downtown/East Village

Mud Truck (p35) $
14th Street and Broadway
(Map 3 D2)
www.themudtruck.com
Downtown/West Village

Rue B (p168) $
188 Avenue B (Map 4 G2)
Downtown/East Village

餐厅

Verb Café (p171) $
218 Bedford Avenue
(Map 13 C2)
www.verbcafe.com
Brooklyn/Williamsburg

Via Quadronno (p35) $
25 East 73rd Street
212 650 9880
(Map 8 F2)
Upper East Side

加勒比海风味

El Malecón II (p54) $
764 Amsterdam Avenue
(Map 9 B3)
Upper West Side

中国菜

66 (p28) $$$
241 Church Street
(Map 1 D1)
Downtown/Tribeca

Fried Dumpling (p40) $
99 Allen Street
(Map 4 F4)
Downtown/Lower East Side

HSF (p166) $$
46 Bowery
(Map 2 E1)
Downtown/Chinatown

Golden Unicorn (p29) $
18 East Broadway
(Map 2 F1)D
Downtown/Chinatown

Grand Sichuan International (p43) $
229 9th Avenue
(Map 5 C5)
Midtown/Chelsea

Great NY Noodle Town (p166) $
28½ Bowery at Bayard Street
(Map 2 E1)
Downtown/Chinatown

Peking Duck House (p29) $$
28 Mott Street
(Map 2 E1)
Downtown/Chinatown

古巴菜

Cafe Habana (p31) $
17 Prince
(Map 4 E4)
Downtown/Nolita

熟食店/三明治店

也可见糕饼店、咖啡店和茶馆

Amish Fine Food (p166) $
17 Battery Place (Map 1 D5)
Downtown/Lower Manhattan

BB Sandwich Bar (p40) $
120 West 3rd Street (Map 3 C3)
Downtown/West Village

Cosi (p166) $
55 Broad Street (Map 1 D4)
Downtown/Lower Manhattan

Dean & DeLuca (p69) $
560 Broadway (Map 3 D4)
Downtown/SoHo

Pret a Manger (p166) $
60 Broad Street (Map 1 D4)
Downtown/Lower Manhattan

Sandwich Planet (p47) $
534 9th Avenue (Map 5 C2)
Midtown/Hell's Kitchen

Zabar's (p89) $
2245 Broadway (Map 7 B1)
Upper West Side

东欧风味

Café Arbat (p172) $
306 Brighton Beach Avenue
Brooklyn/Coney Island

Café Glechik (p172) $
3159 Coney Island Avenue
Brooklyn/Coney Island

欧洲风味

Artisanal (p46) $$
2 Park Avenue (Map 6 F4)
Midtown/Gramercy

Blue Ribbon Bakery (p37) $$$
33 Downing Street (Map 3 C4)
Downtown/West Village

Florent (p42) $$
69 Gansevoort St. (Map 3 A2)
Downtown/Meatpacking District

Four Seasons (p42) $$$
99 East 52nd Street
(Map 7 D5) www.fourseasons
restaurant.com
Midtown/Theater District

Montrachet (p28) $$$
239 West Broadway (Map 1 C1)
Downtown/Tribeca

Picholine (p54) $$$
35 West 64th Street (Map 7 C3)
Upper West Side

法国菜

Aix (p55) $$$
2398 Broadway (Map 9 B5)
Upper West Side

Balthazar (p29) $$
80 Spring Street (Map 3 D5)
Downtown/SoHo

Chanterelle (p42) $$$
2 Harrison Street (Map 1 C1)
212 966 6960 www.
chanterellenyc.com
Downtown/Tribeca

L'Ecole (p30) $$
462 Broadway (Map 3 D5)
Downtown/SoHo

The Elephant (p31) $$
58 East 1st Street (Map 4 F4)
Downtown/East Village

LouLou (p57) $$
222 DeKalb Avenue
(Map 13 C3)
Brooklyn/Fort Greene

Mercer Kitchen (p29) $$
99 Prince Street (Map 3 D4)
Downtown/SoHo

Pastis (p167) $$
9 9th Avenue (Map 3 A2)
212 929 4844
www.pastisny.com
Downtown/Meatpacking District

Le Tableau (p33) $$
511 East 5th Street
(Map 4 F3)
Downtown/East Village

Tartine (p42) $
253 West 11th Street
(Map 3 B2)
Downtown/West Village

希腊菜

Pylos (p34) $$
128 East 7th Street (Map 4 F3)
Downtown/East Village

Symposium (p55) $$
544 West 113th Street
(Map 11 B5)
Above Central Park/Columbia University

冰激凌店

Brooklyn Ice Cream Factory (p170) $
Fulton Ferry Landing
(Map 13 A4)
Brooklyn/Brooklyn Heights

Chinatown Ice Cream Factory (p166) $
65 Bayard Street (Map 2 E1)
Downtown/Chinatown

Cones (p40) $
272 Bleecker Street (3 C3)
Downtown/West Village

印度菜

Tabla (p44) $$$
11 Madison Avenue (Map 6 E5)
Midtown/Flatiron

Tamarind (p45) $$
41–3 East 22nd Street
(Map 6 F5)
Midtown/Flatiron

国际风味

Biltmore Room (p44) $$$
290 8th Avenue (Map 5 C5)
Midtown/Chelsea

Red Cat (p43) $$
227 10th Avenue (Map 5 B5)
Midtown/Chelsea

The River Café (p56) $$$
1 Water Street (Map 13 A3)
Brooklyn/Brooklyn Heights

Town (p50) $$$
Chambers Hotel, 15 West 56th Street (Map 8 E5)
Midtown/Theater District

意大利菜

Acappella (p28) $$$
1 Hudson Street (Map 1 C2)
Downtown/Tribeca

Acqua Pazza (p49) $$$
36 West 52nd Street
(Map 8 E5)
Midtown/Theater District

>> $：低价位 $$：中等价位 $$$：高价位（价格范围：餐厅见29页，饭店见189页）

分类索引

餐厅

意大利菜 (接上页)

Al Di La (p57) $$
248 5th Avenue (Map 13 C4)
Brooklyn/Park Slope

Babone (p38) $$$
110 Waverly Place (Map 3 C3)
Downtown/West Village

Bamonte's (p59) $$
32 Withers Street (Map 13 C1)
Brooklyn/Williamsburg

Convivium Osteria (p57) $$
68 5th Avenue (Map 13 C4)
Brooklyn/Park Slope

'inoteca (p32) $$
98 Rivington Street (Map 4 F4)
Downtown/Lower East Side

i Trulli (p46) $$$
122 East 27th Street
(Map 6 F4)
Midtown/Gramercy

Mezzaluna (p51) $$
1295 3rd Avenue (Map 8 F2)
Upper East Side

Noodle Pudding (p55) $$
38 Henry Street (Map 13 A3)
Brooklyn/Brooklyn Heights

Otto Enoteca and Pizzeria (p38) $
15th Avenue (Map 3 D3)
Downtown/West Village

Pepe Rosso's (p40) $
149 Sullivan Street
(Map 3 C4)
Downtown/West Village

Via Quadronno (p35) $
25 East 73rd Street (Map 8 F2)
www.viaquadronno.com
Upper East Side

日本菜

Blue Ribbon Sushi (p37) $$$
119 Sullivan Street
(Map 3 C4)
Downtown/SoHo

Cube 63 (p32) $$
63 Clinton Street
(Map 4 G4)
Downtown/Lower East Side

Geisha (p50) $$$
33 East 61st Street (Map 8 E4)
Upper East Side

Genki Sushi (p48) $
9 East 46th Street (Map 6 E1)
Midtown/Theater District

Nobu (p42) $$$
105 Hudson Street (Map 1 C2)
212 219 0500
www.myriadrestaurant
group.com
Downtown/Tribeca

Sobaya (p36) $
229 East 9th Street (Map 4 E2)
Downtown/East Village

Sumile (p42) $$$
154 West 13th Street (Map 3 C2)
Downtown/West Village

Sushi of Gari (p53) $$$
402 East 78th Street (Map 8 G1)
Upper East Side

Tomoe Sushi (p37) $$
172 Thompson Street (Map 3 C4)
Downtown/SoHo

韩国菜

Cho Dang Gol (p47) $
55 West 35th Street (Map 6 E3)
Midtown/Murray Hill

Mandoo Bar (p46) $
2 West 32nd Street (Map 6 E4)
Midtown/Flatiron

墨西哥菜

Dos Caminos (p45) $$
373 Park Ave. South (Map 6 F5)
Midtown/Gramercy

Itzocan Café (p168) $
438 East 9th Street (Map 4 F2)
Downtown/East Village

Mi Nidito (p47) $$
852 8th Avenue (Map 5 C1)
Midtown/Theater District

La Palapa Rockola (p38) $$
359 6th Avenue (Map 3 C3)
Downtown/West Village

中东风味

Mamoun's (p40) $
119 MacDougal St. (Map 3 C3)
Downtown/West Village

Yaffa Café (p34) $
97 St. Mark's Place (Map 4 F3)
Downtown/East Village

北美风味

Cafe Gitane (p31) $
242 Mott Street (Map 4 E4)
Downtown/Nolita

Le Souk (p33) $$
47 Avenue B (Map 4 G3)
Downtown/East Village

比萨店

Anna Maria's (p171) $
179 Bedford Avenue
718 559 4550 (Map 13 C2)
Brooklyn/Williamsburg

DiFara Pizzeria (p58) $
1424 Avenue J
Brooklyn/Midwood

John's of Bleecker Street (p39) $$
278 Bleecker Street
(Map 3 C3)
Downtown/West Village

波兰菜

S & B Polish (p171) $
194 Bedford Avenue
718 963 1536 (Map 13 C2)
Brooklyn/Williamsburg

Theresa's (p170) $
80 Montague Street
718 797 3996 (Map 13 A4)
Brooklyn/Brooklyn Heights

海鲜

Atlantic Grill (p52) $$
1341 3rd Avenue (Map 8 F1)
Upper East Side

Mary's Fish Camp (p41) $$
64 Charles Street
(Map 3 B3)
Downtown/West Village

Mermaid Inn (p35) $$
96 2nd Avenue
(Map 4 E3)
Downtown/East Village

南非风味

i-Shebeen Madiba (p58) $$
195 DeKalb Avenue (Map 13 C3)
Brooklyn/Fort Greene

南美风味

Churrascaria Plataforma (p48) $$$
316 West 49th Street
(Map 5 C1)
Midtown/Theater District

西班牙菜

Bolo (p44) $$$
23 East 22nd Street (Map 6 E5)
Midtown/Flatiron

瑞典菜

Aquavit (p49) $$$
65 East 55th Street
(Map 8 F5)
Midtown/Theater District

茶馆

也可见糕饼店、咖啡店和熟食店

Lady Mendl's Tea Room (p35)
56 Irving Place
(Map 4 E1)
www.innatirving.com
Midtown/Gramercy

Palm Court Tea Room (p35)
Plaza Hotel, 768 5th Avenue
(Map 8 E4)
Midtown/Theater District

Rotunda at the Pierre (p180)
The Pierre Hotel, 2 East 61st Street (Map 8 E4)
Upper East Side

Tea & Sympathy (p35)
108 Greenwich Avenue
(Map 3 C2)
www.teaandsympathy
newyork.com
Downtown/West Village

Teany (pp35 & 74)
90 Rivington Street
(Map 4 F4)
Downtown/Lower East Side

Wild Lily Tea Room (p177)
511a West 22nd Street
(Map 5 B5)
Midtown/Chelsea

泰国菜

The Elephant (p31) $$
58 East 1st Street (Map 4 F4)
Downtown/East Village

餐厅—购物

Joya (p56) $
215 Court Street (Map 13 B4)
Brooklyn/Carroll Gardens

Planet Thailand (p59) $
133 North 7th Street
(Map 13 C2)
Brooklyn/Williamsburg

土耳其菜

Bereket (p31) $
187 East Houston Street
(Map 4 F4)
Downtown/Lower East Side

Pasha (p54) $$
70 W. 71st Street (Map 7 B2)
Upper West Side

素食

Angelica Kitchen (p36) $
300 East 12th Street
(Map 4 E2)
Downtown/East Village

Bliss Café (p171) $
191 Bedford Avenue
718 599 2547 (Map 13 C2)
Brooklyn/Williamsburg

Candle 79 (p52) $$
154 East 79th Street
(Map 8 F1)
Upper East Side

NY Dosas (p41) $
West 4th Street & Sullivan
Street (Map 3 C3)
Downtown/West Village

越南菜

Bao111 (p33) $
111 Avenue C (Map 4 G3)
Downtown/East Village

购物

书籍

Heights Books (p170)
109 Montague Street
(Map 13 A4)
Brooklyn/Brooklyn Heights

Spoonbill & Sugartown Booksellers (p92)
218 Bedford Avenue
(Map 13 B2)
Brooklyn/Williamsburg

The Strand (p81)
828 Broadway
(Map 3 D2)
Downtown/East Village

百货公司

Barney's New York (p86)
660 Madison Avenue
(Map 8 E4)
Upper East Side

Bergdorf Goodman (p85)
754 5th Avenue
(Map 8 E4)
Midtown/Theater District

Bloomingdale's (p80)
1000 3rd Avenue
(Map 8 F4)
212 705 2000
www.bloomingdales.com
Upper East Side

Henri Bendel (p80)
712 5th Avenue at 56th Street
(Map 8 E5)
212 247 1100
Midtown/Theater District

Jeffrey (pp78 & 167)
449 West 14th Street (Map 3 A2)
Downtown/Meatpacking District

Macy's (p80)
151 West 34th Street (Map 5 D3)
www.macys.com
Midtown/Chelsea

Pearl River Mart (p65)
477 Broadway (Map 3 D5)
Downtown/SoHo

Saks 5th Avenue (p80)
611 5th Avenue
(Map 6 E1)
212 753 4000
www.saksfifthavenue.com
Midtown/Flatiron

Takashimaya (p83)
693 5th Avenue
(Map 8 E5)
Midtown/Theater District

时装

Alexander McQueen (p167)
417 West 14th Street
(Map 3 A2)
www.alexandermcqueen.com
Downtown/Meatpacking District

Anik (p87)

1122 Madison Ave. (Map 8 E2)
Upper East Side

A.P.C. (p66)
131 Mercer Street (Map 3 D4)
Downtown/SoHo

Banana Republic (p74)
1136 Madison Avenue between
84th and 85th street (Map 10 E5)
212 570 2465
www.bananarepublic.com
Upper East Side/Yorkville

Barney's CO-OP (p66)
116 Wooster Street (Map 3 D4)
Downtown/SoHo

Brooklyn Industries (p171)
162 Bedford Ave. (Map 13 C2)
www.brooklynindustries.com
Brooklyn/Williamsburg

Butter (p91)
407 Atlantic Avenue
(Map 13 B4)
Brooklyn/Boerum Hill

Calliope (p94)
135 Grand Street (Map 13 B2)
Brooklyn

Calypso (p71)
280 Mott Street (Map 4 E4)
Downtown/Nolita

Century 21 (p64)
22 Cortlandt Street (Map 1 D3)
Downtown/Lower Manhattan

Costume National (p67)
108 Wooster Street
(Map 3 D4)
Downtown/SoHo

Diane B (p87)
1414 3rd Avenue (Map 8 F2)
Upper East Side

Gap (p74)
60 West 34th Street
(Map 5 D3)
212 760 1268 www.gap.com
Midtown/Chelsea

**Hotel Venus by
Patricia Field** (p64)
382 W. Broadway (Map 3 D5)
Downtown/SoHo

INA (p71)
21 Prince Street (Map 4 E4)
Downtown/Little Italy

Intermix (p88)
210 Columbus Avenue
(Map 7 C3)
Upper West Side

J. Crew (p74)
347 Madison Ave.
(Map 6 E3) 212 949 0570
www.jcrew.com
Midtown/Theater District

Kirna Zabete (p67)
96 Greene Street
(Map 3 D4)
Downtown/SoHo

Malia Mills (p65)
199 Mulberry Street
(Map 4 E5)
Downtown/Little Italy

Marc by Marc Jacobs (p76)
403–405 Bleecker Street
(Map 3 B4)
Downtown/West Village

Marc Jacobs (p68)
163 Mercer Street
(Map 3 D4)
Downtown/West Village

Mayle (p72)
242 Elizabeth Street
(Map 4 E4)
Downtown/Little Italy

Metaphors (p171)
195 Bedford Avenue
(Map 13 C2)
Brooklyn/Williamsburg

Mini Minimarket (p92)
218 Bedford Avenue
(Map 13 B2)
Brooklyn/Williamsburg

Miu Miu (p67)
100 Prince Street
(Map 3 D4)
Downtown/SoHo

Nom de Guerre (p93)
88 North 6th Street
(Map 13 B2)
Brooklyn

Prada (p68)
575 Broadway
(Map 3 D4)
Downtown/SoHo

Sahil Sari Palace (p173)
37–55 74th Street
Queens/Jackson Heights

$: 低价位 $$: 中等价位 $$$: 高价位 (价格范围：餐厅见29页，饭店见189页)

227

分类索引

购物

时装（接上页）

Scoop (p69)
532 Broadway (Map 3 D4)
Downtown/SoHo

Searle (p88)
1124 Madison Ave. (Map 10 E5)
Upper East Side

Shop (p74)
105 Stanton Street (Map 4 F4)
Downtown/Lower East Side

Stella McCartney (p77)
429 West 14th St. (Map 3 A2)
Downtown/Meatpacking District

TG-170 (p73)
170 Ludlow Street (Map 4 F4)
Downtown/Lower East Side

Urban Outfitters (p74)
2081 Broadway at 72nd Street
(Map 7 B2) 212 579 3912
www.urbanoutfitters.com
Upper West Side

Xukuma (p90)
183 Lenox Avenue (11 D4)
Above Central Park/Harlem

美食

Bedford Cheese Shop (p171)
218 Bedford Avenue
718 599 7588 (Map 13 C2)
Brooklyn/Williamsburg

Bonsignour (p76)
35 Jane Street (Map 3 B2)
Downtown/Meatpacking Dist.

**Borgatti's Ravioli &
Noodle Company** (p173)
632 East 187th Street
The Bronx

Brooklyn Lager Brewery (p171)
79 North 11th St. (Map 13 C2)
www.brooklynbrewery.com
Brooklyn/Williamsburg

Dean & DeLuca (p69)
560 Broadway (Map 3 D4)
Downtown/SoHo

Dylan's Candy Bar (p86)
1011 3rd Avenue (Map 8 F4)
Upper East Side

Egidio Pastry Shop (p173)
622 East 187th Street
The Bronx

Magnolia Bakery (p75)
401 Bleeker Street (Map 3 B3)
Downtown/West Village

M & I International Food Market (p172)
249 Brighton Beach Avenue
Brooklyn/Coney Island

Patel Brothers Market (p173)
27–37 74th Street
Queens/Jackson Heights

Teany (p74)
90 Rivington Street (Map 4 F4)
Downtown/Lower East Side

Zabar's (p89)
2245 Broadway (Map 7 B1)
Upper West Side

保健与美容

Clyde's (p87)
926 Madison Ave. (Map 8 E2)
Upper East Side

Fresh (p75)
388 Bleecker Street (Map 3 B3)
Downtown/West Village

Kiehl's (p81)
109 3rd Avenue (Map 4 E2)
Downtown/East Village

LAFCO (p73)
285 Lafayette Street (Map 4 E4)
Downtown/Nolita

Oasis Day Spa (p79)
108 East 16th St. (Map 3 C1)
Downtown/Flatiron

Rescue Beauty Lounge (p70)
8 Centre Market Pl. (Map 4 E5)
Downtown/Little Italy

SCO (p71)
584 Broadway (Map 3 D4)
Downtown/SoHo

室内装修

ABC Carpet and Home (p79)
888 Broadway (Map 3 D1)
Midtown/Gramercy

ABH Designs (p88)
401 East 76th Street (Map 8 H1)
Upper East Side

The Apartment (p95)
101 Crosby Street (Map 3 D4)
Downtown/Little Italy

Astroturf (p95)
290 Smith Street (Map 13 B4)
Brooklyn/Boerum Hill

Bark (p91)
495 Atlantic Avenue (Map 13 B4)
Brooklyn/Boerum Hill

La Cafetiere (p78)
160 Ninth Avenue (Map 3 A1)
Midtown/Chelsea

Clio (p67)
92 Thompson Street (Map 3 C4)
Downtown/SoHo

Darr (p93)
369 Atlantic Ave. (Map 13 B4)
Brooklyn

Demolition Depot (p90)
216 East 125th Street
(Map 12 G3)
Above Central Park/Harlem

Felissimo (p84)
10 West 56th Street (Map 8 E5)
Midtown/Theater District

Hable Construction (p72)
230 Elizabeth Street (Map 4 E4)
Downtown/Little Italy

Karkula Gallery (p167)
68 Gansevoort St. (Map 3 A2)
www.karkula.com
Downtown/Meatpacking District

Loom (p91)
115 7th Avenue (Map 13 C4)
Brooklyn/Park Slope

Moon River Chattel (p95)
62 Grand Street (Map 13 B2)
Brooklyn/Williamsburg

Moss (p68)
146 Greene Street (Map 3 D4)
Downtown/SoHo

MXYPLYZYK (p77)
125 Greenwich Avenue
(Map 3 B2)
Downtown/Meatpacking District

Nest (p92)
396A 7th Avenue (Map 13 C5)
Brooklyn/Park Slope

Two Jakes (p95)

320 Wythe Ave. (Map 13 B2)
Brooklyn/Williamsburg

Vitra (p167)
29 9th Avenue (Map 3 A2)
www.vitra.com
Downtown/Meatpacking District

Xukuma (p90)
183 Lenox Avenue (11 D4)
Above Central Park/Harlem

女性内衣

Bra Smyth (p86)
905 Madison Avenue
(Map 8 E2)
Upper East Side

Le Corset by Selima (p66)
80 Thompson Street (Map 3 C5)
Downtown/SoHo

La Perla (p86)
803 Madison Avenue (Map 8 E3)
Upper East Side

市场

Chelsea Flea Market (p168)
24th Street and 6th Avenue
(Map 5 D5)
Midtown/Chelsea

Green Market (p166)
Bowling Green (Map 1 D4)
Downtown/Lower Manhattan

**Union Square
Green Market** (p168)
Union Square (Map 3 D1)
Midtown/Gramercy

音乐

Earwax (p94)
218 Bedford Avenue
(Map 13 B2)
Brooklyn/Williamsburg

Fat Beats (p75)
406 6th Avenue (Map 3 C2)
Downtown/West Village

Jazz Record Center (p82)
236 West 26th Street,
8th Floor (Map 5 C5)
Midtown/Chelsea

St. Mark's Sounds (p82)
16 St. Mark's Place (Map 4 E3)
Downtown/East Village

Subterranean Records (p75)

购物—艺术与建筑

5 Cornelia Street (Map 3 C3)
Downtown/West Village

鞋子与配件

ALife Rivington Club (p73)
158 Rivington Street (Map 4 G4)
Downtown/Lower East Side

Bond 07 by Selima (p72)
7 Bond Street (Map 3 D3)
Downtown/Nolita

Christian Louboutin (p87)
941 Madison Avenue (Map 8 E2)
Upper East Side

Flight 001 (p76)
96 Greenwich Ave. (Map 3 B2)
Downtown/West Village

Jimmy Choo (p82)
645 5th Avenue (Map 8 E5)
Midtown/Theater District

Kate Spade Travel (p64)
454 Broome Street (Map 3 D5)
Downtown/SoHo

Manolo Blahnik (p82)
31 West 54th Street (Map 8 E5)
Midtown/Theater District

Niketown (p84)
6 East 57th Street (Map 8 E5)
Midtown/Theater District

Rafe (p72)
1 Bleecker Street (Map 4 E4)
Downtown/Nolita

运动用品

Blades Board & Skate (p88)
120 West 72nd St.
(Map 7 B2)
Upper West Side

Paragon Sporting Goods (p80)
867 Broadway (Map 3 D1)
Midtown/Gramercy

Super Runners (p89)
360 Amsterdam Ave.
(Map 7 B1)
Upper West Side

文具

Kate's Paperie (p70)
561 Broadway (Map 3 D4)
Downtown/SoHo

二手店

Beacon's Closet (p93)
88 North 11th St. (Map 13 B1)
Brooklyn/Williamsburg

**Housing Works
Thrift Shop** (p89)
306 Columbus Ave. (Map 7 C2)
Upper West Side

艺术与建筑

画廊

Asia Society (p109)
725 Park Avenue (Map 8 F2)
Upper East Side

Deitch Projects (p102)
18 Wooster Street (Map 3 D5)
212 941 9475
Downtown/SoHo

Forbes Magazine Gallery (p104)
60 5th Avenue at
West 12th Street
(Map 3 D2)
Downtown/West Village

Gagosian (p102)
555 West 24th Street
(Map 5 B5)
www.gagosian.com
Midtown/Chelsea

**International Center of
Photography** (p106)
1133 Ave. of the Americas
(Map 5 D2)
Midtown/Theater District

Leo Koenig (p102)
249 Centre Street (Map 2 E2)
212 334 9255
Downtown/Chinatown

Mary Boone (p102)
541 West 24th St. (Map 5 B5)
www.maryboone.com
Midtown/Chelsea

Momenta Art (p114)
72 Berry Street (Map 13 B1)
www.momentaart.org
Brooklyn/Williamsburg

**Noguchi Sculpture
Museum** (p183)
32–37 Vernon Boulevard
Queens/Long Island City

Pace Wildenstein (p102)
534 West 25th Street
(Map 5 B5)
www.pacewildenstein.com
Midtown/Chelsea

Pierogi 2000 (p114)
177 North 9th Street
(Map 13 B1)
www.pierogi2000.com
Brooklyn/Williamsburg

P.S.1 (p115)
22–5 Jackson Avenue
www.ps1.org
Queens

**Williamsburg Art & Historical
Center** (p114)
135 Broadway at Bedford
Avenue (Map 13 B2)
718 486 7372
www.wahcenter.org
Brooklyn/Williamsburg

历史建筑

Block Beautiful (p104)
East 19th Street, between Irving
Place & 3rd Avenue
(Map 4 E1)
Midtown/Gramercy

Brooklyn Bridge (p13)
(Map 2 F3)
Downtown/Lower East Side

Federal Hall (p166)
26 Wall Street (Map 1 D4)
Downtown/Lower Manhattan

Flatiron Building (p106)
23rd St., 5th Ave. & Broadway
(Map 6 E5)
Midtown/Flatiron

Grand Central Terminal (p105)
42nd Street & Park Ave.
(Map 6 F2)
Midtown/Murray Hill

**Jefferson Market
Courthouse** (p104)
425 6th Avenue
(Map 3 C2)
Downtown/West Village

Prospect Park West (p113)
Between Union and 15th Sts.
(Map 13 C5)
Brooklyn/Park Slope

Statue of Liberty (p13)
(Map 1 A5)

U.S. Custom House (p100)
1 Bowling Green
(Map 1 D5)
Downtown/Lower Manhattan

**Williamsburg Savings Bank
Building** (p115)
1 Hanson Place, corner of
Flatbush & Atlantic Avenues
(Map 13 C4)
Brooklyn/Boerum Hill

Woolworth Building (p102)
233 Broadway at Barclay Street
(Map 1 D2)
Downtown/Lower Manhattan

装置艺术

Broken Kilometer (p102)
393 West Broadway
(Map 3 D5)
Downtown/SoHo

Earth Room (p102)
141 Wooster Street
(Map 3 D4)
Downtown/SoHo

现代建筑

也可见博物馆：古根海姆博物馆和惠特尼博物馆

Chanin Building (p105)
122 East 42nd Street at
Lexington Avenue (Map 6 F2)
Midtown/Murray Hill

Chrysler Building (p105)
405 Lexington Avenue
(Map 6 F2)
Midtown/Murray Hill

Daily News Building (p105)
220 East 42nd Street
(Map 6 G2)
Midtown/Murray Hill

Empire State Building
(pp12 & 105)
350 5th Ave. (Map 6 E3)
Midtown/Murray Hill

General Electric Building (p105)
570 Lexington Avenue
at 51st Street
(Map 6 F1)
Midtown/Murray Hill

Ground Zero (pp15 & 101)
(Map 1 C3)
Downtown/Lower Manhattan

分类索引

艺术与建筑

博物馆

American Museum of Natural History (p14)
Central Park West & 79th St.
(Map 7 C1)
Central Park

Brooklyn Historical Society (p115)
128 Pierrepont Street
(Map 2 H5)
Brooklyn/Boerum Hill

Brooklyn Museum of Art (p114)
200 Eastern Parkway (13 D4)
Brooklyn/Crown Heights

The Cloisters (p112)
Fort Tryon Park (off map)
Above Central Park/Fort Tryon & Inwood

Cooper-Hewitt National Design Museum (p111)
2 East 91st Street
(Map 10 E4)
Upper East Side/Yorkville

Ellis Island (p13)
(Map 1 A5)
Upper West Side

Frick Collection (p108)
1 East 70th Street (Map 8 E2)
Upper East Side

Guggenheim Museum (p110)
1071 5th Avenue at 89th Street
(Map 10 E4)
Upper East Side/Yorkville

The Jewish Museum (p111)
1109 5th Avenue at 92nd Street
(Map 10 E4)
Upper East Side/Yorkville

Lower East Side Tenement Museum (p103)
108 Orchard Street
(Map 4 F5)
Downtown/Lower East Side

Merchant's House Museum (p103)
29 East 4th Street
(Map 4 E3)
Downtown/Nolita

Metropolitan Museum of Art (pp15 &109)
1000 5th Avenue
(Map 8 E1) Upper East Side

El Museo del Barrio (p113)
1230 5th Avenue at 104th Street
(Map 10 E2)
Upper E. Side/Spanish Harlem

Museum at the Fashion Institute of Technology (p104)
7th Avenue at 27th Street
(Map 5 D4)
Midtown/Chelsea

Museum of Chinese in the Americas (p166)
70 Mulberry Street, 2nd Floor
(Map 2 E1)
212 619 4785
Downtown/Chinatown

Museum of the City of New York (p111)
1250 5th Avenue at East 103rd Street (Map 10 E2)
Upper East Side

Museum of Modern Art (p107)
11 West 53rd Street (Map 8 E5)
Midtown/Theater District

Museum of Television and Radio (p109)
25 West 52nd St. (Map 8 E5)
Midtown/Theater District

Rose Museum at Carnegie Hall (p106)
154 West 57th Street, 2nd Floor
(Map 7 D5)
Midtown/Theater District

Skyscraper Museum (p101)
39 Battery Place (Map 1 D5)
Downtown/Lower Manhattan

Studio Museum in Harlem (p113)
144 West 125th St.
(Map 11 D3)
Above Central Park/Harlem

Whitney Museum of American Art (p107)
945 Madison Ave. (Map 8 E2)
Upper East Side

Whitney Museum of American Art at Altria (p106)
120 Park Avenue at 42nd Street
(Map 6 F2)
Midtown/Murray Hill

宗教建筑

Cathedral Church of St. John the Divine (p180)
1047 Amsterdam Avenue at 112th Street (Map 9 B1)
Upper West Side

Mahayana Buddhist Temple (p166)
133 Canal Street (Map 2 E1)
Downtown/Chinatown

St. Paul's Chapel (p100)
209 Broadway between Fulton & Vesey streets (Map 1 D3)
Downtown/Lower Manhattan

步行旅游

Big Apple Jazz Tours (p169)
www.bigapplejazz.com
718 606 8442
Above Central Park/Harlem

Harlem Spirituals (p169)
www.harlemspirituals.com
212 391 0900
Above Central Park/Harlem

表演

舞厅

Rainbow Room (p129)
30 Rockefeller Plaza, 65th Floor
(Map 6 E1)
Midtown/Theater District

Swing 46 (p129)
349 West 46th St. (Map 5 C1)
Midtown/Theater District

酒馆歌舞表演

Don't Tell Mama (p129)
343 West 46th St. (Map 5 C1)
Midtown/Theater District

Duplex (p122)
61 Christopher St. (Map 3 B3)
Downtown/West Village

综合艺术

92nd Street Y (p131)
1395 Lexington Ave. (Map 10 F4)
Upper East Side/Yorkville

Apollo Theater (p134)
253 West 125th St. (Map 11 D3)
Above Central Park/Harlem

City Center (p129)
131 West 55th Street (Map 7 D5)
Midtown/Theater District

The Florence Gould Hall (p130)
55 East 59th Street
(Map 8 F4)
Upper East Side

The Kitchen (p126)
512 West 19th Street
(Map 3 A1)
Midtown/Chelsea

Makor (p133)
35 West 67th Street (Map 7 C3)
Upper West Side

P.S.122 (p126)
150 1st Avenue (Map 4 F2)
Downtown/East Village

Symphony Space (p133)
2537 Broadway (Map 9 B3)
Upper West Side

喜剧

The Comedy Cellar (p121)
117 MacDougal St. (Map 3 C3)
Downtown/West Village

The Comic Strip (p131)
1568 2nd Avenue (Map 8 G1)
Upper East Side

Gotham Comedy Club (p127)
34 West 22nd Street
(Map 6 E5)
Midtown/Flatiron

Stand-Up NY (p133)
236 West 78th St. (Map 7 B2)
Upper West Side

Upright Citizen's Brigade (p127)
307 West 26th Street (Map 5 C5)
Midtown/Chelsea

音乐厅

也可见音乐表演场所

Barge Music (p136)
Fulton Ferry Landing
(Map 2 G3)
Brooklyn/Brooklyn Heights

Brooklyn Academy of Music (p135)
30 Lafayette Avenue
(Map 13 C4)
Brooklyn/Fort Greene

www.realcity.dk.com

艺术与建筑—酒吧与俱乐部

Carnegie Hall (p131)
881 7th Avenue at 57th Street
(Map 7 D5)
Midtown/Theater District

Lincoln Center for the Performing Arts (p132)
Straddling Broadway and Amsterdam between 62nd and 66th Streets (Map 7 B3)
Upper West Side

Merkin Concert Hall (p131)
129 West 67th Street
(Map 7 B3)
Upper West Side

New Jersey Performing Arts Center (p137)
One Center Street
New Jersey/Newark

舞蹈

The Joyce Theater (p126)
175 8th Avenue
(Map 3 B1)
Midtown/Chelsea

电影院

Film Forum (p120)
209 West Houston Street
(Map 3 C4)
Downtown/SoHo

Landmark's Sunshine Theater (p124)
143 East Houston Street
(Map 4 F4)
Downtown/East Village

爵士乐与蓝调

55 Bar (p122)
55 Christopher Street
(Map 3 B3)
Downtown/West Village

B.B. King Blues Club (p128)
237 West 42nd Street
(Map 5 C2)
Midtown/Theater District

Blue Note (p121)
131 West 3rd Street
(Map 3 C3)
Downtown/West Village

Iridium (p128)
1650 Broadway
(Map 5 D1)
Midtown/Theater District

Jazz Standard (p127)
116 East 27th Street
(Map 6 F4)
Downtown/Gramercy

Lenox Lounge (p135)
288 Lenox Avenue between 124th & 125th Streets
(Map 11 D3)
Above Central Park/Harlem

Smoke (p133)
2751 Broadway (Map 9 B2)
Upper West Side

Village Vanguard (p122)
178 7th Avenue South
(Map 3 B2)
Downtown/West Village

音乐表演场所

Apollo Theater (p134)
253 West 125th Street
(Map 11 D3)
Above Central Park/Harlem

Arlene's Grocery (p123)
95 Stanton Street
(Map 4 F4)
Downtown/Lower East Side

Bowery Ballroom (p123)
6 Delancey Street (Map 4 E5)
Downtown/Lower East Side

Galapagos (p163)
70 North 6th Street (Map 13 B2)
Brooklyn/Williamsburg

Hammerstein Ballroom (p127)
311 West 34th Street
(Map 5 C3)
Midtown/Chelsea

Irving Plaza (p124)
17 Irving Place
(Map 4 E1)
Downtown/Union Square

Knitting Factory (p120)
74 Leonard Street
(Map 1 D1)
Downtown/Tribeca

Lit (p125)
93 2nd Ave.
(Map 4 E3)
Downtown/East Village

Mercury Lounge (p122)
217 East Houston Street
(Map 4 F4)
Downtown/Lower East Side

Rodeo Bar (p128)
375 3rd Avenue (Map 6 F5)
Midtown/Gramercy

S.O.B.'s (p120)
204 Varick Street (Map 3 C4)
Downtown/SoHo

Tonic (p123)
107 Norfolk Street (Map 4 G4)
Downtown/Lower East Side

Warsaw (p136)
261 Driggs Avenue (Map 13 C1)
Brooklyn/Greenpoint

表演艺术

Brooklyn Academy of Music (p135)
30 Lafayette Avenue
(Map 13 C4)
Brooklyn/Fort Green

Lincoln Center for the Performing Arts (p132)
Straddling Broadway and Amsterdam between 62nd and 66th Streets (Map 7 B3)
Upper West side

New Jersey Performing Arts Center (p137)
1 Center Street, Newark
New Jersey

诗歌

Bowery Poetry Club (p124)
308 Bowery
(Map 4 E4)
Downtown/East Village

Cornelia Street Café (p121)
29 Cornelia Street (Map 3 C3)
Downtown/West Village

Nuyorican Poets Café (p125)
236 East 3rd Street (Map 4 G3)
Downtown/East Village

运动场

Giants Stadium (p137)
50 State Route 120, East Rutherford (special buses from the Port Authority Terminal at 8th Ave. & 41st St.) www.giants.com
New Jersey

Madison Square Garden (p37)
(Map 6 E5)
Midtown/Flatiron

Shea Stadium (p137)
123 Roosevelt Avenue, Flushing (7 IRT Flushing Line Subway from Times Sq., 5th Ave., and Grand Central)
www.mets.com
Queens/Flushing Meadows

Yankee Stadium (p137)
161st Street & River Avenue (4, B, D subway trains from Manhattan) www.yankees.com
Bronx

剧院

The Public Theater (p125)
425 Lafayette Street (Map 4 E3)
Downtown/Nolita

Roundabout Theatre Company at the American Airlines Theatre (p128)
227 West 42nd Street
(Map 5 D2)
Midtown/Theater District

电视摄影棚

Ed Sullivan Theater (p130)
1697 Broadway, at 52nd Street
(Map 7 D5)
Midtown/Theater District

NBC Studios (p130)
Between 5th Avenue & 7th Avenue from 47th to 51st Streets
(Map 6 E1)
Midtown/Theater District

酒吧与俱乐部

啤酒屋

Blind Tiger Ale House (p153)
518 Hudson Street (Map 3 B3)
Downtown/West Village

The Ginger Man (p157)
11 East 36th Street Map 6 E3)
Midtown/Murray Hill

McSorley's Old Ale House (p148)
15 East 7th Street
(Map 4 E3)
Downtown/East Village

Spuyten Duyvil (p162)
359 Metropolitan Ave.
(Map 13 C2)
Brooklyn/Williamsburg

分类索引

酒吧与俱乐部

啤酒屋（接上页）

Swift (p148)
34 East 4th Street (Map 4 E3)
Downtown/East Village

Vol de Nuit (p152)
148 West 4th Street (Map 3 C3)
Downtown/West Village

White Horse Tavern (p153)
567 Hudson Street (Map 3 B3)
Downtown/West Village

酒吧

2A (p147)
25 Avenue A (Map 4 F3)
Downtown/East Village

Antarctica (p142)
287 Hudson Street (Map 3 C5)
Downtown/SoHo

The Auction House (p160)
300 East 89th St. (Map 10 G4)
Upper East Side

Baraonda (p159)
1439 2nd Avenue (Map 8 G2)
Upper East Side

Barramundi (p146)
67 Clinton Street (Map 4 F4)
Downtown/Lower East Side

Bar Veloce (p150)
175 2nd Avenue (Map 4 E2)
Downtown/East Village

B-Bar & Grill (p149)
40 East 4th Street (Map 4 E3)
Downtown/Nolita

Boat Basin Café (p161)
West 79th St. at Henry Hudson Parkway (Map 7 A1)
Upper West Side

Bungalow 8 (p156)
515 West 27th Street (Map 5 B4)
Midtown/Chelsea

Buttermilk Bar (p162)
577 5th Avenue (Map 13 C5)
Brooklyn/Park Slope

Cabin Club at Pine Tree Lodge (p154)
326 East 35th St. (Map 6 G3)
Midtown/Murray Hill

Campbell Apartment (p157)
15 Vanderbilt Ave., Southwest Balcony, Grand Central Terminal (Map 6 F2)
Midtown/Murray Hill

Chumley's (p152)
86 Bedford Street (Map 3 B3)
Downtown/West Village

Cubbyhole (p154)
281 West 12th Street
(Map 3 B2)
Downtown/Meatpacking District

Eugene (p155)
27 West 24th St. (Map 6 E5)
Downtown/SoHo

Galapagos (p163)
70 North 6th Street (Map 13 B2)
Brooklyn/Williamsburg

Glass (p156)
287 10th Avenue (Map 5 B5)
Midtown/Chelsea

Gowanus Yacht Club (p161)
323 Smith Street (Map 13 B4)
Brooklyn/Boerum Hill

Great Lakes (p161)
284 5th Avenue (Map 13 C4)
Brooklyn/Park Slope

Hiro (p156)
366 West 17th Street (Map 3 A1)
Midtown/Chelsea

KGB (p148)
85 East 4th Street (Map 4 E3)
Downtown/East Village

Korova Milk Bar (p151)
200 Avenue A (Map 4 F2)
Downtown/East Village

Library Bar (p154)
Hudson Hotel, 356 West 58th Street (Map 7 B4)
Upper West Side

Mica Bar (p154)
252 East 51st Street (Map 6 F1)
Midtown/Turtle Bay

ñ (p144)
33 Crosby Street (Map 3 D5)
Downtown/Little Italy

Nevada Smith's (p148)
74 3rd Avenue (Map 4 E2)
Downtown/East Village

Parkside Lounge (p147)
317 E. Houston St.
(Map 4 G4)
Downtown/East Village

Pianos (p147)
158 Ludlow Street (Map 4 F4)
Downtown/Lower East Side

Plunge Bar (p161)
18 9th Avenue (Map 3 A1)
Midtown/Chelsea

Pussycat Lounge (p142)
96 Greenwich Street
(Map 1 D4)
Downtown/Lower Manhattan

Ruby's (p161)
Coney Island Boardwalk
(F, D, Q subway trains to Coney Island/Stillwell Avenue)
Brooklyn

Rudy's Bar & Grill (p154)
627 9th Avenue (Map 5 C1)
Midtown/Hell's Kitchen

Rue B (p151)
188 Avenue B (Map 4 G2)
Downtown/East Village

Russian Vodka Room (p159)
265 West 52nd Street
(Map 7 C5)
Midtown/Theater District

Serena (p155)
Chelsea Hotel, 222 West 23rd Street (Map 5 C5)
Midtown/Chelsea

Single Room Occupancy (p158)
360 West 53rd Street
(Map 7 C5)
Midtown/Theater District

Sky Bar (p161)
17 West 32nd Street
(Map 6 E4)
Midtown/Flatiron

Slipper Room (p147)
167 Orchard Street (Map 4 F4)
Downtown/Lower East Side

Stonewall (p153)
53 Christopher Street (Map 3 B3)
Downtown/West Village

The View, Marriott Marquis Hotel (p161)
1535 Broadway(Map 5 D1)
Midtown/Theater District

Trash (p162)
256 Grand Street (Map 13 C2)
Brooklyn/Williamsburg

Welcome to the Johnson's (p146)
123 Rivington Street (Map 4 F4)
Downtown/Lower East Side

Winnie's (p142)
104 Bayard Street (Map 2 E1)
Downtown/Chinatown

俱乐部

Avalon (p155)
47 West 20th Street (Map 3 C1)
Midtown/Chelsea

Black Betty (p162)
366 Metropolitan Avenue at Havermeyer Street (Map 13 C2)
Brooklyn/Williamsburg

Cielo (p154)
18 Little West 12th Street
(Map 3 A2)
Downtown/Meatpacking District

Copacabana (p157)
560 West 34th Street
(Map 5 B3)
Midtown/Chelsea

Eugene (p155)
27 West 24th Street
(Map 6 E5)
Midtown/Flatiron

Roxy (p155)
515 West 18th Street (Map 3 A1)
Midtown/Chelsea

Spirit (p156)
530 West 27th Street
(Map 5 B4)
Midtown/Chelsea

鸡尾酒

Angel's Share (p148)
8 Stuyvesant Street
(Map 4 E2)
Downtown/East Village

Ava Lounge (p158)
210 West 55th Street (Map 7 D5)
Midtown/Theater District

Beauty Bar (p150)
231 East 14th Street
(Map 4 E2)
Downtown/East Village

酒吧与俱乐部—住宿

Bemelmans Bar (p159)
Carlyle Hotel, 35 East 76th Street (Map 8 E1)
Upper East Side

Lansky Lounge (p145)
104 Norfolk Street (Map 4 G4)
Downtown/Lower East Side

Larry Lawrence (p162)
295 Grand Street (Map 13 C2)
Brooklyn/Williamsburg

Level V (p154)
675 Hudson Street (Map 3 A2)
Midtown/Meatpacking District

Métrazur (p158)
East Balcony, Grand Central Terminal (Map 6 F2)
Midtown/Murray Hill

Pravda (p145)
281 Lafayette Street (Map 4 E4)
Downtown/Nolita

Temple Bar (p144)
332 Lafayette Street (Map 4 E4)
Downtown/Nolita

THOM's Bar (p143)
60 Thompson Street (Map 3 C5)
Downtown/SoHo

Top of the Tower @ Beekman Tower Hotel (p178)
3 Mitchell Place at 49th Street & 1st Avenue (Map 6 G1)
Midtown/Turtle Bay

Zombie Hut (p160)
261 Smith Street (Map 13 B4)
Brooklyn/Boerum Hill

DJ酒吧

Beauty Bar (p150)
231 East 14th Street (Map 4 E2)
Downtown/East Village

Flûte (p158)
205 West 54th Street (Map 7 D5)
Midtown/Theater District

Frank's Lounge (p160)
660 Fulton Street (Map 13 B3)
Brooklyn/Boerum Hill

Lansky Lounge (p145)
104 Norfolk Street (Map 4 G4)
Downtown/Lower East Side

Lotus (p150)
409 West 14th Street (Map 3 A2)
Downtown/Meatpacking District

Sullivan Room (p152)
218 Sullivan Street (Map 3 C3)
Downtown/West Village

Uncle Ming's (p152)
225 Avenue B, 2nd Floor (Map 4 G2)
Downtown/East Village

住宿

高价位

60 Thompson (p188)
60 Thompson Street (Map 3 C5)
Downtown/SoHo

Carlyle (p189)
Madison Avenue at 76th Street
Upper East Side

Four Seasons (p194)
57 East 57th Street (Map 8 E5)
Midtown/Theater District

The Lowell (p195)
28 East 63rd Street (Map 8 F4)
Upper East Side

The Mark (p195)
25 East 77th Street (Map 8 E1)
Upper East Side

Mercer Hotel (p188)
147 Mercer Street (Map 3 D4)
Downtown/SoHo

The Peninsula (p192)
700 5th Avenue at 55th Street (Map 8 E5)
Midtown/Theater District

The Pierre (p195)
5th Avenue at 61st Street (Map 8 E4)
Upper East Side

Soho House New York (p190)
29–35 9th Avenue (Map 3 A2)
Downtown/Meatpacking District

St. Regis (p192)
2 East 55th Street (Map 8 E5)
Midtown/Theater District

Tribeca Grand Hotel (p189)
2 Avenue of the Americas (Map 3 C5)
Downtown/SoHo

中等价位

Affinia Shelburne (p192)
303 Lexington Ave. (Map 6 F3)
Midtown/Murray Hill

Bed & Breakfast on the Park (p197)
113 Prospect Park West (Map 13 C5)
Brooklyn/Park Slope

Hotel Chelsea (p189)
222 West 23rd Street (Map 5 C5)
Midtown/Chelsea

Hotel Surrey (p195)
20 East 76th St. (Map 8 E1)
Upper East Side

Hotel Wales (p196)
1295 Madison Avenue (Map 10 E4)
Upper East Side/Yorkville

Hudson Hotel (p193)
356 West 58th St. (Map 7 C4)
Upper West Side

Maritime Hotel (p191)
363 West 16th St. (Map 3 A1)
Midtown/Chelsea

Morgans (p193)
237 Madison Avenue (Map 6 E3)
Midtown/Murray Hill

Royalton (p192)
44 West 44th Street (Map 6 E2)
Midtown/Theater District

SoHo Grand Hotel (p188)
310 West Broadway (Map 3 D5)
Downtown/SoHo

W New York, Union Square (p191)
201 Park Avenue South (Map 3 D1)
Midtown/Gramercy

低价位

1871 House (p194)
130 East 62nd Street (Map 8 F4)
Upper East Side

Abingdon Guest House (p189)
13 8th Avenue (Map 3 B2)
Downtown/Meatpacking District

Akwaaba Mansion (p197)
347 MacDonough Street (Utica Ave. stop)
Downtown/SoHo

Bevy's SoHo Loft (p188)
70 Mercer Street (Map 3 D5)
Downtown/SoHo

Chelsea Inn (p191)
46 West 17th Street (Map 3 C1)
Midtown/Flatiron

Chelsea Lodge (p191)
318 West 20th Street (Map 3 B1)
Midtown/Chelsea

Harlem Flophouse (p196)
242 West 123rd Street (Map 11 D4)
Above Central Park/Harlem

Union Street B&B (p197)
405 Union Street (Map 13 B4)
Brooklyn/Boerum Hill

Washington Square Hotel (p189)
103 Waverly Place (Map 3 C3)
Downtown/West Village

了解住宿价格范围，请参见189页

总索引

2A **147**
55 Bar **119, 122**
60 Thompson **186, 188**
66 **28**
92nd Street Y **131**
125th Street **169**
1871 House **186, 194**

A

ABC Carpet and Home **79**
ABH Designs **88**
Abingdon Guest House **187, 189**
Acappella **28**
accessories **229**
accommodations agencies **197**
Acqua Pazza **49**
Affinia Shelburne **192**
airports **20**
Air Train **20**
Aix **55**
Akwaaba Mansion **186, 197**
Al Di La **57**
ale houses **231**
Alexander McQueen **167**
alfresco drinking **141**
Alias **32**
Alice Tully Hall **132**
ALife Rivington Club **62, 73**
American Museum of Natural History **14**
Amish Fine Food Market **166**
Amtrak Rail **21**
Amy Ruth's **169**
Angel Feet **176**
Angel's Share **148**
Angelica Kitchen **36**

Anik **87**
Anna Maria's **171**
Annie's **26, 51**
Antarctica **142**
Antiques Garage **168**
The Apartment **70**
A.P.C. **66**
Apollo Theater **134**
Aquavit **49**
Arlene's Grocery **123**
art & architecture **96–115**
    for art & architecture listed by area, see pp216–23
    for art & architecture listed by type, see pp229–30
Art Deco **105**
art galleries **99, 102, 114, 229**
Arthur Avenue, The Bronx **173**
Artisanal **46**
Asia Society **109**
Astroland **172**
Astroturf **95**
Atlantic Grill **52**
Auction House **160**
Audubon Center **181**
Ava Lounge **141, 158**
Avalon **155**

B

Babbo **38**
bakeries **224**
ballrooms **230**
Balthazar **29**
BAM see Brooklyn Academy of Music

Bamonte's **59**
Banana Republic **74**
Bao111 **33**
Bar Veloce **150**
Baraonda **159**
Barge Music **118, 136**
Bark **91**
Barney's Co-Op **66**
Barney's New York **62, 86**
Barramundi **146**
bars & clubs **138–63**
    for bars & clubs listed by area, see pp216–23
    for bars & clubs listed by type, see pp231–3
basketball **167**
Battery Park **166**
B.B. King Blues Club & Grill **128**
BB Sandwich Bar **40**
B-Bar & Grill **149**
Beacon's Closet **93**
Beauty Bar **141, 150**
Bed & Breakfast on the Park **186, 197**
Bedford Avenue **171**
Bedford Cheese Shop **171**
Beekman Tower Hotel **178**
Bemelmans Bar **159**
Bereket **31**
Bergdorf Goodman **62, 80, 85**
Bevy's SoHo Loft **186, 188**
A Bicycle Shop **21**
Big Apple Greeters **21**
Big Apple Jazz Tours **169**
Big Onion **21**
Biltmore Room **44**
Black Betty **162**

Blades, Board and Skate **88**
Blind Tiger Ale House **153**
Bliss Café **171**
Bliss SoHo **176**
Block Beautiful **104**
Bloomingdale's **80**
Blue Note **121**
Blue Ribbon Bakery **37**
Blue Ribbon Sushi **27, 37**
Blue Smoke **26, 45**
blues venues **119**
BMA see Brooklyn Museum of Art
Boat Basin Café **141, 161**
Bolo **44**
Bond 07 By Selima **72**
Bonsignour **62, 76**
book stores **227**
Borgatti's Ravioli & Noodle Company **173**
Bowery Ballroom **123**
Bowery Poetry Club **118, 124**
Bowling Green Park **166**
Bra Smyth **86**
Breuer, Marcel **107**
Brighton Beach **172**
Broadway theaters **130**
Broken Kilometer **99, 102**
The Bronx **173, 181**
Brooklyn Academy of Music **118, 135**
Brooklyn Botanic Garden **16, 182**
Brooklyn Bridge **13, 170**
Brooklyn Heights **170**
Brooklyn Historical Society **115**

234

A–F

Brooklyn Ice Cream
   Factory **170**
Brooklyn Industries **171**
Brooklyn Lager
   Brewery **171**
Brooklyn Museum of Art
   98, 114
brunch **224**
Bungalow **8 , 156**
buses **20–21**
Butter **91**
Buttermilk Bar **162**

C

cabaret **230**
Cabin Club at Pine Tree
   Lodge **154**
cabs **21**
Café Arbat **172**
Cafe Gitane **31**
Café Glechik **172**
Cafe Habana **31**
cafés **31, 220–1**
La Cafetiere **78**
Café Veselka **27**
Calliope **94**
Calypso **71**
Campbell Apartment
   140, 157
Canal Street **166**
Candle 79 **52**
The Carlyle **189**
Carmel Car Service **21**
Carnegie Hall **19, 118, 131**
Cathedral Church of St. John
   the Divine **180**
cellphones **23**
Central Park **14, 179**
Century 21 **64**

chain stores **74**
Chanin Building **105**
Chanterelle **42**
Chelsea Flea Market **168**
Chelsea Inn **187, 191**
Chelsea Lodge **187, 191**
Cherry Blossom
   Festival **182**
Children's Sculpture
   Garden **180**
Chinatown **166**
Chinatown Ice Cream
   Factory **166**
Cho Dang Gol **47**
Christian Louboutin **87**
Chrysler Building **98, 105**
Chumley's **140, 152**
churches **230**
Churrascaria
   Plataforma **48**
Cielo **140, 154, 167**
cinemas **231**
Circle Line **21**
City Bakery **19, 43**
City Center **129**
classical concert
   venues **118**
Clio **67**
The Cloisters **112**
clothing stores **227–8**
clubs see bars & clubs
Clyde's **87**
cocktail lounges **232**
coffee shops **35**
combined arts **230**
The Comedy Cellar **119, 121**
comedy festivals **18**
comedy venues **119**
The Comic Strip **119, 131**

concerts & concert halls
   17, 230
Cones **40**
Coney Island **172**
Connecticut Muffin **170**
Conservatory Gardens at
   Central Park **179**
Convivium Osteria **57**
Cooper-Hewitt National
   Design Museum **111**
Copacabana **157**
Cornelia Street Cafe **121**
Le Corset by Selima **66**
Cosi **166**
Costume National **67**
Crif Dogs **40**
Crime Victims Hotline **23**
Cubbyhole **141, 154**
Cube 63 **32**
Cukiernia **171**

D

Damrosch Park **132**
dance clubs **140**
dance performance
   venues **231**
Darr **93**
Dean & DeLuca **69**
Deitch Projects **99, 102**
Demolition Depot **90**
department stores **80**
Diane B **87**
DiFara Pizzeria **26, 58**
diners **50**
directory enquiries **23**
disabled facilites and
   organizations **22**
DJ bars **233**
Doctors on Call **23**

Don't Tell Mama **129**
Dos Caminos **45**
Downtown Boathouse **21**
DT-UT **168**
Duplex **122**
Dylan's Candy Bar **86**

E

Earth Room **99, 102**
Earwax Records **94**
Eco tours **21**
Ed Sullivan Theater **130**
Egidio Pastry Shop **173**
The Elephant **31**
Ellis Island **13**
El Malecón II **27, 54**
El Museo del Barrio **99, 113**
Emerald Nuts
   Midnight Run **19**
emergencies **22, 23**
Empire State Building **12, 98,
   105**
Ess-a-Bagel **48**
Eugene **155**
Eyewash **114**

F

fashion stores **227–8**
Fat Beats **75**
Feast of San Gennaro **18**
Federal Hall **166**
Felissimo **84**
ferries **21**
festivals **16–19**
film see cinemas, movies
film festivals **16**
Film Forum **120**
film theaters **231**
Flatiron Building **98, 106**

总索引

Flight 001 **76**
The Florence Gould Hall **130**
Florent **26, 27, 42, 167**
Flûte **158**
food stores **228**
Forbes Magazine Gallery **104**
Four Seasons **187, 194**
Four Seasons Restaurant **42**
Frank's Lounge **160**
Freemans **34**
Fresh **63, 75**
Frick Collection **98, 108**
Fried Dumpling **40**

G

Gagosian **99**
Galapagos **140, 163**
galleries see art galleries
Gansevoort Street **167**
Gap **74**
gardens see parks and gardens
gay and lesbian information **22**
gay bars & clubs **141**
Gay Pride **17**
Geisha **50**
General Electric Building **105**
Genki Sushi **48**
George Washington Bridge **181**
Giants Stadium **137**
gig venues **119**
The Ginger Man **157**
Glass **140, 156**

Golden Unicorn **26, 28**
Gotham Comedy Club **119, 127**
Government Info & Services **23**
Gowanus Yacht Club **141, 161**
Gramercy Tavern **42**
Grand Central Station **21, 105, 169**
Grand Sichuan International **43**
Great Lakes **161**
Great NY Noodle Town **166**
Green Market **166**
Greyhound Bus **21**
The Grocery **56**
Ground Zero **15, 101**
Guggenheim Museum **13, 98, 110**

H

Hable Construction **63, 72**
Hammerstein Ballroom **127**
Hands On! **22**
Harlem **169**
Harlem Flophouse **186, 196**
Harlem Spirituals **169**
havens **174–83**
Hayden Planetarium **14**
health & beauty **228**
health information **22**
Heights Books **170**
helicopter tours **21**
Henri Bendel **80**
Hiro **156**
historic buildings **229**
Holiday Market **168**

Hospital Audiences, Inc. **22**
hospitals **23**
Hot Chocolate Festival **19**
Hotel Chelsea **189**
house stores **228**
hotels **184–97**
 booking **197**
 for hotels listed by area, see pp217–23
 for hotels listed by price category, see p233
Hotel Surrey **195**
Hotel Venus by Patricia Field **64**
Hotel Wales **186, 196**
Housing Works Thrift Shop **63, 89**
HSF **166**
Hudson Hotel **154, 187, 193**
Hudson River Park **167**
Hungarian Pastry Shop **180**

I

ice cream parlors **225**
ID **23**
I'll Take Manhattan Tours **21**
INA **71**
'inoteca **32**
installations **229**
interiors **228**
Intermix **88**
International Center of Photography **106**
Internet cafés **23**
Iridium **128**
Iris and B. Gerald Cantor Roof Garden **178**

Irving Plaza **124**
i-Shebeen Madiba **58**
i Trulli **46**
Itzocan Café **168**

J

Jackson Diner **173**
Jamaica Bay Wildlife Refuge **182**
Jane **30**
Jazz Record Center **82**
jazz venues **119**
J. Crew **74**
Jefferson Market Courthouse **104**
Jeffrey **62, 78, 167**
The Jewish Museum **99, 111**
Jivamukti Yoga Center **177**
Joe **35**
John F. Kennedy Airport **21**
John's of Bleecker Street **26, 39**
Joya **56**
The Joyce Theater **118, 126**

K

Karkula Gallery **167**
Kate Spade Travel **64**
Kate's Paperie **70**
KGB **148**
Kiehl's **81**
Kirna Zabate **63, 67**
The Kitchen **118, 126**
Knitting Factory **119, 120**
Korova Milk Bar **151**

L

L'Ecole **30**
La Cafetiere **78**
LaGuardia Airport **21**
La Palapa Rockola **38**
La Perla **86**
Lady Mendl's Tea Room **35**
LAFCO **73**
Landmark's Sunshine Theater **124**
Lansky Lounge **145**
Larry Gagosian **102**
Larry Lawrence **162**
Le Corset by Selima **66**
Lenox Lounge **119, 135, 169**
Leo Koenig **102**
lesbian and gay information **22**
The Lesbian, Gay, Bisexual & Transgender Community Center **22**
Le Souk **33**
Le Tableau **33**
Level V **154**
Liberty Helicopters **231**
Libeskind, Daniel **101**
Lincoln Center for the Performing Arts **19, 118, 132**
lingerie **228**
Lit **125**
Loom **91**
Lotus **150**
LouLou **53**
The Lowell **195**
Lower East Side Tenement Museum **99, 103**

M

M & I International Food Market **172**
Macy's **80**
Madison Square Garden **137**
Magnolia Bakery **62, 75**
Mahayana Buddhist Temple **166**
Makor **133**
El Malecón II **27, 54**
Malia Mills **65**
Mamoun's **40**
Mandarin Oriental **178**
Mandoo Bar **46**
Manolo Blahnik **82**
Marc by Marc Jacobs **76**
Marc Jacobs **63, 68**
March **51**
de Maria, Walter **102**
Maritime Hotel **191**
The Mark **186, 195**
markets **228**
Mary Boone **102**
Mary's Fish Camp **41**
Mayle **72**
McSorley's Old Ale House **140, 148**
Meatpacking District **167**
Mercer Hotel **187, 188**
Mercer Kitchen **28**
Merchant's House Museum **99, 103**
Mercury Lounge **119, 122**
Merkin Concert Hall **131**
Mermaid Inn **26, 35**
Metaphors **171**
Métrazur **158**
Metro Bicycles **21**
metrocards **20**
Metropolitan Museum of Art **15, 98, 109, 178**
Metropolitan Opera House **132**
Metropolitan Transit Authority **20–21**
Mezzaluna **51**
Mi Nidito **47**
Mica Bar **154**
Midsummer Night Swing **132**
MiniMall **94**
Mini Minimarket **59, 88**
Miu Miu **58, 63**
mobile phones see cellphones
modern architecture **229**
see also Art Deco and Skyscraper Museum
MOMA see Museum of Modern Art
Momenta Art **114**
money **22**
Montrachet **28**
Moon River Chattel **95**
Morgans **187, 193**
Moss **68**
Mostly Mozart Festival **132**
movies **231**
MTA see Metropolitan Transit Authority
Mud Spot **35**
Mud Truck **35**
Municipal Arts Society **105**
El Museo del Barrio **99, 113**
Museum at the Fashion Institute of Technology **104**
Museum Mile Festival **17**
Museum of Chinese in the Americas **166**
Museum of Modern Art **12, 98, 107**
Museum of Television and Radio **109**
Museum of the City of New York **111**
museums **230**
music stores **228**
music venues **231**
Music Under New York **169**
MXYPLYZYK **77**

N

ñ **144**
Nathan's Famous Hotdogs **172**
National Organization on Disability **23**
NBC Studios **130**
Nest **92**
Nevada Smith's **148**
Newark Airport Express Bus **20**
Newark International Airport **20**
New Jersey Performing Arts Center **118, 137**
New Jersey Transit **20**
New Leaf Café **55**
New York Airport Bus Service **20**
New York Aquarium **172**
New York City Audubon **21**
New York Convention & Visitors Bureau **23**
New York Daily News Building **105**

总索引

New York Marathon **18**
New York Stock Exchange **166**
New York State Theater **132**
New York Waterway **21**
Niketown **84**
Ninth Avenue Food Festival **16**
Nobu **42, 176**
Noguchi Sculpture Museum **183**
Nom de Guerre **62, 93**
Noodle Pudding **55**
Norma's **50**
Nuyorican Poet's Cafe **125**
NY Dosas **27, 41**

O

Oasis Day Spa **79**
opening hours **22**
Otto Enoteca and Pizzeria **26, 36**
Ouest **27, 53**

P

Pace Wildenstein **102**
La Palapa Rockola **38**
Palm Court Tea Room **35**
parades **17**
Paragon Sporting Goods **80**
parks and gardens **14, 16, 168, 178, 179, 181, 183**
  for parks and gardens listed by area, see pp214–23
Park Slope Chip Shop **57**
Parkside Lounge **147**
Pasha **54**
Pastis **167**
Patel Brothers Market **173**

PATH trains **21**
Paul's Palace **35**
Pearl River Mart **63, 65**
pedicabs **21**
Peking Duck House **29**
The Peninsula **192**
Pepe Rosso's **40**
performance **116–37**
  for performance venues listed by area, see pp216–23
  for performance venues listed by type, see pp230–31
performing arts **231**
La Perla **86**
Peter Jay Sharp Theatre
  see Symphony Space
Peter Luger Steak House **27, 59**
pharmacies **22**
Philharmonic Hall **132**
phones **23**
Pianos **147**
Picholine **54**
Pierogi 2000 **114**
The Pierre **180, 195**
pizzerias **26**
Planet Thailand **59**
The Plaza **189**
Plunge Bar **161**
poetry cafés & venues **231**
Pommes Frites **27, 40**
Port Authority **20**
Prada **68**
Pravda **145**
Pret a Manger **166**
Prospect Park **181**
Prospect Park West **113**
P.S.1 **99, 115**

P.S.122 **118, 126**
The Public Theater **125**
Puerto Rican Day **17**
Pussycat Lounge **142**
Pylos **34**

Q

Queens **173**

R

Rafe **72**
Rainbow Room **129**
The Ramble at Central Park **179**
Red Cat **43**
Red Hook **170**
Relish **59**
Rescue Beauty Lounge **63, 70**
restaurants **24–59**
  bakeries **224**
  breakfast & brunch **224**
  cafés **224**
  ice cream parlors **225**
  tea rooms **226**
  vegetarian **227**
  for restaurants listed by area, see pp214–22
  for restaurants listed by cuisine, see pp224–7
Restaurant Week **19**
The River Café **56**
River Project **176**
Rockefeller Center **15**
Rodeo Bar **128**
Roosevelt Avenue, Jackson Heights **173**
Rose Museum at Carnegie Hall **106**

Rotunda at the Pierre **180**
Roundabout Theatre Company @ the American Airlines Theatre **128**
Roxy **141, 155**
Royalton **192**
Ruby's **161**
Rudy's Bar & Grill **154**
Rue B **151, 168**
Russian Vodka Room **159**

S

Sahil Sari Palace **173**
St. John the Divine **180**
St. Mark's Sounds **82**
St. Paul's Chapel **100**
St. Regis **192**
Saks Fifth Avenue **80**
sales tax **23**
S & B Polish Restaurant **171**
Sandwich Planet **47**
SCO **63, 71**
Scoop **63, 69**
Searle **88**
seasonal events **16–19**
security **23**
Serena **155**
Serendipity 3 **51**
Shea Stadium **137**
shoe stores **229**
Shop **74**
shopping **60–95**
  for shops listed by area, see pp215–23
  for shops listed by type, see pp227–9
Single Room Occupancy **158**

238

N–Z

Sky Bar **161**
Skyscraper Museum **98, 101**
Slipper Room **147**
Smoke **119, 133**
S.O.B.'s **120, 140**
Sobaya **36**
Socrates Sculpture Park **183**
SoHo Grand Hotel **188**
Soho House New York **186, 190**
Le Souk **33**
Spa at the Mandarin Oriental **178**
Spirit **156**
Spoonbill & Sugartown Booksellers **92, 171**
sporting goods **229**
sports arenas & venues **137**
Spotted Pig **37**
Spuyten Duyvil **140, 162**
Stand-Up NY **133**
Stan's Place **58**
Starbucks **23**
stationery **229**
Statue of Liberty **14**
Stella McCartney **77, 167**
Stock Exchange see New York Stock Exchange
Stonewall **141, 152**
The Strand **81**
streetlife **164–83**
Studio Museum in Harlem **99, 113**
Subterranean Records **155**
subway trains **20–21**
Sullivan Room **140, 141, 152**
Sumile **42**
Super Runners **89**
Super Shuttle **21**
Sushi of Gari **53**
Swift **148**
Swing **129**
Symphony Space **133**
Symposium **55**

T

Tabla **44**
Le Tableau **33**
Takashimaya **83**
Tamarind **45**
Tartine **42**
Tavern on the Green **42**
tax see sales tax
taxis **21**
Tea & Sympathy **35**
Teany **74**
tea rooms **35**
telephones **23**
Temple Bar **144**
Teresa's **170**
TG-170 **73**
theaters **231**
THOM's Bar **140, 143**
thrift stores **229**
tickets for Broadway theaters **130**
Times Square **12, 169**
tipping **23**
Tomoe Sushi **37**
Tompkins Square Park **168**
Tonic **119, 123**
Top of the Tower @ Beekman Tower Hotel **178**
tourist information **23**
tours **21**
Town **50**
trains **20–21**
Trash **162**
travel information **20–21**
Tribeca Film Festival **16**
Tribeca Grand Hotel **141, 189**
Trinity Church **166**
TV studios **231**
Two Jakes **95**

U

Uncle Ming's **152**
Union Square Café **43**
Union Square Green Market (farmers market) **168**
Union Street B&B **186, 197**
Upright Citizen's Brigade **119, 127**
Urban Outfitters **74**
U.S. Custom House **100**

V

Verb Café **171**
Via Quadronno **35**
The View Bar **161**
Village Vanguard **119, 122**
Vitra **167**
Vivian Beaumont Theater **132**
Vol de Nuit **152**

W

W New York, Union Square **187, 191**
walking tours **21**
Wallse **27, 41**
Wall Street **166**
Walter de Maria **102**
Warsaw **136**
Washington Square Hotel **187, 189**
washroom facilities **23**
Wave Hill **181**
WD-50 **32**
Welcome to the Johnson's **146**
West 4th Street **167**
West Indian Day Carnival **18**
White Horse Tavern **153**
Whitney Museum of American Art **98, 107**
Whitney Museum of American Art at Altria **106**
WiFi hotspots **23**
Wild Lily Tea Room **177**
Williamsburg **114, 171**
Williamsburg Art & Historical Center **114**
Williamsburg Savings Bank Building **115**
Winnie's **142**
Woolworth Building **102**
Wright, Frank Lloyd **110**

X

Xukuma **90**

Y

Yaffa Cafe **34**
Yankee Stadium **137**

Z

Zabar's **89**
Zombie Hut **160**

致谢

生产：Blue Island Pubishing
www.blueisland.co.uk
总编：Rosalyn Thiro
艺术总监：Stephen Bere
责任编辑：Michael Ellis
编辑助理：Allen Stone
校对：Jane Simmonds
图片研究员：Chrissy McIntyre

出版：DK
出版经理：Jane Ewart and Scarlett O'Hara
高级编辑：Christine Stroyan
高级设计：Paul Jackson and Marisa Renzullo
网站编辑：Gouri Banerji
制图编辑：Casper Morris
高级制图师：Uma Bhattacharya
核查员：Michelle Haimoff
DTP设计：Jason Little and Natasha Lu
生产协调：Rita Sinha

图片版权许可

出版者感谢所有教堂、博物馆、旅馆、餐厅、酒吧、俱乐部、商店、画廊和其他各场所的协助，感谢其准许我们在其建筑内外摄影。

Placement Key: tc = top centre; tl = top left; tr = top right; c = centre;
ca = centre above; cl = centre left; cla = centre left above;
clb = centre left below; cr = centre right; cra = centre right above;
crb = centre right below; b = bottom; bl = bottom left;
br = bottom right; r = right.

出版者感谢以下公司和图片图书馆准许我们复制其照片：
66: 27tr, 28tl; 1871 HOUSE: 194br; AFFINIA SHELBOURNE: 192tr,ANIK: 87tr; A.P.C.: 66tl; AQUAVIT: 27tl; 49bl/br; AUCTION HOUSE: 160tl; AKWAABA: 191tl; ASIA SOCIETY: Frank Oudeman 109bl; BEVY'S SOHO LOFT: 186bl, 188tl; BLACK BETTY: Marike Voss 162br; BLISS SOHO: 176ca/clb/crb; BROKEN KILOMETER, Walter De Maria 102cl; BROOKLYN ACADEMY OF MUSIC: 135br; BROOKLYN BOTANICAL GARDENS: 5b, 17tl; BROOKLYN HISTORICAL SOCIETY: 115tl; BROOKLYN MUSEUM OF ART: Adam Husted 98cr, 114tl/tc; BUNGALOW 8: 156clb; CALLIOPE: 94cl; CAMPBELL APARTMENT: 157br; CHELSEA LODGE: 191cla; CITY CENTER: 129br; CORBIS: Bettmann 15cra, 19r; Seth Cohen 15cl; Jose Fuste Raga 11tl, 13cra; Jon Hicks 13br; Viviane Moore 17tr; Mark Peterson 19tl; Louie Psihoyos 1; Reuters 12tl; Reuters/Mike Segar 98bl; Adam Woolfit 19tc; DARR: 93tl; Bo Zaunders 106br; DK IMAGES: 13tr/tc/clb, 105bl, 118cr; Guggenheim 96–7, 110t; Dave King 12cr, 14tr, 15crb, 98tl, 99tc, 103tr; David King/Tim Knox 169br; Sal Marsh 14c; Norman McGrath 178bl; Courtesy of The American Museum of Natural History/Dave King 14br; Rough Guides/Nelson Hancock: 12bl, 13tl, 15tl/tr/bl, 99tl/bl, 118tl; Chris Stevens 15tc; Studio Museum Harlem 113cl; Trinity Church 166tl; EARTH ROOM: Walter De Maria 102br; FOUR SEASONS: 184–5, 187bl, 194tl; FREEMANS: 34br; THE FRICK COLLECTION: John Bigelow Tayler 108cr/bl/br; GETTY IMAGES: Mitchell Funk/Stone, 6–7; HOTEL SURREY: 195cla; IRIDIUM JAZZ CLUB: 116-17, 128cla; JAZZ STANDARD: 6bl, 127cra; LEVEL V: 154cl; LOTUS: 150br; THE MARK: 186cl; MERCER HOTEL: 188crb; MORGANS: 187tl/crb, 193tr/cr; MUSEUM OF MODERN ART: 107tr; MUSEUM OF THE CITY OF NEW YORK: 111tl; NEW JERSEY PERFORMING ARTS CENTER: 137tl/tr; NOM DE GUERRE: 93cl; OASIS DAY SPA: 79tr; PIANOS: 147crb; RAINBOW ROOM: 129crb; ROYALTON: 192cla; SKYSCRAPER MUSEUM: 101bl; SOHO GRAND HOTEL: 188cl; SOHO HOUSE: 186tl, 187tc, 190tr/c; THE SPA AT THE MANDARIN ORIENTAL: 178tl; SPOTTED PIG: 37tr; STAN'S PLACE: 58cr; THE STRAND BOOKSTORE: 81bl; STUDIO MUSEUM IN HARLEM: 99cla, 113cl; WHITNEY MUSEUM OF AMERICAN ART AT ALTRIA: 106cl; WHITNEY MUSEUM OF MODERN ART: 17tc, 107bl.

Full Page Picture Captions Relish: 2; The River Café: 8–9; Tamarind: 24–5; Liliblue: 60–61; Guggenheim Museum: 96–7; Iridium Jazz Club: 116–17; Spirit: 138–9; Union Square Market: 164–5; Noguchi Sculpture Museum: 174–5; Four Seasons Hotel: 186–7; China Town: 198.

Jacket Images

Front and Spine: Corbis: Louie Psihoyos.

Back: DK Images: cla, cra; FOUR SEASONS, New York: ca.

Special Editions of DK Travel Guides

DK Travel Guides can be purchased in bulk quantities at discounted prices for use in promotions or as premiums. We are also able to offer special editions and personalized jackets, corporate imprints, and excerpts from all of our books, tailored specifically to meet your own needs.

To find out more, please contact:
(in the United States) **SpecialSales@dk.com**
(in the UK) **Sarah.Burgess@dk.com**
(in Canada) DK Special Sales at **general@tourmaline.ca**
(in Australia) **business.development@pearson.com.au**

This map is current as of 2007 and is used with the permission of the Metropolitan Transportation Authority.